中央高校基本科研业务费专项资金资助
Supported by the Fundamental Research Funds for the Central Universities
中央民族大学2009年度自主科研项目(新兴与交叉学科研究类)资助项目

少数民族歌舞健身理论与方法

Shaoshuminzu Gewujianshen Lilun yu Fangfa

◎ 张涛 胡悦 曹丹 吴非/主编

中央民族大学出版社
China Minzu University Press

图书在版编目（CIP）数据

少数民族歌舞健身理论与方法/张涛，胡悦等主编. —北京：中央民族大学出版社，2011.8

ISBN 978-7-5660-0023-1

Ⅰ.①少… Ⅱ.①张…②胡… Ⅲ.①民族歌舞-健身运动-中国-教材 Ⅳ.①G883

中国版本图书馆 CIP 数据核字(2011)第 111711 号

少数民族歌舞健身理论与方法

主　　编　张涛　胡悦　曹丹　吴非
责任编辑　李苏幸
封面设计　布拉格
出 版 者　中央民族大学出版社
　　　　　北京市海淀区中关村南大街 27 号　邮编:100081
　　　　　电话:68472815(发行部) 传真:68932751(发行部)
　　　　　　　68932218(总编室)　　　68932447(办公室)
发 行 者　全国各地新华书店
印 刷 者　北京宏伟双华印刷有限公司
开　　本　787×1092　1/16　印张:19.75
字　　数　450 千字
版　　次　2011 年 8 月第 1 版　2011 年 8 月第 1 次印刷
书　　号　ISBN 978-7-5660-0023-1
定　　价　52.00 元

总　论

《少数民族歌舞健身理论与方法》一书是在中央民族大学校级自主科研项目——新兴与交叉学科研究项目基础上，形成的具有实践意义的教材类书籍。全书共分六章，首先从民族学、体育学学理层面阐述与论证少数民族歌舞健身活动的科学性。同时，作为教材类书目该书力求将理论研究与实践教学紧密结合，适时纳入少数民族歌舞健身操的采编与创编等教学内容。在编排过程中力求保留吸收少数民族歌舞特色元素，在保持民族歌舞本色基础之上，积极与体育舞蹈健身操相结合，使少数民族歌舞健身操不失为展演民族文化，聚合民族向心力的重要载体。并使创编后的少数民族歌舞健身操项目，更加符合体育教学中运动量与运动强度的基本要求。教材整体提升了科研成果的可操作性，力求使科学理论研究更具实践意义。

一、少数民族歌舞大众化健身活动的现状阐释

少数民族歌舞健身形式是少数民族传统体育与少数民族传统艺术的重要组成部分。流传至今的各种少数民族歌舞健身活动，因其具有突出的愉悦身心的双重功效，为各族群众所喜爱，并得以代代传承。但少数民族歌舞健身形式与一般体育活动直接增强体质的目的要求不尽相同，参与者是一种无条件的自觉行为，悠扬欢快的歌舞形式使人们尽情地投入其中，在精神上得到极大地松弛与愉悦。同时参与民族歌舞活动的人们形成一种共同的心理，这样的心理定势无形中增强了参与者的自觉性和约定俗成的规范感，由此形成了强有力的人们精神共同体。而积极向上的民族歌舞是一些少数民族日常生活中必须的精神寄托，人们参与民族歌舞活动不仅肢体得到活动、身心得到愉悦，精神上更会感到欣慰与满足。参与少数民族歌舞活动所产生的独特心理体验，或由此而引发的复杂而深刻的民族情结，是参加一般体育活动难以体验到的。因此，少数民族歌舞健身活动的愉悦身心及其内聚民族向心力等功效，是其他体育与艺术形式难以比拟的。

少数民族歌舞愉悦身心的健身功效，已普遍为人们所接受。如近年来新疆古老的刀郎歌舞在全国各地得以演出，揭开了其原生态的神秘面纱，使观众享受到新疆原生态的刀郎歌舞带来的震撼，引起轰动。在新疆阿瓦提县当

地人把生硬的广播体操变成翩翩的刀郎木卡姆健身操，使原有的广播体操模式发生了革命性变革。这种刀郎木卡姆健身操，把广播体操、健身操、刀郎木卡姆舞蹈等元素融合到一起，分十四节拍，特别适合专业舞蹈人员表演或爱好健身的普通人群学习锻炼，阿瓦提刀郎木卡姆健身操表演队还在全国少数民族健身操比赛中获了奖。现在的阿瓦提县每天旭日初升时最为热闹，这个距离新疆首府乌鲁木齐1000公里之遥的偏远县城，其街道空旷处，聚集着一群又一群人，伴随着欢快的刀郎乐声，成百上千的人们在这里进行晨练，他们跳着节奏鲜明的刀郎木卡姆健身操。[①] 虽然经过历史长期的演变，这些体现少数民族气质的歌舞健身活动，仍具有众多的支持者和参与者，焕发着新时代的活力与价值。

而我国少数民族原有的传统歌舞健身形式，在现代文明和外来文化的冲击下普遍呈逐渐萎缩态势，有的甚至已经消失。如何挖掘、整理、保护和发展我国优秀的民族传统歌舞健身项目，是摆在我们面前的紧迫任务，也是我们义不容辞的责任。

近年来少数民族传统体育与艺术已逐渐在相关学科研究领域有所涉及。但是能够运用民族学与体育学学理对少数民族歌舞健身形式的发生、发展，展开厚重细致的深描，满足体育学实证要求并付诸教学实践的研究尚属空白。

二、《少数民族歌舞健身理论与方法》的设计思路与研究方法

本书总体以民族学与体育学为研究的基本视角，发挥交叉学科科研方法的多缘优势，以提升相关问题研究的科学性与使用价值。

（一）设计思路

在少数民族歌舞的田野挖掘调研阶段，以民族志“深描”理论为依据，在少数民族传统歌舞质性研究中，将研究者的现场观察与体验真实地表达，同时把一切能够表达独特关系的情节和文化背景，以及少数民族歌舞的舞蹈形式与音乐结构深入细致地描述出来。而少数民族传统歌舞健身功效价值的研究与应用，从感性认识逐步上升为理性的学理实证研究，为少数民族传统歌舞的应用实践提供理论依据。常规体育项目的健身功效已经被证实，并为人们所接受。然而少数民族歌舞活动的健身功效，现阶段多为感性介入层面，缺乏体育学学理的实证数理支撑。少数民族歌舞作为他者被人们特别是

① 汪金生：《在阿瓦提体验刀郎文化——广播体操变革战如火如荼》，中国新闻网，2005年10月22日。

被体育界所接受，需要在民族学与体育学两大学科中形成共通的语言系统，才能在学科的概念上展开沟通，并按照通行的规范展开对话。在此前提下，少数民族传统歌舞健身功效价值的研究与应用，应通过体育学科中的运动生理学和运动心理学理论，对民族歌舞进行实证研究，得出体育界认可的运动生理学和运动心理学的比对数据，从而形成少数民族歌舞体育健身研究的崭新模式。

本书将一改以往同类课题以宏观阐述为主的模式，深入到影响少数民族歌舞健康身心体系的具体环节，得出相关结论，最终依据论证结果设计出少数民族传统健身歌舞开展的最佳教学方案。并以少数民族歌舞的广场健身文化为基础，记录创编少数民族健身歌舞教材，将少数民族歌舞健身项目逐步引入体育课堂教学，使少数民族健身歌舞课程的开设，具备严谨科学的理论依据，避免以往少数民族传统体育项目描述论证与实践过程中的粗放与随意。

我们应充分发挥中央民族大学民族院校的学科优势，运用最终科研成果，大力开展各少数民族歌舞健身教学活动，创立民族院校特有的校园文化体系。

（二）研究方法

本书首先从多维的角度阐述少数民族传统歌舞的产生、流变、传播和运作过程，另外还从少数民族歌舞活动在少数民族节庆、宗教、仪式活动等视角，研究少数民族歌舞文化背景与社会实践，努力提升本书研究的文化品位。

同时，运用体育学中运动生理学和运动心理学等学科原理，通过测试、数据采集等方式，论证少数民族歌舞健康身心的功效。将民族学人文研究模式与体育学生物性研究模式有机结合，拓宽民族歌舞及其民族体育的研究渠道，丰富少数民族传统体育文化研究成果，并通过少数民族歌舞健身操的创编，最终付诸于教学实践。

三、参编成员与学术指导

本书参编成员主要以中央民族大学体育学院教师为主体，邀请兄弟民族院校教师、普通高校体育部教师、舞蹈类教师、音乐类教师参与本书的共同编写与学术指导，以求从体育学、民族学、舞蹈学、音乐学等多角度深化本课题的研究过程与研究成果。本书编写成员如下：

主　　编：张涛　胡悦　曹丹　吴非

参　　编：张涛　胡悦　曹丹　吴非　朴永光　蔡丽红　李松发
刘柳　杨晋涛　王华

学术指导：
张 海 洋：民族学指导
张　　威：体育学指导
苏　　德：教育学指导
钟 进 文：民俗学指导
朴 永 光：舞蹈学指导
沙呷阿依：舞蹈学指导
余　　风：音乐学指导
王　　华：音乐学指导

由于本课题是一项新兴与交叉类科研项目，作者在知识面、研究深度和教学实践经验等方面均有欠缺，加之编写时间仓促，缺点和错误在所难免，殷切希望专家与读者批评指正。

张涛

2010年12月1日（星期三）

目　录

第一章　少数民族歌舞健身的民族学阐释与体育学论证

本章运用民族学和体育学的理论与方法，对少数民族歌舞的大众化健康身心功效进行研究，力求综合研究民族歌舞的相关问题，探索这一领域的体育学和民族学的最佳契合点。就本章的设计而言，切入点为以上两条基本路经。

通常在体育学领域的科研内容偏重于生物本身的量化研究，却对体育事项中蕴含的文化内涵关注不够。而在民族学研究领域偏重民族文化的描述与理论构件的质性研究，对人类生物性的量化实证研究分量不足。从生物学角度看，人是一种生物，具有其自然的生物属性（如不同人种的肤色、骨骼、肌肉结构等生物特征）；从文化角度看，人又有别于其他生物，他们创造了个性鲜明的文化，从而具有后天习得的文化属性。因此，对人的研究应该是一种综合全面的研究，必须从生物学角度和文化角度全面把握人的本质，把人类的体质和文化综合起来进行探讨。

我们认为，对少数民族歌舞健身的研究，应充分利用体育学科研领域重物理量化研究的方法与民族学擅长文化质性研究的方法，将体育学量化研究与民族学质性研究紧密结合，交叉使用相关学科理论与方法，综合运用民族学和体育学原理，寻求体质人类学和文化人类学科学研究的最佳契合点，形成少数民族传统体育文化与少数民族歌舞文化研究的重要方法论，从而最终获得全面深入的科研成果。

第一节　少数民族歌舞健身的民族学阐释

本节从民族学视角阐述少数民族歌舞这一独特的健康文化形态，力求说明少数民族歌舞活动是展演各民族文化特征的重要标识。

一、汉文史籍记载的少数民族歌舞活动

我国西南地区为少数民族聚集的地方，各民族的歌舞种类多样、风格各异。综观历史，但凡有机会到少数民族地区的汉人，无不为当地与中原迥异的风土民情所吸引，且形成各种史料书籍，成为民俗学、文化人类学和民族学等学科研究的重要文献。《百夷传》、《南昭野史》、《赤雅》三种汉文史籍记载了距今三四百年前有关少数民族的歌舞活动，是研究明代西南地区少数民族歌舞发展的第一手资料，具有较高的历史文化价值。

（一）三书之记

明代时期随着军队入驻西南地区，不断有汉族文人被派驻管理该区域，他们不同程度地记述了当地民族的风土民情及歌舞活动概貌。《白夷传》、《南昭野史》、《赤雅》三

书记载了距今三四百年前西南少数民族性情、衣食住行、婚俗和歌舞，尤其对少数民族歌舞活动的记录，内容覆盖广，展示了民族歌舞的多元形态。

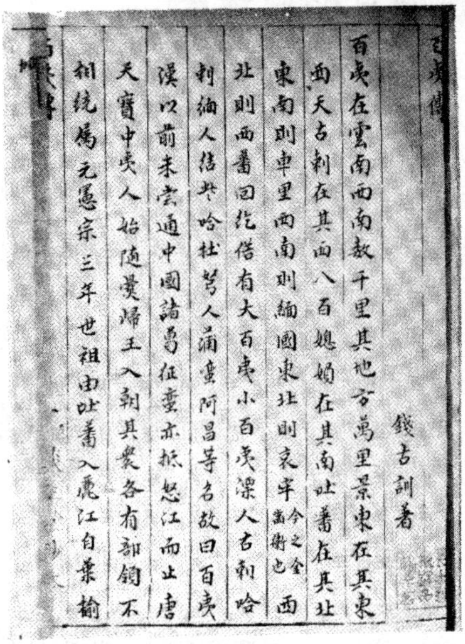
百夷傳
錢古訓著
百夷在雲南西南數千里其地方萬里景東在其東
西天古剌在其西八百媳婦在其南吐蕃在其北
東南則車里西南則緬國東北則哀牢今之金齒衛也西
北則西番回紇俗有大百夷小百夷漂人古剌哈
剌緬人結些哈杜怒人蒲蠻阿昌等名故曰百夷
漢以前未嘗通中國諸葛征蠻亦抵怒江而止唐
天寶中夷人始隨爨歸王入朝其衆各有部領不
相統屬元憲宗三年世祖由吐蕃入麗江白衆輸

明 祁承㸁 淡生堂钞本《百夷传》

图 1.1 《百夷传》

1.《百夷传》中的歌舞记载

明洪武十四年（1381），明军进入云南后，统一了车里（今西双版纳景洪）、平缅（今德宏）等处。后来因为土酋思伦发经常率百夷之众侵扰缅甸，洪武二十九年（1396）钱古训、李思聪奉史百夷调解。钱、李二人到今云南德宏等许多地方，对其山川、人物和民族风情等情况做了实录。二人回朝复命，并向朱元璋进呈整理的实录——《百夷传》。书中记载了明代居住在今天云南德宏傣族景颇族自治州境内的傣族及其他少数民族的历史、地理、政治制度和生活习俗等各方面的情况，其中关于歌舞与习俗活动有：

官方宴飨之乐的记载："百夷"是明代对傣族的称谓。书中记载其宴会的礼节："宴会则贵人上坐，其次列坐于下，以逮至贱，"① 还介绍了宴会的用乐——百夷乐、缅乐、车里乐："……酒初行，乐作，一人大呼一声，众人和之，如此者三。既就座，初进饭次具醪馔有差，食不用箸。每客一卒跪座侧，侍水瓶，食毕则盥帨。凡物必祭而后食之。乐有三：曰百夷乐、缅乐、车里乐。百夷乐者，学汉人所作筝、笛、胡琴、响盏之类，而歌中国之曲；缅乐者，缅人所作排箫、琵琶之类，作则众皆拍手而舞；车里乐者，车里人所作，以羊皮为三五（尺）长鼓，以手拍之，间以铙、铜鼓、拍板，与中国僧道之乐无异。"②

民间集宴歌舞的记载：钱古训《百夷传》载："村甸间击大鼓，吹芦笙，舞干为宴"。③ 李思聪《百夷传》也载："其乡间饮宴，则击大鼓，吹芦笙，舞牌为乐。"④ 大鼓是乡村各民族的主要打击乐器；古代称盾为"干"，"舞干"即是舞盾牌，"盾牌舞"是在古代战争生活中产生的舞蹈，历史悠久，流传极广，"百夷"在民间集宴中"舞干"，在边饮宴边歌舞的场景中，以敲击大鼓、吹奏芦笙和舞盾牌来助兴。

仪式歌舞的记载：当时的百夷还有以歌舞娱尸的风俗，书中这样记载："父母亡，不用僧道，祭则用妇人，祝于尸前，诸亲戚邻人，各持酒物于丧家，聚少年百数人，饮酒作乐，歌舞达旦，谓之娱尸；妇人群聚，击椎杵为戏，数日而后葬。"⑤

① （明）钱古训撰，江应樑：《百夷传校注》，云南人民出版社 1980 年版，第 71 页。
② 同上，第 148 页。
③ 同上，第 77 页。
④ 同上，第 148 页。
⑤ 同上，第 150 页。

2.《南昭野史》中的歌舞记载

《南昭野史》成书于嘉靖二十九年（1550年），杨慎编撰（清人胡慰订正）。作者于嘉靖三年（1524年）被贬谪到云南永昌卫（今保山县）戍边。在谪居云南四十年间，足迹所至，踏遍全境，且与汉族文人学士、布衣野老、少数民族兄弟结交友善。期间写了大量的诗文，云南的奇山异水、名胜古迹、风俗民情都在他文学创作的视野中。

“孔雀舞”的记载：书中记述了明万历以前南昭的历史及所统辖的各民族简况共六十条。其中在“蒲人”条中记载当地的风俗提到了“孔雀舞”：“婚娶长幼跳蹈，吹芦笙为‘孔雀舞’，婿家立标杆，上悬彩绣荷包，中贮五谷银钱等物，两家男妇大小争缘取之，以得者为胜。”①

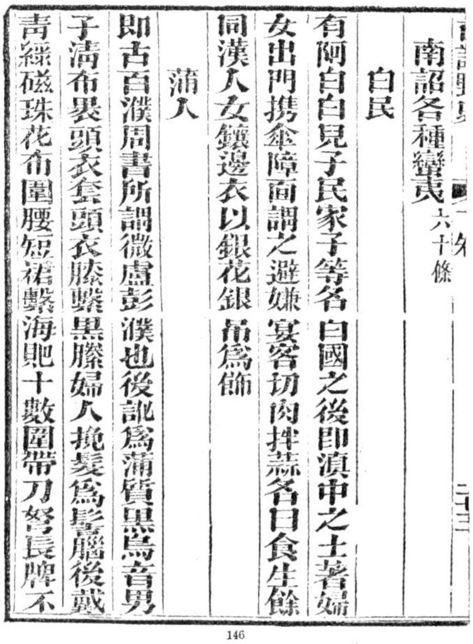
南詔各種蠻夷 六十餘
白民
有阿白白兒子民家子等名 白國之後即滇中之土著婦
女出門携傘障面謂之避嫌 宴客切肉拌蒜名曰食生餘
同漢人女鑲邊衣以銀花銀 首爲飾
蒲人
即古百濮周書所謂微盧彭 濮也後訛爲蒲質黑爲音男
子淸布裹頭衣套頭衣膝繫黑籐婦人挽髮爲髻腦後戴
青綠磁珠花布圍腰短裙繫海貝十數圍帶刀弩長牌不
146

图 1.2　《南昭野史》

“芦笙舞”的记载：书中在苗族的风俗中，生动地记载了苗族“芦笙舞”的表演情况：“……每岁孟春跳月，男吹芦笙女振铃唱合，并肩舞蹈，终日不卷，或以彩为球视所欢者掷之，暮则同归。”② 此外还对居住在云南苗族的服饰风俗做了详细的记载：“头梳发髻，戴耳环，没有结婚的人用楮皮缚额，或头插羽毛。女子戴布冠，套头衣，桶裙上挑五彩花纹。”③

3.《赤雅》中的歌舞记载

《赤雅》为明代末年邝露著，全书分三卷，计一百九十七条，《四库全书》收录。卷一记土司及各部的风俗和制度；卷二记山川古迹；卷三记物产。书前有薛采为之作序，清人鲍廷博称此书为“环奇藻丽，昔人方之《山海经》、《西京杂记》，非溢美也。”由于作者生活在壮瑶乡村若干年，目睹汉族地区难得一见的风物，加上个人广博的征引，所以它真正的价值，并不在于文字的“环奇藻丽”，而在其文乃是亲身经历的第一手资料。故后世不少涉及少数民族风俗习尚的著作都辗转引用。

歌舞民俗的记载：《赤雅》在卷一中描述了壮、瑶、伶人、僚、侗人、苗、巴人等众多民族、部落、部族的个性特征等，几乎离不开对歌舞、音乐的描述。如“侗人”条写道：“侗亦僚类，不善杀，善音乐，弹胡琴，吹六管，长歌闭目，顿首摇足，为‘混沌舞’。”④对斑衣种女，邝露的描绘也颇为别致：“种女与山子相类，垂手善歌‘蹋蹋歌’。短裙及膝，坐则双膝齐跪，执礼甚恭，有盘古风。”⑤对苗人舞蹈的记述也颇有情

① （明）杨慎：《南昭野史》，《中国方志丛书》，华南地方云南省，第150号，台北：成文出版社，1970年版，第146页。

②③ （明）钱古训撰，江应樑：《百夷传校注》，云南人民出版社1980年版，第151页。

④ （清）纪昀等总纂：《景印文渊阁四库全书》，第594册，台北：台湾商务印书馆1983年版，第342页。

⑤ （明）钱古训撰，江应樑：《百夷传校注》，云南人民出版社1980年版，第346页。

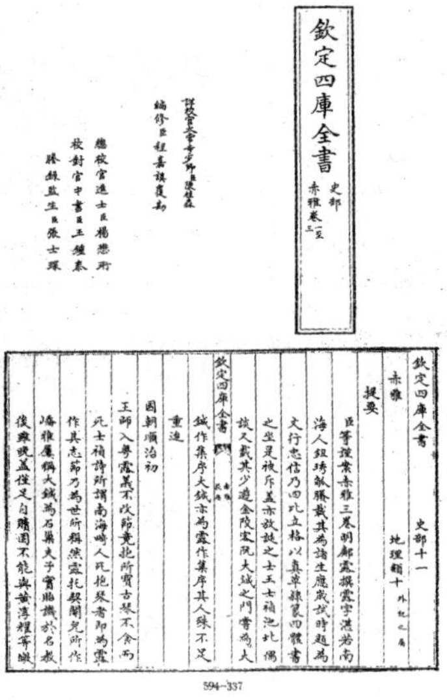
欽定四庫全書

图 1.3 《赤雅》

趣："苗，自为一类，其女善为汉音，操楚歌，挂钗留客，能为《鸲鹆舞》"。[1] 这些记载十分生动形象。

"垌人"婚恋歌舞的记载：由于壮族地区受封建礼教的影响较少，因而在男女婚配问题上尚有较多的自由，保持了野外聚会、赠物酬歌的古俗，甚至遗留有某些母系社会的遗迹，这在《赤雅》中有较多的记载。如"峒女于春秋时，布花果笙箫于名山，五丝刺同心结、百纽鸳鸯囊，选峒中之少好者，伴峒官（土司）之女，名曰'天姬队'。余则三三五五，采芳拾翠于山淑水湄，歌唱为乐。男亦三五群歌而赴之，相得则唱和竟日，解衣结带相赠以去。春歌正月初一、三月初三，秋歌中秋节。三月之歌，曰'浪花歌'。"[2]

"獞官婚嫁"歌舞的记载："獞人聚而成村者为峒，推其长曰峒官。峒官之家婚姻，以豪奢相胜。婿来相亲，女家五里外采香草花萼结为芦，号曰入寮。锦茵绮筵，鼓乐导男女而入。成亲后，妇之婢媵忤婿意，既手任之。能杀婢媵多者，妻方畏惮，否则儒而易之。半年始与婿归，盛兵陈乐，马上飞枪走球，鸣铙角伎，名曰出寮舞。"[3] 这里既描写了富豪家庭鼓乐婚庆的习俗，也展示了壮族人的风土人情及性格特征。

祭祀与信仰歌舞的记载：瑶族是个能歌善舞的民族，节日里他们要祭祀祖先——盘瓠。《赤雅》书中记载祭盘瓠之仪，颇为隆重："其乐五合，其旗五方，其衣五彩，是谓五参。五奏乐，则男左女右，铙、鼓、葫芦笙忽雷……"[4]"祭毕合乐，男女跳跃。"在歌舞中选择对象，"以定婚媾"。人们站在大木槽旁"扣槽群号"，狂欢之状跃然纸上。《赤雅》还载："十月祭多贝大王（或作本都大王），男女联袂而舞，谓之'踏瑶'，相悦则腾跃跳踊，负女而去。"[5] 壮族民间传说和酬神活动的记述："……靓女欲见之，盛饰入岩，唱土歌……""歌至绝伦龙喜踊跃，盘入怀中，遗鳞而去……""龙虽不见予，而遗其声于予，是龙终不忍以予不能唱浪花歌者弃予也……"[6]

（二）诸舞之遗存

从上述记载中可以看出，明代西南少数民族歌舞形式多样、内容丰富，几百年来由于少数民族的生活、信仰和习俗变化不大，许多歌舞在今天的各民族中依然有不同程度的遗存。当然，由于民族间的密切来往和各民族的不断迁徙等原因，形成了各民族交错居住的状况，有的歌舞保存了当时的原貌，有的歌舞产生了变化，但其渊源大都可以追溯到明代时期。

---

① （明）钱古训撰，江应樑：《百夷传校注》，云南人民出版社 1980 年版，第 347 页。

②③ 同上，第 342 页。

④⑤⑥ 同上，第 339 页。

1. 苗族与“芦笙舞”

芦笙舞“男吹芦笙女振铃”的表演形式　清代《皇朝通典》有贵州苗族的表演：“贵州……花苗，每岁孟春合男女于野，谓之跳月，男吹芦笙女振铃，旋跃歌舞，东苗跳月与花苗同……西苗延善歌祝者导于前，童男女百数十辈相随于后，吹笙舞踏历二昼夜以赛丰年。”这一记载与《南昭野史》记载的表演形式基本相似，可见苗族“芦笙舞”的舞姿动作在明清时期变化不大。

芦笙舞的道具与服饰　服饰与道具是少数民族歌舞的组成部分，但凡舞会，必着盛装，以示舞人之美与身份。《南昭野史》记录苗族服饰梳发髻，未婚插羽毛，女子戴布冠，桶裙上挑五彩花纹等，均与现今苗族地区流行的芦笙舞相似，但是现在女子多为徒手，不执振铃与彩球。

现今苗族“芦笙舞”的类型与内容　苗族“芦笙舞”的类型与内容十分丰富，主要有群众性的芦笙舞，苗语叫“究结”；表演性的芦笙舞，苗语叫“丢捞比给”；风俗性的芦笙舞，苗族人称之为“跳花”、“跳月”、“跳场”、“跳月亮”，多未婚男女参加等类型。明代郭子章《黔记》中也曾记载：“未婚男女吹芦笙以歌……谓之跳月。”①郭子章的记载显然与《南昭野史》的记载相似，他们所描写的都是风俗性的芦笙歌舞，与现在的“跳花”、“跳月”、“跳场”、“跳月亮”相似。

苗族是一个具有悠久历史的民族，“芦笙舞”是其最具代表性的舞蹈，历代相传，盛行不衰。云南有春秋时期的铜芦笙实物出土，唐、宋年间也有记载，明清以来见诸图文的记载渐多，明代杨慎在《南昭野史》中所描写的“芦笙舞”与清代关于苗族“芦笙舞”的记载和图画相比较，大致相同。明代苗族芦笙舞的表演形式、道具与服饰、类型与内容等仍然影响或保存至今。

2.“蒲人”与“孔雀舞”

蒲人，也称“百濮”，是我国古代西南地区的一个大族群。他们喜欢孔雀、崇拜孔雀，清康熙《云南通志》卷二十七所记载的“蒲人，即古称百濮……形质纯黑，椎髻跣足，套头短衣，手带铜镯，耳环铜圈，带刀弩长牌，饰以焦漆，上插孔雀尾”，可与《南昭野史》记载相印证。《顺宁县志初稿》（今凤庆县）也记载了“蒲人婚取无礼仪，惟长幼跳踏芦笙为孔雀舞”的婚礼习俗，这又与《南昭野史》中提到“蒲人”婚礼时跳“孔雀舞”的风俗相印证。

《南昭野史》中并列提到“蒲人”与“百夷”（傣族），可见当时他们还是不同的民族，在长期的互相交流、融合中，民族情况发生了变化。虽然现今并无知晓蒲人“吹芦笙为‘孔雀舞’”的具体形象，但从上述记载中可以确证，在四百多年前，居住在云南边疆的兄弟民族，就已经创造了“孔雀舞”这种优美的歌舞形式。长期以来蒲人直系后裔中的布朗、佤、德昂族与傣族等交错而居，民族文化互相渗透，现在的布朗、佤、德昂三族的民间歌舞基本上不用芦笙伴奏，蒲人“孔雀舞”在这些民族中也不存在。而傣族人民酷爱孔雀，傣族的民间传说也常与孔雀有关，今天驰名中外的傣族“孔雀舞”，

① 参见纪兰慰、邱久荣：《中国少数民族舞蹈史》，中央民族大学出版社1998年版，第154、148页。

或许保存并发展了蒲人的“孔雀舞”，通过傣族将“孔雀舞”优美的舞姿流传至今。[①]

3.“獞人”与“浪花歌”

明清时期“壮族”被书写为“獞人”，《赤雅》“獞人”条中提到的“獞人聚而成村者为峒”，所以“浪花歌”条中的“峒女”即为壮族，“浪花歌”是明代壮族男女婚恋的歌舞。

“浪花歌”的伴奏与表演　从书中记载可以得知，三月三的“浪花歌”并不是徒手歌舞，有芦笙、洞箫等乐器作为伴奏。如今侗族的多耶等婚恋歌舞，基本上保留了明代“浪花歌”的对唱形式，但是一般不带器乐伴奏。壮侗语族是芦笙舞分布的主要民族，当今的“侗族芦笙”和婚恋歌舞“浪花歌”二者之间是否存在渊源关系？还有待进一步的考证。

“浪花歌”的传承　西南壮族等少数民族历来有倚歌择配的风俗，男女青年通过聚会酬唱，自由选择婚配，这种“依歌择偶”、“歌之舞之”的婚俗几乎每一种史料都有记述。“浪花歌”条记录了明代壮族青年男女的婚恋习俗，壮族男女在这么一个“山湫水湄”的环境中，“布花果笙箫”、“三五群歌”、“唱和竞日”，最后男女相得，“相赠以去”，此习俗一直沿袭成为后来的“歌圩”。而且“浪花歌”固定活动的地点（多为野外坡地）和时间（三月三等）却形成约定俗成的习俗，直到今天也未改变，可以看出壮族歌圩早在明代已规成模就。

4. 百夷乐、车里乐、缅乐

乐器源流　钱古训、李思聪二人记载了“百夷乐”、“车里乐”、“缅乐”三种乐舞不同的乐队组合。“百夷乐”所用的乐器由筝、笛、胡琴和响盏等弹拨乐器与吹管乐器组成，与元朝的民间和宫廷“宴乐”所用的乐器有相似之处。[②]“车里乐”所用的乐器有象脚鼓（三五皮鼓）、铜饶、铜鼓和拍板等一组打击乐器，其演奏方法与流行于云南瑞丽、孟定等地的大象脚鼓相似，可用指头打击，用掌打，与舞蹈结合至高潮时可用拳打、肘打，甚至用膝、脚跟或头部打，打鼓动作勇武有力，全套动作一气呵成。“缅乐”所用的乐器由排箫、琵琶、笙阮和箜篌等弹拨乐器与吹管乐器组成，缅甸乐舞在唐代就已盛行，书中记载的乐器几乎都见于音乐史书中，唐代“骠国乐”的缅甸乐器里。从记载中所及的乐器和乐队的组合形式来看，有的音乐及乐器在后来各民族文化交往过程中逐渐与本土音乐文化相融合。“车里乐”中所用的乐器在云南傣族和相邻少数民族中至今仍然存在。铜鼓与称“三大件”的打击乐象脚鼓（长鼓）、铓锣、钹同属于中声部，其合奏可产生许多变体形式，铜鼓与“三大件”同属于中声部。[③]有的乐器随着后世傣族封建领主制度的消亡而基本失传，如缅甸乐器；据杨民康的研究，如今“缅乐”中的部分乐器也在缅甸以弯琴（即第摸）或竹排琴（或木琴）为中心组成的“桑柯”（弯琴）在王室乐队中使用，有些乐器还在泰国、老挝等东南亚国家流传。

① 参见纪兰慰、邱久荣：《中国少数民族舞蹈史》，中央民族大学出版社1998年版，第154、148页。

② 参见杨荫浏：《中国古代音乐史稿》，第725页，民间和宫廷《宴乐》所用的其他乐器，以及外来乐器，见于记载的，约有28种。计吹乐器：龙笛、羌笛、铁笛、箫、头管、笙，凡共六种；拉弦乐器：胡琴、秦凡两种；弹弦乐器：琵琶、三弦、火不思、筝、箜篌、七十二弦琵琶，凡六种……击乐器：方响……水盏等六种。

③ 杨民康：《论云南与东南亚掸傣系族群传统器乐的社会阶层特征》，《中央音乐学院学报》2002年第4期。

傣族礼乐　从上述乐器与乐队的渊源关系看，三乐都和宫廷音乐有所联系。《百夷传》所记当时德宏与佛教相关的礼节有："其相见有合掌之拜，屈膝之跪，而无端肃拱揖之礼；长于己者则跪之，有所言则叩头受之……"①宴乐时，"凡一头目出行，则象马兵戈及床凳器皿仆妾财宝之类，皆随以行，动辄数百人，随处宴乐，小民苦之。"②由此可见当时的"百夷"已经有相当规范的礼乐制度。"百夷乐"、"缅乐"、"车里乐"应该是明代傣族王室的宫廷官方礼乐，实用于上层社会社交场合，或在官方乐坊、文人雅集中使用。

乐舞交流　从上述记载可以看出，傣族的三种礼乐都是外来乐种，说明早在明代，"百夷"（傣族）在容纳异族的同时，在接纳歌舞音乐等文化上具有受容四方的胸襟，所以乐种丰富，吹奏、弹拨、弓弦和打击等乐器的使用十分普遍。"李思聪在滇西傣族地区所见百夷乐、车里乐、缅乐三种乐舞形式，反映了这一地区是中原文化与南亚文化的交接处，是南传小乘佛教的连接点，在乐舞上相互渗透，彼此消长。"③

5. 歌舞娱尸

歌舞娱尸的风俗至今尚存。《百夷传》中记载明初以歌舞娱尸的风俗，与发现在云南省孟连县中缅寺的一幅名为《大比丘圆寂》的壁画相印证。《大比丘圆寂》壁画真实地反映了傣族丧葬时的民间歌舞状况，送葬队伍前有一支象脚鼓及铓、镲乐队，正在行进歌舞，还有一队妇女，掩面哭泣，生动再现了《百夷传》中记载的"哭声如歌而不哀"的歌舞娱尸场面。歌舞娱尸的风俗，今天仍然保存在云南等地区的少数民族中。

（三）三记之比较

明代用汉文记载少数民族历史文化、歌舞习俗等情况的文献数量多覆盖广。三书的记载形式既有相同点，又有不同之处。以下通过对这三种史籍记载特点的比较分析，希望能为后人提供借鉴。

1. 相同点

歌舞活动的多方记载　《百夷传》、《南昭野史》、《赤雅》三书籍的作者，从文人的角度对少数民族歌舞活动作浓墨重彩的描述，并对歌舞的形式特征、所用乐器、甚至乐种源流的考析都略作交代。如《百夷传》中记载了乐种"车里乐"：其表演特征以羊皮为三五（尺）长鼓，以手拍之；所用器乐为铙、铜鼓和拍板等；源流考析为中国僧道之乐。纵观历史，到南方为官或贬谪岭表留下笔记的文人墨客有许多。古来论乐皆文人，文人们往往对音乐、戏曲歌舞等艺术造诣颇深，如杨慎就对文、词、赋、散曲、杂剧、弹词等艺术都有涉猎。正因为文人多少能够熟知并掌握一定的音乐文化类型，在书写或记录自身亲历过的歌舞活动时就能从不同的角度多方位记载，且具有相对的完整性，留给后人更多的文化信息。

异族文化的客观观察　三种史籍的作者都是汉族人，他们深入民间亲历各民俗风情，以汉族的眼光审视少数民族文化，即现代民族音乐学研究中所谓的以"局外人"的身份，对异族文化进行考察、记录并加以阐释。作为"局外人"，三书作者在与少数民

①②　（明）钱古训撰，江应樑：《百夷传校注》，云南人民出版社1980年版，第148页。

③　同上，第237页。

族的长期生活交往中学习了当地的语言，了解了当地的风土民情，熟悉了所描述的对象，具备了客观记录少数民族歌舞的前提。正如明代的田汝成在《炎徼纪闻自序》中所说："远方之吏，非廉不足以彰威，非信不足以立约，非才识不足以排难解纷，非久任不足以谙土俗练兵机也。"在参与少数民族的歌舞和习俗活动，分别与异族的接触与磨合之后，他们融入对方的文化背景当中，在某种程度上兼具"局内人"的身份。因此，三书作者尽管地位、身份、经历不同，却都能以"局外人"和"局内人"双文化的视野，从尊重本族文化和视角平等的态度，认同异族多元的歌舞之习，客观忠实地加以考证诠释。比如《赤雅》"侗人"条："侗人不喜杀，善音乐，弹胡琴，吹六管，长歌闭目，顿首摇足为混沌舞"的记载便典型地说明作者是带着对其赞赏向往的心境来描述"侗人"歌舞的。

2. 不同点

体裁不同　《百夷传》是一种偏向于实录体的记述，由于作者携带的特殊身份（在朝为官者）和使命（由官方派遣调解边界矛盾冲突），所以在对少数民族歌舞音乐活动的记述中一般不带个人主观色彩。《南昭野史》是一种地方史志类书籍，以尊重、平等的视野对异族风俗进行记述。《赤雅》虽然部分条目有史志的特征，但真正游记式的实录甚少，全书带有浓厚的文学风格，故而后人将其视为明代的《山海经》。因为有许多民俗传说，对研究明代南方少数民族歌舞提供了宝贵的材料，但由于《赤雅》大多以文学手法反映而非实录，故而相对《百夷传》和《南昭野史》来说，文学价值高于史料价值。

角度不同　《百夷传》作者钱古训、李思聪奉旨出访麓州（德宏）、缅甸等地，考察记录各民族居住地的民俗歌舞活动，主要对歌舞的来源、类别作直观描述，并从与邻国歌舞的传播与交流角度对少数民族歌舞进行考察。如云南毗邻东南亚缅甸、泰国等佛教国家，不但山水相依，历史上有密切的族源、历史和文化关系，其乐舞也互为渊源。相反，《赤雅》和《南昭野史》对各民族歌舞活动情况较少作单一的记录，而是联系其他事物，如与各种风土民情、民族特性、信仰等大环境融合在一起，梳理各种歌舞习俗所蕴含的因果关系，展示了多元的民族风貌。如《赤雅》"侗人"条的记述勾勒出了当地各个少数民族性情的特质：侗人生性善良，热爱和平，与南方一些好战的民族有所区别，所以"善音乐"、"长歌闭目、顿首摇足"的表演，显示了淡雅、详宁的民族气质特征。

上述三种史籍虽然撰写的体裁形式不同，但都是明代汉族文人基于对异族文化体验的基础上，对南方少数民族的历史、地理、政治制度、生活习惯和歌舞活动等情况的综合"调查"，为我们了解四百多年前西南少数民族歌舞活动，研究少数民族歌舞的发展轨迹提供了如下的启示：(1) 从史料所记述的明代西南歌舞，与他书参证，再结合现实研究情况，不但使人们了解明代当地歌舞活动情况，也为我们了解现今歌舞的发展脉络提供了可靠的线索和资料。(2) 西南地区是多民族地区，明代各乐舞文化既体现了"十里不同风，百里不同俗"的区域风格特征，也在不同程度上存在相互重叠、交织和渗透的情况，如铜鼓舞与芦笙舞，在不同区域、不同民族间存在重叠的记录。(3) 明代西南地区少数民族乐舞与外来乐舞融合特征显著，虽然地域复杂，但在经济文化上与中原、邻国的交流融合是显而易见的。(4) 有些在文献中记载的歌舞活动（如《南昭野史》中记载的吹芦笙的孔雀舞），虽然在某个民族和区域消失了，但却在另一个民族中得到保存和发展。(蔡丽红　撰稿）

二、少数民族歌舞的民族风格与地域风格

少数民族歌舞的风格不仅指作品的个性，而且还涵括沉积在某一民族歌舞材料中的民族个性特征。另外，风格还包括虽是同一民族，但因居于不同地域而形成的差异性。由此看来歌舞的风格包含以下三个层面的内容：即民族风格、地域性风格、个人的创作风格。

对少数民族歌舞这三个层面的风格舍弃差异，寻求共性就可以发现，风格是建立在“差异性”基础上的。也就是说，每个民族的、地域的、个人的歌舞风格是以差异性而存在的。因此，我们为歌舞三个层面风格作最一般性概括时，就从差异性方面加以统括，并得出风格是一个民族、一个地域的人们和创作者所具有或创作出的歌舞个性特征的结论。

少数民族歌舞三个层面的风格，有它们之间的共性，但这三个层面的风格又有各自存在、运动的特点。本节只涉及少数民族歌舞的民族和地域风格两个层面。

（一）民族风格

1. 民族风格的体现

一个民族的歌舞风格特征是指该民族歌舞在形式、内容上较之其他民族歌舞所具有的个性特征。这一个性特征通常是从如下几方面得以体现的：

(1) 形式上

歌舞作为人体动作的文化，每个民族歌舞的风格特征最能体现在动作上。而这又是从动作的不同构成要素得到呈现的。

姿态：可分为静止的造型与运动姿态。这两种姿态因民族不同而有异。从朝鲜族歌舞姿态看，脚通常为勾脚，但勾脚的方式与汉族歌舞的勾脚略有区别：腿时常是屈膝的形态；胴体部分微扣胸；上肢以曲、圆的形态为主；手型是自然松弛，食指微挺直。从身体的纵向看，朝鲜族歌舞以“拧”为主，上身与下肢常拧向不同的方向，即上身为顺向，下身为逆向，两膝基本上是并拢一齐。总而言之，朝鲜族歌舞在姿态上，横向求曲、圆，纵向求拧、倾。如果将朝鲜族歌舞与傣族歌舞作比较的话就可以发现，傣族歌舞在姿态上与朝鲜族歌舞有很多的区别点。如手型，傣族歌舞求“张开户口”，当然也有颇似汉族兰花指的手型。另外，傣族歌舞在躯体的纵向上求“三道弯”。这一特殊的造型，在朝鲜族歌舞中几乎看不到。这些不同的姿态便呈现出不同民族的风格特征。

动律：用最简洁的语言概括，它是姿态的运动过程，分为运动部分和运动方式。如傣族歌舞的动律发生点在腿部，是在膝部的屈直过程中形成的；而朝鲜族歌舞的动律是以呼吸为中心，或在呼吸的带动下，通过腿与上肢的和谐运动形成的。从运动方式来看，朝鲜族歌舞因在呼吸的带动下，其动律与呼吸的变化关系密切，而呼吸又受歌舞伴奏“长短”的制约。因此，不同的长短为形成不同的呼吸与动律提供基础。世界上很多

民族动作的样式比较单一，所以对动律的概括比较容易。但朝鲜族歌舞由于动的样式丰富多样，很难归结在某一动作样式上。不过朝鲜歌舞在特有的长短伴奏下，以呼吸带动身体动作便是重要特点。

歌舞的民族风格不仅体现在动作上，还体现在民间广场歌舞的调度上。如汉族的“一字长蛇阵”、“龙摆尾”等与汉族的龙舞有着密切的联系，而这些构图具有较浓的汉民族特色。

（2）内容上

不同民族在歌舞内容上也呈现出不同的特色。如傣族中最具代表性的是孔雀舞，蒙古族具有代表性的则是马、鹰的歌舞。而朝鲜族歌舞却基本上看不到这些歌舞形象。这与每个民族的生产、生活有着密切的联系。从内容上看，朝鲜族歌舞多与农业生产相联系。

歌舞的民族风格特征虽然从形式与内容两方面由多种因素呈现，但最重要最稳定的还是在动作上。动作作为形式要素，尽管受内容的制约，并在内容的决定下发生一些变化，但动作的民族风格特征，却相对稳定。对此在后面将作详述。

2. 民族风格形成的条件

一个民族歌舞风格的形成是受多方面因素制约的：

（1）生存环境

生存环境包括地理、气候。有很多人类文化学研究者发现：地势险峻、气候恶劣地区的人们，在心理上总有一种进取心态。他们要求征服自然，在征服自然中求得生存，而且大自然的险峻、气候的恶劣，造就了他们粗犷、豪爽的性格特点。而一些比较易于人们生存的自然环境，塑造出的性格是希望与天地融洽、和谐地生活，他们有较强的满足心理。所以在这一环境中生存的人们，性格平和、温柔。这个观点尽管不能说是绝对的，但环境绝对影响着人们的性格、气质。生活在草原上的民族，在无边无际的大草原上形成了奔放、豪迈、开阔的性格；而渔民一年四季与大海为伴，所以他们的性格、气质具有坚忍不拔的特点。我国南北方的地理、气候的差异，形成了南北方人们的不同性格，也影响了南北方歌舞的风格。

自然环境通过影响人们的性格而作用于歌舞的风格外，还直接影响人们的歌舞动态。如长期生活在山区的人们，因长期爬山，所以他们的歌舞也多有前俯的形态。

（2）生产方式

人类社会经历了狩猎、采集、游牧、农耕、工业生产等阶段，在不同的阶段中，其歌舞也呈现出不同的特色。而不同民族的不同生产方式，对形成不同的歌舞风格特点也产生了一定的影响。一些学者的研究表明，狩猎、采集生产是人类最初的生产形态，其特点是直接获取自然界赐予的食物，人类的生产只是索取，不存在驯养或种植这一生产过程。加上当时食物界赐给的食物丰富，所以常常是粗糙索取。生产过程的如此简单，索取方式的过粗，直接影响人们的性格，即粗犷、豪放。而以这样的性格为基础进行的歌舞，必然呈现相应的特色。以游牧为生的民族也有相似的特点。他们凭借自然赐予的草原驯养牛羊，因此，他们的生产也侧重于索取，并且进行着随水草而居的游动生活。这样，在其性格的深层也有这方面影响的痕迹，相比较而言，农耕生产要比前面提到的几种生产多一个过程，即农民要种植，然后获得。他们的生产活动贯穿于一年四季，春播、夏锄、秋收、冬储。在四个季节中有三个季节围着田地转，生产过程长，生产方式细腻，因此，农耕生产者的性格较之狩猎、游牧等民族要细心、稳重。这样的性格也同样要影响到歌舞之中。

（3）意识形态的作用

意识形态是政治、法律、道德、哲学、艺术、宗教等各种思想观点的总和，并成为观念形态。在形成民族风格的过程中，观念的作用是巨大的，但观念的作用不是直接作用于民族歌舞的风格，而是通过影响人们的性格，再体现于歌舞的风格中。从史料上看，朝鲜民族的先民在古代进行活动时，呈现的歌舞风格倾向于活泼、奔放，男女可以在一起载歌载舞，尽情宣泄人们的感情。但当儒家男尊女卑的思想传入朝鲜族地区并发生作用之后，不仅男女不可同舞，而且，因儒家对女性性格的要求趋于内向、温柔，从而使得女子歌舞变得更加温文尔雅。

（4）性格的作用

从以上的论述中可以看出，形成民族歌舞特色的风格均以“性格”为中介，同时以性格为基础形成歌舞的民族风格特征。之所以如此，是因为歌舞毕竟是人跳的，人们在抒发感情、表现思想等过程中均以人们的性格为前提，即在一定的性格下抒情表意。而自然环境、生产方式、意识形态，均通过性格作用于风格，所以民族歌舞风格的最关键基础是性格。正因为这样，我们在分析某一民族歌舞风格特征时，要把握几个方面：首先是歌舞的风格，即形态上的特点；其次是民族的性格，在分析研究此民族的性格时，要结合地理环境、宗教观念、生产形态、生活方式等。在综合研究的基础上才能由浅入深地把握民族的风格特征。

3. 民族风格的特征

（1）民族性

某个民族歌舞的风格特征，不是以某个或某一类人的性格为基础形成的，而是以某个民族的普遍性格特征为基础的。

一个民族的成员因具有相同的文化传统，并且在大致相同的生产、生活、宗教信仰、伦理道德环境中生存，这些为形成大致相同的性格提供了客观条件。当然，民族的一般性格不是在空中漂浮的，而是实实在在地、具体地存在于每个民族成员的身上。而每个民族成员因年龄、经历、学历等不同，必然有差异。但存在差异性的同时，又存在一定的共性。而这种共性就是民族的普遍性。例如：每一个朝鲜族女性性格是有差异的，但是，朝鲜族女性共有内向、温柔的性格。这些性格特征，既是朝鲜族女性性格的特征，又是形成朝鲜族女性歌舞的基础，所以，它具有民族性。

（2）发展性

世界上的万物具有一个共同的特征：绝对的运动、变化，相对的静止、稳定。歌舞的民族风格也不例外，发展、变化是绝对化的。

影响民族性格变化及民族歌舞风格变化的首要因素是客观环境，即生产、生活、各种观念的变化等。这些变化不仅影响民族性格的变化，同时也影响民族风格的变化。例如，20 世纪 80 年代以来朝鲜族女性歌舞在风格上与过去相比有了一些变化，而这些变化是由上述几方面因素通过影响朝鲜族女性性格，致使歌舞风格产生变化的。其次是外来文化的影响。外来文化的影响通常作用于表层和里层两方面。表层是影响歌舞的形态，如有的民族在歌舞动作中融入了芭蕾或现代舞的、迪斯科的动律等，使动作风格发生了一些变化。里层影响人们的性格、审美观念。如随着时代的发展，与他民族的交流增多，新的思想观念的传入和影响使民族的性格、审美观念发生了变化，这也促使了歌舞形态的变化。

（3）延续性

歌舞的民族风格之所以能够延续，是因为人们生存的环境虽然不断变化，与外来文化的交流日趋频繁，但在社会的运动中却又有相对稳定的一面。例如尽管社会生产力飞速发展，但农民、工业等不同生产形态的并存是相对稳定的。再如尽管人们的观念有了许多变化，但也有一些起着主要作用或成为支配人们行为的主要观念。很多朝鲜族女性，尽管在性格上不同于以往的内向、温柔，趋向外在、奔放的性格，但在人们深层意识中朝鲜族女性传统的以“内向、温柔”为美的观念仍然存在。再有一点就是在民族文化大交流中，每一个民族都希望自己的民族文化源远流长，并采取了一定的举措。这些方面因素的共同作用，使得民族歌舞风格的延续性有着深固的根基。

（二）地域风格

这里论述的地域风格，不是不同民族的不同地域性风格，而是同一民族因居于不同地域而具有的不同风格。

1. 地域性风格的形成

不同的民族因居住于不同的地域其风格也有一定的差异。如古代朝鲜族先民分别居住在朝鲜半岛的南方和北方，而北方与南方的歌舞文化具有不同的特点。在朝鲜三国时期，高句丽、百济、新罗各具不同的地域性歌舞风格特点。这些差异性风格的形成是与生活的地理、气候环境、生产形态、接受外来文化影响的差异有着密切的联系。汉族的歌舞也同样如此。在汉族秧歌中，东北秧歌、山东秧歌以及南方的秧歌在风格上都有着一定的差异，其内在的规定因素也就是性格等方面的因素。

2. 地域风格的同质和异质

地域风格是由两种特征统一而成的，即在歌舞的地域风格中，既有同一歌舞的共同特征，也有不同的特点。这两方面便构成了歌舞地域风格的同质性和异质性。

（1）同质性

民族的传统文化如江河之水源远流长。所以，相同的民族即使居于不同的地域，但其歌舞文化传统仍浸透其中，由此保证了相同民族歌舞文化的共同特征。

居于不同地域的同一民族，具有相同的歌舞风格特征是必然的。这是因为此民族的生产、生活、宗教观念、审美观念等作为本民族的文化传统在延续。而这些延续着的相同的文化传统，要求相同民族的歌舞风格保持相同的特征。因此可以说，地域歌舞风格中具有同质性是必然的。就朝鲜民族而言，居于朝鲜半岛南、北方的朝鲜人与居于中国的朝鲜族本为同一民族，因此这三个地域的歌舞风格有颇多的相同点。

一个民族的歌舞风格，对同一民族居于不同地域的歌舞风格而言是同质的，但这个同质性相对于其他民族歌舞风格而言则为该民族歌舞风格的独特风格，具有相对于其他民族歌舞风格的差异性。从文化存在价值方面看，有个性才有存在的价值。所以，这种差异性正是该民族立足于世界舞坛的价值所在。而这种相对于其他民族歌舞风格的差异性，相对于本民族不同地域的歌舞而言则是同质的风格特征，其特征实实在在地存在于地域性歌舞中。假如每个地域丧失这些特征的话，就很可能使自己的歌舞因风格削弱而渐次消失。因此，保持地域歌舞风格中的同质性是非常必要的。

强调歌舞地域风格的同质性是必要的，但是如果过分强调，以至于忽视异质性，就会阻碍民族歌舞的发展，不利于民族歌舞的繁荣。因为民族歌舞的同质性和异质性的存在是必然的。但歌舞文化有其特点，它是人体文化，如果人不去发展它，它本身是不会变化的。所以，如果为求同质性，人为地妨碍歌舞地域风格形成异质性，就会使地域歌舞只存在同质性而失去地域歌舞存在的价值。

（2）异质性

地域歌舞风格存在异质性也是必然的、必要的。即使是相同的民族，因居于不同的地域其歌舞风格必然形成差异。因为歌舞的生态环境有了变化，使原来的歌舞风格发生嬗变。如中国朝鲜族本与朝鲜半岛的居民是同一民族，生活在相同的地域，移居中国后在新的生存环境中使自己的歌舞风格发生了一些变化。

变化、发展并由此形成异质性风格特征也是必要的，这也同样是为了保持歌舞文化独立存在的价值。前已论述，朝鲜民族歌舞共有的风格特征，相对于其他民族歌舞是个性，但相对于不同地域的朝鲜民族歌舞文化它又是共性，即同质性。如果不同地域的朝鲜民族歌舞文化，只强调同质性，那么就不存在地域性差异，其文化也就失去了存在的价值。因此，朝鲜民族歌舞要强调不同地域的异质性。

强调异质性是重要的，但如果忽视同质性，也同样不利于民族歌舞的发展。因此，我们既要强调同质性，也要重视异质性。地域歌舞风格是同质性与异质性的统一。（朴永光　撰稿）

三、西南少数民族歌舞的民族志描述——以云南省兰坪民族民间歌舞为例

兰坪白族普米族自治县位于云南省西北部，怒江傈僳族自治州东南部，东北与丽江市玉龙县为邻，东部与大理白族自治州剑川县接壤，南接云龙县，西部由南向北分别与泸水县、福贡县接壤，北面紧接迪庆藏族自治州维西县，总面积4386.3平方千米，山地面积占95%以上，盆地占2%，属高寒山区农业县。县城金顶镇（江头河），海拔2400米，距州府六库207千米，距省会昆明589千米。年平均气温12℃，年降雨量719.5毫米。全县辖4镇4乡、102个村民委员会、5个社区、914个村民小组。2009年末总人口20.86万人，其中非农业人口2.84万人，占总人口的13.6%；少数民族19.76万人，占总人口的94.9%。有白、普米、傈僳、彝、汉、怒6个世居民族。人口自然增长率7.2‰。

兰坪地处滇西北高原，是边疆和内地的结合地带，由于各个民族的社会发展层次不平衡，各自都有独特的生产方式、生活方式和比较单纯的内部联系，也就产生了与之相适应的社会意识。兰坪各民族文化艺术有着相当浓厚的原始性和朴素性。它陪伴着每一个民族，从远古走到今天，也陪伴着每一个人走完生命的全部里程。它不同程度保留着

不同时期、不同阶段的社会发展烙印。这些具有浓郁的民族特色和洋溢着乡土气息的文化艺术，蕴藏着深邃的思想光芒和情感力量。

(一) 民间音乐

兰坪的民间音乐种类丰富，形式多样，每个曲调的旋律各具特色，反映的内容广泛，它无所不歌，几乎贯穿社会生活的方方面面。它是各族人民用以反映自己的生活，抒发思想感情，表达理想愿望，表示和睦友爱，增强了解认识，相互给予安慰、激励的重要方式，也是自我娱乐、自我教育及向恶势力作斗争的工具。它有着沟通心灵、引起感情共鸣的神奇功效。就兰坪的情况而言，音乐可分为歌曲和器乐两类。

1. 歌曲

按其音乐体裁、表现内容及歌唱形式，歌曲可归纳为跳歌调、小调、山歌三大类别。跳歌调分排曲、散曲、对歌，一般短小精悍，朴实大方，节奏稳定，旋律流畅。根据舞蹈情绪需要，灵活运用，可快可慢。小调可分为叙事歌、习俗歌、情歌。小调一类的歌曲，旋律平稳地进行，起伏跳跃不大，节奏规整严谨，多为四句乐句组成小段的分节歌结构，对于表现不同内容的歌适应性较强。山歌分劳动歌和牧歌，主要在山野、牧场或行走时唱，曲调舒展、奔放、高亢、激昂，音域宽广，节奏自由，较多地使用自由式的延长音。歌唱时，大小嗓声结合，常以不稳定的终止音结束乐段，为反复的歌唱造成律动感。

白族歌曲主要有山后曲、白族调、开益等。山后曲（或称丝柳曲）属五声音阶“6”调式、二段体的曲式结构，曲调较多地出现级进音程，因而显得婉转流畅。白族调，演唱者根据内容感情随之起伏变化，格律是三或七、七、七、五。开益是白族支系拉玛人歌曲的总称，格律一般为七、七、五，曲式属五声音阶，也有近似六声音阶的，唱法又分《噢开益》、《算开益》、《搭开益》、《作开益》等多种。丧俗中唱的分别有《嗡恐》、《奴色施》、《腊丝颚》、《哦腊威》等曲调。

普米族歌曲“哩哩”有三种唱法，一是叙事性的，如《巴扎》、《裁色》；二是仪式性的，如婚俗中的《认亲歌》、《送亲调》；三是悲苦性的，如《可怜歌》等。三种“哩哩”相互间的节奏、格律不尽相同，但音程关系及音律特点是共性的，格律一般是“九、七、七、七、七、七”六句段，偶尔有五句段和七句段，也有自由式的格律。“者”是与“哩哩”并存的曲调，在喜庆的节日和交际活动中唱，如婚俗中的《栏门调》等。属祭祀性的有《拜龙调》、《冗坑》等。流传在金顶、通甸一带的“西番调”，曲式属五声音阶，二段体结构，宫调式、羽调式渗透在一起，音调委婉、抒情、悠扬，格律多为三、七、七、五或七、七、七、五。

傈僳族的歌曲主要有《摆时》、《木刮》、《优夷》等。《摆时》多为青年男女用以谈情说爱的歌曲，曲调奔放热情，声音高亢嘹亮；《木刮》曲调高亢激昂，内容悲伤时可转为低沉或优伤的音调，多为一人领唱，二人或更多的人合唱，有时是对歌，歌唱内容有叙事、苦情、生产劳动等；《优夷》曲调深沉、哀怨，在节奏和曲调的进行上与《木刮》有相似之处，特别表现在装饰变音，一般亲友相聚时，相互倾诉婚姻家庭的不幸。

彝族的歌曲有：婚礼中唱的《巴顶荷》、《都忍左》、《阿嫫妞妞》、《阿依呷嘎》等；

丧葬时唱的《瓦兹勒》、《层格》、《阿合阿嘎拉》等；也有歌唱生活、爱情及母女情、兄妹情等方面的歌。

县内流传的汉族歌曲，主要反映苦情、交际、婚恋等内容，曲调各具风格特征，旋律优美动人。苦情歌中最使人感动、唏嘘的是叙述孤儿、童养媳不幸的遭遇，悲惨的生存环境的歌。如《想娘调》、《苦菜花》等；情歌是恋爱婚姻的媒介，男女双方通过绕山绕水式的盘问对答，试探对方，表达爱慕之情，最终达到山盟海誓，结为终身伴侣。因此汉族的情歌深受青年人的喜爱，在境内各民族中广为流传。此外，还有赋予自然感情色彩的《采花调》、《春花调》，有警世劝人的《戒赌调》等。

2. 器乐

流传于民间的器乐曲斑斓多彩，虽然有些曲目由内地传入，但通过本地各民族艺人的吸收、融合后，使之成为韵味奇秀、富有乡土气息的作品。境内民间器乐可归纳为吹奏乐、弹拨乐、丝弦乐、打击乐四大类。

吹奏乐　唢呐多为木管铜号口，8 个按音孔。唢呐曲分红事、白事、戏曲、杂调等 5 种两个类型，在不同场合用不同的曲目吹奏。如红事方面就有《拜堂调》、《迎亲调》、《离娘调》等 20 余曲；竹笛，傈僳族多用于歌舞伴奏，白族多用于吹奏洞经音乐和小调；口弦，为竹制簧片，有单片、双片、3 片、4 片，彝族的口弦为铜簧片。每一簧片基音都可奏出五度泛音。境内各族妇女喜欢把装饰的口弦佩戴在胸前，空闲时消遣娱乐，传情达意；鼻笛，用鼻孔或口吹奏，曲调主要是模仿鸟兽声响；木叶，采一片绿叶含在口中，就能随心所欲吹奏乐曲；葫芦笙，用葫芦、竹管、竹簧片等制作，能吹奏 5 声音阶、6 声音阶，主要用于傈僳舞、普米舞伴奏。

弹拨乐　分大三弦、小三弦、四弦和琵琶，体积大到 1 米多，小到不足 33 厘米。制作精细，桦木做杆，木瓜树做筒，羊肚或蛇皮蒙面。三弦音域宽广，一般定弦为内 4 度，外 5 度。其中白族的大三弦可自娱独奏，也可以歌曲伴奏；小三弦在各民族中均有流传，曲目繁多，有欢乐的，也有悲伤的，还可为汉调伴奏；普米族的四弦，定弦为 6136，用于舞蹈伴奏；傈僳族的琵琶，定弦独特，有 6126、6236、1236 等定弦法。弹奏的曲目多，大多为舞蹈伴奏，部分曲调模拟动物声响，如《蜜蜂调》等。

丝弦乐　有京胡、二胡、南胡和傈僳族特有的“吉子”。除“吉子”外，其他弦乐均用于白族香火庙会期间，演奏洞经音乐和为滇戏伴奏。

打击乐　有锣、鼓、钗、钹等，与唢呐合奏，在喜庆吉日期间演奏，或为“龙狮灯舞”伴奏。

从 1957 年禾雨根据来龙的山后曲改编的《白月亮子白姐姐》由周琼芝在北京“第二届全国民间音乐舞蹈会演”和在莫斯科举办的“第六届世界青年联欢节”演出始，1958 年禾雨又创作了《兰坪是个好地方》，到 70 年代，杨元吉、李玉生、和尚卿等先后创作了《红太阳光辉照边疆》、《山村处处都在笑》、《请到普米山寨做客来》等富有时代信息和民族韵味的百余首歌曲、器乐曲和舞蹈音乐等，有的在县内外广为流传，产生了一定的影响。部分参加国家、省、州级会演并获奖，或在电台荧屏播出。如 2000 年“中国第五届国际合唱节”期间，兰坪代表团演唱的无伴奏多声部合唱歌曲，普米族《拜龙调》、傈僳族《摆时》、白族支系拉玛人《腊戛哦》荣获优秀表演奖。2003 年，

“首届中国西部合唱艺术节《美丽彩云南》族群杯大赛”期间，兰坪参赛的3首普米族民歌获得三等奖。2004年CCTV首届西部民歌电视大赛活动中，兰坪选送的傈僳族《摆时》和普米族《酒歌》均获铜奖。2006年，拉玛人和普米族的歌舞参加了中央电视台CCTV—2006民歌盛典演出。2007年，拉玛人和普米族的歌舞走上联合国教科文组织的第32届世界音乐理事会的舞台。2008年10月13～18日，白族、普米族、傈僳族20多名艺人在中央电视台音乐频道《民歌·中国—兰坪周》演播兰坪原生态歌、舞、乐节目。

（二）民间舞蹈

据1986年的普查、收集记录，兰坪的民间舞蹈有25个舞种120套舞蹈。其中有10个舞种、37套舞蹈被选入《中国民族民间舞蹈集成·云南卷》中。由于历史和社会的原因，有的舞蹈已失传，有的舞蹈濒临失传。

属自娱性、交际性的舞蹈有普米族的《搓蹉》和《芦笙舞》，彝族的《达体》，傈僳族的《欠俄》、《刮其其》、《刮来沙》、《青沙刮》等。每种舞分别有6～12套舞。自娱性、交际性舞蹈，具有感人的艺术魅力，普遍受到其他兄弟民族的喜爱。

属礼仪性的舞蹈，有普米族的《仆瓦蹉》，怒族的《上菜舞》，彝族的《赌资》。属表演性的集体广场舞蹈有白族的《龙狮灯》、《鹿鹤同春》、《霸王鞭》，以上舞蹈的表演，给节目或喜庆活动增添了洋洋喜气和无比欢乐的气氛，适合人们喜庆、吉庆的心理需求和审美观。

反映劳动生产过程，模拟禽兽动作和表现狩猎活动的模拟舞，俗称《生产舞》和《禽兽舞》，大多流传于傈僳族居住地区，两种舞分别有20余套，少数普米族地区流传有5～6套。模拟舞，将人们最熟悉的农事活动、狩猎活动，以艺术形式，特别是以最适合表现动态的舞蹈加以表现，使人们司空见惯的事物经过加工后变得赏心悦目，富有寓意和象征性，给观众展现了一幅幅原始社会狩猎、游牧、采集和农业生产的场景。

崇拜自然、祖先和英雄，渴望和平、自由与幸福，祈求人寿年丰，为娱神和禳鬼而举行的宗教舞蹈有：普米族的《醒英蹉》，怒族的《阿楼西杯》，拉玛人的《杯日往》，彝族的《应磁故》。古代先民，出于现实的需要，生存的希望，在与大自然长期斗争过程中，把舞蹈当做了进行巫术的灵物，并夸大和神化了其功能作用，将具有淳朴乡土气息、赞美劳动、表现生活和生产的舞蹈艺术，视为在特定的环境内具有神秘力量的东西，成为宗教仪式的组成部分。

相信灵魂不灭，崇拜鬼魂而为死者举行的丧葬舞有：拉玛人的《哦腊威》，怒族的《戏几沃》，傈僳族的《诗德得》，普米族的《寨细蹉》，彝族的《娃资丽》。跳丧葬舞的目的是“魂归故里”，让亡灵回到民族的发祥地与祖灵团聚。他们相信，亡灵有了固定的归宿，有了理想的生活环境，过上了正常的生活，就会消灾祛邪，保佑后代子孙清洁平安，五谷丰登，六畜兴旺。因此，在舞蹈中，有的舞者背负死者生前的生产生活用具以及粮种、畜种，表示将东西送往亡灵归宿的地方；有的手拄杵棍作艰难跋涉之状，表示指引和护送亡灵回归遥远的故里；有的挥舞长刀，表示披荆斩棘为亡灵开辟通往故里的道路；有的模拟禽兽和狩猎动作，再现游牧迁徙的历史过程，同时还暗示亡灵在途中如何行进、觅食、住宿等；有的还表现性爱，在祭奠死者的时候，同时表达繁衍人口，绵延种族的愿望。

每逢走亲访友，贵客临门，男娶女嫁，吉庆佳节等集会时，不论在山野河谷、田边、牧场或庄房庭院，少则几十人，多则成百上千，不分男女老幼，不论族别，围着篝火，边歌边舞，通宵达旦，彻夜欢腾。通过歌舞，增进各族人民之间的理解、友谊和团结，也增进各民族之间的文化交流。同时，歌舞又是男女青年恋爱的媒介，在舞场上，一旦择定意中人，就用歌舞试探对方，相互启迪幽情，披露心声，最终达到心心相印，难分难舍。不少青年男女，就是通过这种方式自由恋爱，冲破买卖包办婚姻和民族界限，建立了幸福美满的家庭。历史上的"抢婚"、"偷婚"现象，就是在这样的特定环境中酿成的。

从20世纪80年代开始，兰坪的文艺工作者先后整理、改编、创作了近百个白、普米、傈僳、怒、彝等民族舞蹈，有40多个节目在地州级以上演出，20多个获奖。1986年李松发整理的普米族舞蹈《搓蹉》，后经省群艺馆改编，1989年晋京演出后享誉海内外，风靡舞坛。1992年，第三届中国艺术节期间，李松发、和志勇创作的普米族舞蹈《嫁歌》、《芦笙舞》分别获表演一等奖和展演奖。2002年，在云南省庆祝宣传"十六大"新剧（节）目展演中，普米族大型音乐舞蹈史诗《母亲河》一举获得"五金一银"的好成绩。2004年，《母亲河》又获中国舞蹈"荷花奖"银奖。1994年，怒江傈僳族自治州编辑出版的《兰坪民间舞蹈》一书，主编、副主编，获得省民委、省文化厅、省舞协以及《云南民族民间舞蹈集成》编辑部联合表彰的"先进奖"。

1993年，在"兰坪铅锌矿前期工程开工庆祝会"上，兰坪首次，也是怒江傈僳族自治州历史上第一次有近2000人参加演出的大型广场舞蹈，由《开山锣鼓》、《喜庆唢呐》等15个舞蹈串联组合，热烈的气氛，高昂的情绪，流动的线条，斑斓的色块，构成波澜壮阔的景象，赢得中央、省、州来宾及观众的高度赞誉。10周年、20周年县庆期间又分别演出了创作手法、表现形式更为娴熟、完美的大型舞蹈《明天更美好》和《凤舞兰坪》、《和谐兰坪》花车巡游及民族歌舞展演。

（三）传承研究

上世纪50年代，兰坪的民间文学即开始发掘。60年代初开始，省内外的专家学者相继来兰坪搜集各民族的民间文艺。十一届三中全会以后，随着形势的转变，上级有关部门的专家、学者陆续到兰坪采风，文化部门陆续组建专门办公室，抽调精兵强将，与此同时本地本民族的民间文艺爱好者自发地不断涌现，并逐步发展壮大。他们当中有学生、工人、农民、教师和干部，由老、中、青构成。大家分别深入各个民族的田间地头，村村寨寨进行艰苦细致的发掘抢救工作。先后搜集、发掘、抢救了大量的口碑资料，整理了大量的资料及作品，先后编辑出版了《普米族故事集成》、《普米族歌谣集成》、《兰坪民间故事集成》、《兰坪歌谣集成》、《兰坪民间舞蹈》。有的作品又收录入《中国民族民间舞蹈集成·云南卷》、《白族本子曲》、《白族民间舞蹈》、《普米族民间舞蹈》等集成·艺术志和文辑中。同时经过整理，部分为数可观的作品，分别发表在《山茶》、《大理文化》、《春城晚报》、《民族文化》、《民间文学》、《今日民族》、《云南民族民俗和宗教调查》、《云南少数民族社会历史调查资料汇编》、《云南日报》、《云南政协报》、《怒江文史资料选辑》、《怒江》、《怒江报》等刊物上，体裁和内容涉及故事、歌谣、音乐、舞蹈、服饰、工艺以及风俗习惯和宗教信仰等。

民间文艺理论研究方面也取得了可喜的成果，从20世纪80年代开始，各民族的学者及外地的专家先后在《中央民族大学学报》、《云南文科学生论文集》、《思想战线》、《民族音乐》、《民族舞蹈》、《民族艺术研究》、《大理文化》、《怒江民族研究》等刊物发表了《那马人的时空表述法》、《试论兰坪少数民族的丧葬歌舞》、《浅谈普米族的传统农耕文化》、《浅谈民族文化对旅游的推动作用》、《论民族文化的保存与发展》、《普米族文化之精髓——山岳生态文化》、《从傈僳族神话看人类远古文明的消亡》、《怒族歌谣浅析》、《兰坪少数民族原始宗教音乐概述》等近百篇学术论文，有的论文选入《云南傩戏傩文化论集》等论文集；有的参加"全国宗教舞蹈理论研讨会"、"中日民俗文化国际学术研讨会"、"云南省邓小平文艺理论研讨会"、"中国生态旅游论坛"等学术研讨会交流。还先后出版了《杨玉科的故事》、《拉玛人民间故事选》等个人收集、整理的专辑，以及全面、系统、完整记述和研究民族历史与现状的专著《拉玛人的禁忌》、《那马·勒墨简史》、《普米族》、《兰坪拉玛人文化研究》等。这些论文和专辑大多是从第一手资料出发，进行分析、比较、综合、概括，从而得出自己的结论。同时又紧紧扣着民俗与原始文化进行分析、阐释，颇具说服力。

2003年至2005年，在开展民族民间传统文化普查中，完成云南省民族民间传统文化兰坪县保护名录及项目申报材料，其中整理文字资料3.5万字、表格120份、录像资料120分钟、录音资料180分钟、图片625幅。申报州级民族民间文化保护名录30项，申报省级民族民间文化保护名录26项，申报国家级非物质文化遗产2项。登记民间艺人51人，有6人被省民委、省文化厅命名为民族民间文化传承人，有7人列入州级民族民间文化保护名录中。2005年县政府核准并公布的首批民族民间传统文化保护名录60项中，有民间艺人35人（项）。2005年，"箐花普米族传统文化保护区"、普米族传统舞蹈《搓蹉》、民间器乐《四弦舞曲》被列入省级传统文化保护名录。2008年，普米族传统舞蹈《搓蹉》列入第二批国家级非物质文化保护名录。

2003年，由音乐人陈哲倡导发起并推动的"土风计划"，是一项原生态文化传承行动，旨在抢救保护濒临失传、不可再生的民族文化资源，探索良性发展，促进民族文化资源优势转化为民族文化优势的系统工程。当年，开始在兰坪建立"村寨文化"传承工作推动小组，选择4个村作为试点，各村都成立了民族文化学习小组，传授者为当地老艺人，向年轻人传授本民族的音乐、舞蹈、服装制作、传统工艺、部族史诗、宗教礼仪。

2004年，"普米族传统文化传习小组"被列入文化部第二批29个民族民间文化保护试点单位。2006年，"普米文化"入选《中国非物质文化遗产保护成果展》。（李松发撰稿）

四、黔东南台江反排木鼓舞的历史表述

苗族鼓社是融原始祭祀和农耕管理为一体的传统乡土组织。"鼓社祭"之祭祀主体是整个鼓社世代祖先组合成的神圣体系。鼓、鼓社、鼓社祭是三位一体的有机组成部

分。鼓是祖先的象征，鼓社是血缘文化的社会组织，而鼓社祭祀是连接鼓与鼓社的纽带[①]。

“鼓社祭”这一仪式活动是以鼓社宗族血缘为纽带而组织起来的祭祀祖先的宗族祭奠仪式。“鼓”是“祖先灵魂的安身之处”，象征祖先的灵魂。通过祭鼓以缅怀祖先，与祖先神灵交流，以此加强族群认同感和凝聚力。在缅怀祖先中追述历史，构建鼓社共同记忆，强化认同，催生情感，稳固社会秩序和传继传统文化惯习。

鼓是鼓社的象征符号，给予宗族凝聚以一个感受得到的神圣理由和看得见的信号。早期的木鼓是用枫木制作的，鼓上绘有蝶、花纹饰。传说枫木是蚩尤的枷梏变的，苗族进入犁耕时代后，有位叫劳公的祖先耙犁天下，使荒野变成良田，还把枫树栽在寨边。枫树上常有鹭鸶和白鹤栖息，树旁有个鱼塘，水鸟常到鱼塘偷鱼吃。养鱼人香两误认为是枫树偷鱼，引起争执，请理老来评判，理老贪吃不公，判砍枫树。“砍倒了枫树，变成了千万物；蝴蝶孕育在枫树心里头”。《苗族古歌》描述说，“树干生妹榜，树心生妹留。”苗语“妹”即母亲之意，“榜留”即蝴蝶之意。妹榜留长大后与泡沫成亲，生下12个蛋，由鹡宇鸟孵了16年，生出了苗族的祖先姜央及雷公、虎、蛇、蜈蚣等动物。姜央犁田时，啄木鸟啄得枫树咚咚响，一个姑娘说：“好像是妈妈的节日到了，好像是妈妈的鼓响了。”从此，苗族用枫树制作木鼓，节日敲响木鼓以纪念祖先蝴蝶妈妈。透过这个传说可以知道，苗族的稻谷栽培在前，木鼓制作在后，鹭鸶、.白鹤和鱼都是稻作农耕的表征，而枫木、蝴蝶具有苗族图腾的性质，制作木鼓是为了祭祖和庆丰收。农业社会或者说是农耕民族靠天吃饭，所以社会结构和表象在很大程度上顺应着天地秩序，体现集体文化表象的宗教祭仪更是突现了这样一种天、地、人、神之间的紧密关系。苗族的祭祀紧扣着节日和农时节令进行，围绕着春生、夏长、秋收、冬藏周而复始的农时自然节律，形成鼓社的祭祀节日。

反排人传说在古代的时候，他们的祖先常听到啄木鸟啄木的声音，后来他们也就跟着啄木鸟的啄木声敲打空心的朽木，于是就演变成了现在的鼓点。但在那时仅有鼓点，他们还不会跳舞，但伴随着地方生活和生产经验的积累以及对地方生态环境的适应，他们发现了田埂里左右来回地旋转的甲壳虫，与他们敲响的鼓点交应，有节奏地在田里打转，并且还招来了一些猴子和其他森林里的动物，都围着他们和着鼓点狂欢舞动。于是，他们就跟着学，所以这些甲壳虫、猴子啊还有其他的一些动物的动作经过祖先的不断加工形成了木鼓舞的动作元素，并用这些动作去表现地方生活知识，回忆祖先迁徙历程和对生命的历史感受。

反排苗族“鼓藏节”仪式，从迎龙起鼓、举鼓主、备祭祖先至接双鼓、醒单鼓、制鼓、斗牛、宰牛、杀猪、送单鼓进石洞等要经历四年时间。

其主要内容如下：

第一年，子年。这一年的活动有：迎龙起鼓、选举鼓主、买祭牛、迎接子孙鼓、唤醒祖宗鼓、砍鼓树。

第二年，丑年。这一年的活动有迎接祖宗鼓回鼓堂和开展斗牛活动。（1）迎接祖宗

---

① 覃东平、吴一文：《蝴蝶妈妈的祭仪——苗族鼓社祭文化研究》，贵州人民出版社2006年版，第1页。

鼓回鼓堂，苗语称“扬略褒党”。日期是这年农历十月子日。(2) 开展斗牛活动：节日中放牛打架，取悦祖宗，满足群众娱乐需要，增加节日欢乐气氛。

第三年，寅年。这一年的活动有：审牛、号牛、制单鼓和杀牛祭祖鼓后十四天的各种仪式活动：(1) 砍牛；(2) 祭祖；(3) 砍牛后的第三天下午搞“赞牛角”活动；(4) 分牛排骨；(5) 取鸟笼；(6) 过桥 (Jut dangk)；(7) “背水养鱼”；(8) “竹战抹花脸”；(9) 示意鼓社永不倒的“搓草绳箍房子”仪式；(10) 招魂；(11) “藏单鼓”和找鼓仪式；(12) 捧“玉碗”饮酒，这是很隆重的一个仪式，人们都想一睹玉碗为荣；(13) 接鼓；(14) 敬鼓。

第四年，白鼓节。是继杀牛最后的一次祭祀盛典。参加祭祀人员仍然是同宗。时间仍择在农历十月。杀猪祭祖的一系列活动，其中很多是与杀牛祭祖的活动相同。最后是送鼓的仪式，在送鼓的当夜，全宗族各户已婚之女、未婚的成年姐妹，要被请出寨外。她们到寨边的歇脚处聚集在一起，质问哥弟们为什么要赶她们走。双方各据理由对答，哥弟们以不能在家照顾父母温暖为理由，取得“说理至胜”而告结束。

鼓送进鼓窟之后，全宗族的群众分别被鼓主们邀请去他们家参加最后一次宴请全体宗族的宴会。饮宴毕，历时 4 年的祭鼓节活动，宣告结束。12 年后，再举办新一届的祭鼓节①。

仪式离不开禁忌，禁忌塑造神圣。祭鼓社有着严格的禁忌以及完整的一套礼仪程序。从禁忌上看，就有语言禁忌、行为禁忌、婚姻禁忌等。比如在语言中，那些在平时生活中被认为会殃及生命的事物都以另外的符号代替。如：“老虎”(ghet xed)，在鼓社祭时就得称“官”(ghab lail)，“蛇”(nangb) 就得改称为“藤子”(hlat bas)，“出血”(lol hxangd) 改叫成“冒大象”(bongx hsangt)，“杀水牛”也以另外的符号代替。行为上就要求在鼓社祭期间禁止敲鼓，踩鼓，敲击扁担等物，以及用嘴模拟鼓声，因为鼓声是唤醒祖先的信号。唯有到了杀牛祭祖后才能打鼓，踩鼓。忌谈老虎与蝴蝶妈妈及有关祭祖的古歌，怕老虎和不吉的事进村危害人畜。第一、二鼓主举行仪式时，走路必须慢而稳当，忌跌撞，忌擦汗、擦嘴、擦鼻涕等不雅姿态，带饭上山劳动时忌打开饭盒，劳动时忌乱丢石头，忌杀牲。这些都是为了表现鼓主地位之尊，希望他们没有任何闪失，以免祖先不悦。鼓社祭除了在语言和行为上有严格的要求外，还规定从午年开始至申年的 3 年里，有女禁嫁，有男禁娶，故有古歌唱到：有水莫让鱼上游，我们一同打单身。等到五岔祭完祖，我们一起再成亲。所以，在开始祭祖前，很多人家怕过年后耽误子女的婚事，只要有合适的对象便急急忙忙地办，以致一些十五六岁的小姑娘也早早地嫁去作为 bangx niangb (意为如花一样护着的媳妇)。本鼓社已经出嫁的姑娘，在举行砍鼓木、砍鼓柱、抢粑粑等重要活动时必须回夫家去。有的姑娘因为抗婚不愿去夫家也要到其他亲友家暂住几天，活动结束再回娘家。祭祀的目的主要是祈求祖先赋予鼓社成员以子孙和财富，而嫁出去的姑娘已属外鼓社成员，因此才把她们排斥在这些活动之

① 由吴通发提供：“苗族祭祖节”。(吴通发原为台江县文化局局长，地方民间文化学者，2008 年 3 月辞世。本人在田野调查过程中他及他的全家给予笔者无限关怀与支持，然笔者却没能如他所愿，将论文交与他过目，这是笔者最大的遗憾)

外，新媳妇虽然还没进家但已成为本家族的一分子，必须回来接受这一良好的祝福①。

反排村寨由两个鼓社组成，一个是居住在高坡上位，由张、万姓组成的第一鼓组，一个是因后头迁来而居于下位的杨、唐、张、郃姓氏组成的第二鼓组。还有加上因人口、环境、历史等问题，而以正北、东南和西南的星射似空间布局而从反排故地分迁出去的"子鼓社"："巫脚南"、"巫脚交"和"巫脚沟"，环绕作为圣地的"母鼓礼"的反排，在同一时期举行具有划时代意义和自身文化威力的"鼓社祭"。

《鼓社歌》记载："祭妈妈才发财，子孙繁衍才能像鱼秧。"整个村子挤满了姻亲宾客，节庆的独特命题和重大的家族相聚，应召和安设大家要以兴奋的心情和超常的姿态来迎接祖灵到来的神圣祭仪。上午 10 点左右，从第一鼓主家传来的第一声炮响，以多米诺骨牌的效应，把各家各户炮声陆续点起，响声穿透高坡天地，烟雾包裹万物生机，这是祖宗圣灵下界与子孙欢聚的第一个仪式。村寨里一片喜气，是对杀牛祭祖的仪式即将举行和姻亲来临的表喻。相隔 13 年才相聚，促成了焦急的、兴奋的、无可名状地对护佑宗族子孙兴旺发达的祭仪。

苗族人认为鸭能走山过水，可以把祖先的灵魂引回东方老家，也可以把它们的灵魂从东方请回。鱼因多子所以能护佑他们宗族繁衍兴旺。所以，姻亲们没忘记这从小就已被熏陶的古矩，手里提着 1 只公鸭、3～5 尾鲤鱼，1 篮子糯米、1 桶米酒等贺礼和久违的别离带来的迫切来参加宗族大祭。仪式规定，姻亲的祭品不能用在正式的祭祖之仪，再次在纵横交织的血亲网格中划隔出中心与边缘的差距。下午 3 点左右，村寨里热闹得好似上演着人间喜剧，配上烟雾缭绕和喧嚣的人气，村寨变得已不仅是地理上的框局，而是充塞着礼物亲情、往圣情怀、社会观念与信仰习俗于一体的神圣世界。《兄妹歌》中道尽了反排妇女归家路上的内在心语："一眼望远方，九眼望家乡，鱼儿太想水，妹我太思娘，想得心肠碎，泪水涌满眶，想多才回来，望年迈母亲，望骨肉兄弟"。回娘家的妇女虽外嫁他乡，但这原系着宗族关系和前缘后世的宗族大祭，让她们忘记了路途的遥远曲折，放下家中或许是有待解决的事务，一心一意和乐不可支地参加这没有理由轻易推拒的宗族大祭，与族人共同分享祖宗带来的福气。所以，仪式结束后娘家人都会送给她们祭过祖宗的圣品。亥日半夜至清晨是古训规定要举行杀牛祭祖的仪辰。全寨人都怀着迫切但又不敢懈怠的心情等待第一鼓社头燃放鞭炮，以作为通知各家开始进入的信息。第一鼓社头作为宗族的代理，要做好迎接祖宗下界的圣仪，一切都严格遵守鼓社规矩。祭祖用的牛一定要经审牛师验定，在吉时和规定的圣地中来事神献礼。关于祭祀的时间，古歌里就记载着这么一句："寅日卯日是吉日……寅时寨里公鸡叫，卯时天就蒙蒙亮"。反排鬼师杨宗福还补充到："祖宗的神灵只有在圣时中降临，如果择时有误，牯牛就不能被祖先带回东方老家，这样祖先没敬到，我们就难过好。祭献给祖先的东西都得是最好的，所以审牛师得审出威猛有力的牛，因为牛好了才能帮祖先做好活路，祖先好过了我们才能好过。"

除了祭品不能疏忽之外，在场的每个人也都要以超乎寻常的态度和行为遵守规矩，生怕自己哪里表现因不合祖宗规矩而招引祖宗不满，进而带来不可预知的祸害。因而唯

---

① 由贵州省台江县文化广播局局长李美仁提供："台江县革东镇五河村鼓社祭调查"，在此致谢。

有听顺祖宗留下的规矩，并心怀敬意地期待祖宗圣灵的降临就成了鼓社祭中不言而喻的命理。正当大家迷糊打盹的时候，鞭炮响了，礼师先致祝词，让神圣与世俗连接之界被开启，全寨人都进入了神圣时域，祖宗圣灵从天上而降，与所有子孙同欢同聚。“楠木是天梯，架上九重天，爹妈沿梯下，来要千头壮牛，来领百头肥猪”。从这时起，大家必须使用吉祥隐语。祝词完毕，第一鼓社头起头进入杀牛程序，为避免圣物（牛）的灵魂对主人产生报复，鼓头则需按先长后幼的顺序委托姑爹或舅爹操刀，若不按长幼次序就会引起家族的纠纷。反排的古谚就已说到：杀牛先尽长。若长兄年迈或病弱不敢杀，也得先比试一下再由他人代杀。其他家户的牛由号牛亲戚砍杀，并视一刀砍死为吉。鼓头家的姑爹操刀将“圣牛”宰杀后，助手们便用稻草盖在“圣牛”身上点烧，然后再刮掉残留的牛毛。“点火烧牛”是对古时祖先狩猎生活的历史回演，是祖先与子孙打破时空进行沟通的特殊仪式。仪式的用意是使祖先从子孙的操演中追忆认同的根据，并因此而乐意将恩泽施予。子孙则从操演的过程中增进对祖先的亲缘关系，巩固血缘链带的毗接联系。砍牛的第二天早上，大伙吃过早饭都来踩鼓场上剖牛，取出内脏洗净，肉连皮毛砍成几大块挑回家。其间要留给带尾巴的后腿和一块胸脯给杀牛的亲戚，若只给一大块胸脯则必须另外配一只鸭子以代尾巴。因为，在当地，尾巴是亲戚关系永续的象征，若缺尾巴则被认为这门亲戚从此断绝往来，并引起误会与纠纷。牛头及 4 支蹄子以及牛尾巴放在门外的牛圈上，牛嘴放 3 根巴茅草，以此作为祭牛虽死犹活的显据。工序结束后，鼓社头择时而事，带头点炮，在祖宗圣灵的神龛前摆放诸多祭品，祭品以牯牛为主。牯牛内腹被视为仓库，心、肝、肺、腰、肚、肠、肉具有财富之意。将其切碎，包成七包，糯米饭 1 筲箕，还有 7 碗茶和 7 碗酒，正式的祭祖仪式即将开始，全宗族的人员都必须到齐，不可缺一。

仪式在鼓社头家举行，鼓社头点燃香纸，肃穆面对双鼓叩头跪拜，大声地向祖宗圣灵祷祝。“mais nielbad niel like laib hanib，negit buf jox fangb dab，nenx lol zaob fub bib，dail lul seix niangb lul ，dail ghax zaob diangl，like haib ghab waix niel，vut jul dangx haib dol。汉译为：祖灵圣鼓像太阳，照耀全族人，子孙得荫庇，老人更长寿，儿孙快成长，如日当空照，族人共享福。”另外还有一段祭鼓词：“诚心祭圣鼓，请祖先显灵，赐福我山寨，家家谷满仓，户户有金银；子孙得繁衍，像江河鱼群，如鸟群高飞；男人皆英俊，女人皆美丽，方白永昌盛”。祖宗圣灵不只来收取子孙献祭的祭品，还要巡视他的故乡，并给子孙施以恩泽。“祖公降临，走来下界，走遍他的梯田，游遍他的山林，用脚轻轻踩，用手细细摸。” “保牛成群，佑谷丰收，子孙繁荣，姻亲沾光。①”

鼓社头的祷告是与祖宗对话的方式，是人神对话既而互惠、互助的媒质。当鼓头给祖宗鼓敬酒完毕，五个鼓主按身份次序轮流敲打双鼓，之后从藏放双鼓的楼阁里依次下到放设小木鼓（祖宗鼓）的鼓堂里，由祭师开始念祭词，来唤醒祖先，并通过传述祖先的历史来建立和强调一个共有的宗族史记，让所有成员的存在得以一个可以自圆其说的道理，也让彼此间的不可分离有了不可抵制的理据。祷告仪式完毕，鼓头调过头来对族

---

① 当地祭祖词，鬼师杨宗福提供，唐卿翻译。

人大声说："我们踩鼓欢庆好不好？大家都齐声呼应。鼓堂内外挤满了人，所以不得不把鼓堂四周的木壁给拆通，由祭师、五个鼓主、礼师、乐师组成的鼓社组按规定顺序排列，围着祖宗鼓起舞，第一鼓主的侍从走在最前面，以示开路，类似保镖的角色保卫第一鼓主。第一鼓主，右手紧握象征权力和秩序的砍牛刀，郑重威严地迈着官步，演绎并塑造民族英雄祖先蚩尤的英姿，强化共有的民族记忆和认同依据。其后跟着的是专门辅佐他的鼓头们以及祭师、乐师等人。他们按次序和鼓点章法的节律，围着圆心点中架立的"祖宗鼓"，逆时绕跳三圈，之后其他的族人和宾客才纷纷涌入，围绕占据支点要位而立的圣鼓，共同起舞欢聚。根据张文忠的解释，鼓社组的成员对鼓环绕"三圈"，是在象征人生命运的三部曲，也在演绎过去祖宗迁徙路途的不易。所以，鼓主手拿着长长的砍牛刀，意在砍杀民族生命迁徙路上的不顺与邪气，让宗族生命兴旺，子孙平安顺利。鼓点的五个章节分别记载了对战争、迁徙、开荒的历史记忆，以及本民族的生活经历和定居之后的团聚欢喜。

"祖宗鼓"作为祖宗圣灵在场的代表，以圆心的空间方位获取了空间上的权利，并以古而有之的神话故事和耳熟能详的谚语典故夯实了鼓社制定并力行的一系列禁忌，进而加强和神化作为权威、传统、秩序象征的"祖宗鼓"的信度和威力。以可见或隐匿的方式，以及可规约或不可化约的仪式洗礼来彰显代表宗族权威传统的威力。

可见，舞蹈的整个空间设计都是以血缘的亲疏远近，而不是地位的高低差距来安设圈外圈里，以及身体在空间上的前后差异和左右位序。整个空间的格局都倾注着当地人对世界的认知和分类意义。代表整个宗族鼓社权益的鼓社组员及长者们，以空间上同祖宗鼓最近的距离，象征着男性权威和传统规矩；女人和孩子则被安设在与鼓较远的次级圈域，其身后又是姻亲及宾客的参与，但无论大家在哪，次序因井然有序而变得神圣有力，并在圣鼓为核心的力量下卷起了集体向心的旋力，在旋转中将整个宗族凝结成不可抵挡的整体。

第四年杀猪祭祖时的最后一个送鼓仪式，是在半夜把"双鼓"（央公、央婆）送到自愿保管的人家，接着送单鼓进石窟。在最后的送鼓入岩洞的仪式中，妇女们只能送到寨边而不能跟到岩洞附近。此外，在杀牛后的 14 天中的戌日所举行的"追女"活动中，人们将预先刻制好的木制男女两性生殖模型拿来，由两个男人各背一个在背上。他们从第一鼓头家跑出，背女生殖器的人在前，背男生殖器的人在后持弓箭佯追，并不断向背女生殖器的人射箭。每发一箭，旁观者中就会有人大叫"中了！中了！"引起众人欢笑。他们二人绕寨一周，跑回第一鼓头家，即吃预先煮好的肉粥，许多青壮年也来参加吃。吃肉粥寓意为"补养女性身体"。在吃的过程中，就有人向背女性生殖器者问话："你生男的或生女的?"他就回答："生男的。"① 在送鼓前，宗族各家必备酒到第二鼓主家（"嘎雄"）送鼓。与此同时，鼓主、礼师及全宗族老少，身着礼装、盛装在"嘎雄"家踩鼓，唱歌送鼓，人们边舞边唱到："快来踩！快来踩！不踩鼓（祖先）走了，鼓到洞里藏，多年请不来，莫误好时光"。鼓送进鼓窟之后，全宗族的群众分别被鼓主们邀请与祖宗神灵起舞团聚。饮宴毕，历时 4 年的祭鼓节活动，宣告结束。12 年后，再举办

---

① 贵州民族事务委员会办公室编印的《贵州省台江县苗族的节日》。

新一届的祭鼓节[①]。

鼓社祭的神圣离不开宗族意识的凝聚，行为方式的整一以及传统规矩下人心的积聚。它能让生活中的一切苦难，在群体齐心协力，进而整而为一的力量担当下，微不足道地逝去，让在场的每位成员知晓团聚的命义，体验群体欢腾的身体记忆，在超我的集体欢腾和意识包裹下感受生命的存在，体验生命的实在，获得新生的希望和心灵的慰藉。在重生中再次熔铸一套鼓社规矩、价值、关系的符号意义。并集聚声、食、欲、色的人生需求，通过象征劳力和食物的圣牛、以及民族习性传系下的米糟酒及映衬民族历史、秩序和价值的感知觉的歌舞符号体，共同地作为展演仪式中与祖宗神灵们交换互惠的圣礼，指涉社区运行交换的契约和秩序的逻辑。除此之外，还通过规矩与禁忌的威力，通过共有的神化演绎等，转述对待祖先要敬重以及共有历史事实的不言而喻。宗族成员为了共同祖先的祭仪而团聚，平日生活的核心符号和价值观在神圣仪式展演中被再次以最具阐释性和感知觉的方式给予，既而深化共有的家族记忆。彼此间的观念在聚集中被矫正、趋化、确定，进而让整个宗族的心都绑在一个价值世界中永不分离，形成共有而神圣的一体。

可见，脱生与中国乡土民众的民间艺术一开始总是带着“礼”的神圣光晕，并以综合整一的表现方式演绎着天道与人世的礼规秩序，以礼乐的相得益彰维护着社会稳定及人心安宁，并使人们学会敬畏与服礼。它总是“被意义的创造者人为地组织起来和规定了的”。因而，不论艺术如何歇斯底里地标榜自我，都还是脱离不了孕育和形塑它的社会母体，离不开集体生活这一生命源泉。所以，社会地、集体地和匿名地生成的道德认知体系是艺术价值意义的源泉，群体价值的道德取向与共同的终极关注是艺术的灵魂所在，其神圣性的表现就在于共同认定追求中的恒定感和不可替代性，是以一种超然的形式和一种对超自然的诉求，激情或冷漠地表达着敬畏及同时作为敬畏的“叛逆”和内在因素的无畏之间的种种可能关系，并由此赋予人文世界以道德意义的。[②]（刘柳　撰稿）

五、台湾少数民族歌舞在变迁社会中的实践

台湾少数民族，大陆总称为高山族，族人现在自称原住民，一般分为九族，内部文化有相当大的歧异。但由于九族在当代社会经济变迁中有共同的遭遇，因此本文将其作一个整体看待。台湾少数民族当代社会文化变迁是一个复杂的过程，其艺术实践的丰富性和多意义特征为我们理解艺术与社会力量之间的复杂关系提供了极有价值的个例。由于歌舞对台湾少数民族有特殊的意义，并且相对于其他台湾少数民族意识来说，有更广泛的社会影响，因此，我们对其倾注了特别的关心。

（一）理论：艺术、族性与社会力量

珍妮特·沃尔夫认为：艺术并非超乎存在、社会和时代之上的“天才的创造”，而是“包含大量现实的、历史的因素相当复杂的构建。”“艺术和文学应该被视作历史的，

---

① 反排、巫脚“鼓社祭”实录——《苗族社会历史调查资料》，台江县文化局内部资料。

② 参见王铭铭“论艺术的社会性”一文。

被环境决定了的，和生产性的。”①

豪泽尔也说：“世界上只有无艺术的社会，而没有无社会的艺术，艺术家总是处于社会的影响之中，甚至当他企图影响社会时也是如此。”②

两位理论家的共同信念是：永远没有超脱于社会力量的艺术。对于少数民族艺术而言，这一信念的直接理论后果是：少数民族艺术及其实践必然受制于并表达民族自身社会、文化、历史所赋予的，与他人有区别意义的特征，即族性（ethnicity）。

不过根据吉尔兹（Geertz）的主张，族性其实是一个历史过程：族性的维持有赖于族群认同的构建，这种构建需从族群共同体的“原生纽带”（指族群共享的先赋特征，如族源、体质、共同语言、共享文化等）所赋予的文化特质中寻找资源；但族群认同需要一定的社会历史条件——至少两个不同族群在同一社会环境中的分立与互动；“原生纽带”的自我表现也在历史中不断变化。因此，吉尔兹认为，应当将族性放置于具体的“社会历史语境中去考察，才可能理解族性的双重政治文化意义：它既是变动不居的社会结构的决定因素，也是这种结构的产物。”③

这样，少数民族艺术就不能不反映族群关系及其所发生的社会语境，也就是说，它要反映族群互动的具体历史以及互动所依据的宏观社会结构及其变迁的过程。就如豪泽尔所强调的：“当我们考虑艺术和文化发展的地方因素时，我们会发现，社会关系的作用比种族和民族因素大得多。”④

因此，对于少数民族而言，“艺术无法超脱社会力量的制约”这一命题就还有另外一层意思：它还受制于并表达民族关系的历史和结构。

（二）台湾少数民族当代社会变迁及变迁中的歌舞艺术实践

台湾少数民族社会变迁是台湾地区二战后现代化变迁的一部分，它有一种阶段性特征：

20 世纪 40 年代末—50 年代末：这期间，台湾少数民族社会变迁整体上不明显，由于“山地保护政策”的实施，其固有的社会组织、生活方式和价值观念未遭遇异文化的强烈冲击。⑤ 这一时期，少数民族歌舞艺术处于其原生状态，即与其生活融为一体的状态。换句话说，少数民族主位并没有艺术这一分类，遑论歌舞艺术。不过，就局外人观之，其能歌善舞的特质是相当引人注目的。⑥

60 年代初—80 年代初：台湾地区经济高速增长，在经济力量带动下，市场经济通过行政力量扩张至山地社会，造成山地传统社会结构的改组乃至崩解。⑦地区经济一体化的压力强化了主流社会（这里指台湾汉族社会）的“同化”企图，沉重的同化压力给少数民族社会带来重大的社会文化后果，也因此给台湾社会带来许多严重的社会问题，

---

① 珍妮特·沃尔夫（Janet Wolff），《艺术的社会产生》（The Social Production of Art），董学文、王葵译，华夏出版社 1990 年版，第 1 页。

②④ 阿诺德·豪译尔（Arnold Hauser），《艺术社会学》（The socidogy of Art），居延安译，学林出版社 1987 年版，第 37 页。

③ Richard H. Thompsm：“Theories of Ethnicity—A Crical Appraisal”，Greenwood Press 1989，第 59、64 页。

⑤⑦ 黄应贵：《光复后高山族的经济变迁》，（台湾）“中央研究院民族学研究所集刊”第 40 期，1976 年。

⑥ 陈国强、林嘉煌：《高山族文化》，学林出版社 1988 年版，第 210 页。

如“山地雏妓”问题，对山地籍童工及船员的超经济剥削等。这一阶段，台湾少数民族歌舞因经济压力而从生活整体中剥离，这就是纯粹以营利为目的的山地“观光秀”歌舞表演的大量出现。但经济驱动并未促使山地歌舞成为完整意义上的独立艺术门类：观者不以审美，而以猎奇为目的；表演者不以传达民族审美意识，而以获得现金为目的。这在很大程度上造成原本质朴的山地歌舞媚俗化。

80 年代初—90 年代：前期积累在少数民族群体内的同化压力造成的紧张情绪继续得到纾解，而台湾地区政治集团的结构调整为这种纾解提供了可能——“原住民族群认同运动”[①] 蔚然形成。这意味着少数民族不甘于变迁中的被动地位，意图起而成为变迁的主导力量之一。该运动始终以为弱势民族要求各种权力为目的，但取向上前后有差别：90 年代以前，主要倾向是抗争，[②]90 年代后，主要诉求是重建和对话。少数民族歌舞也适应族群运动的需要，特别在 90 年代，少数民族利用歌舞艺术的符号象征特征，重建民族认同，并以之与主流社会对话。[③] “原住民乐舞系列”和“原舞者”表演是实现上述目的的具体努力。[④]

(三) 社会力量格局、族群运动和民族艺术实践

1. 力量格局中的民族运动

反观台湾少数民族变迁史，有两个基本特征值得注意：第一，是变迁中有一个一直起作用的结构性力量存在，即台湾主流社会与少数民族社会在社会历史文化力量对比中的一强一弱的格局，这一格局即使在今天也没有根本性的变化；第二，在变迁压力下，少数民族的族群认同表现出相当强的韧性。两种因素的交互作用可以概括为：“强—弱”力量格局赋予主流社会主导变迁的权力，这种权力在 60—80 年代强加给少数民族巨大的同化压力；少数民族认同的韧性使之在同化压力下维护了地区中民族文化多元性的存在，并使主流社会无法支付一体化的成本，转而考虑将多元文化的冲突制度化，以维护地区性社会的整合。

不过，总体看，“强—弱”力量格局仍是更基本的起作用因素：族群运动的形成本身必须依靠上流社会提供的条件。如政治民族化等，其合法化依据“多元文化观”也期待主流社会在政治、文化等各领域的接纳。更重要的是，“强—弱”力量格局本身就是族群运动运作的语境性条件，因此，族群运动既是自为的，也是他为的，不仅是少数民族的自我塑造过程中，我们将“观察到的，不是‘原生性联结’的维系，而是它为了国民联结（指现代民族—国家建设中由国家意志后天赋予少数民族的认同联结）的利益而被搁置的程度”。[⑤]

2.“观光秀”的人类学意义

“观光秀”是台湾少数民族在急剧变迁情势下采取的艺术实践形式：按马文·哈里斯（ marvin Harris)[⑥] 对艺术的看法，台湾少数民族文化中并不存在艺术与非艺术的主

①② 徐正光、宋文里：《解严后台湾新兴社会运功》，(台湾）巨流图书公司 1989 年版。

③ 陈其南、孙大川：《谈原住民文化复兴运动》，《台湾原住民文化（一)》，(台湾）光华画报杂志出版社 1994 年版。

④⑤ 蔡文婷：《山地与平地的对话》，《台湾原住民文化（一)》，(台湾）光华画报杂志出版社 1994 年版。

⑥ 马文·哈里斯（Marvin Harris)，《文化人类学》，“The Cultural Anthopology”。

位差别。所谓歌舞艺术，并不属于他们的认知范畴，它从生活整体中的剥离，可以理解为主流社会认知体系，并以客位分类取代主位分类的产物。它有显而易见的经济目的，不过，这种经济目的也有两重性，一方面营利性使民族歌舞难免媚俗，另一方面也使歌舞艺术在从生活整体中分离出来之后，尽可能地保留了“民族特色”，否则它本身就失去了商品的交换价值。正因此，它可以视为少数民族在舞台上展示民族意识的最初尝试，这种尝试提供了一种主流社会人群可以理解的生活方式（之所以可理解，乃由于它已归于主流社会的分类），因此在族群运动后来的“对话诉求”中具有重要意义。

3. 歌舞艺术与族群政治

90 年代初“原住民族群认同运动”的特色之一，就是它表现为一系列的文化展示，除了“原住民乐舞系列”和“原舞蹈”表演外，还推出了哈古（卑南）的雕塑，拓拔斯（布衣）的小说，莫那能（排湾）的诗集等。[①] 这种文化展示实际上代表“原住民运动”由抗争诉求向对话诉求的转型。这一阶段的歌舞艺术实践，带有强烈的艺术外目的，这种目的同族群政治密切相关：第一，它是认同的符号建设，第二，它是少数民族与主流社会对话的手段。

许多族群理论家认为：“族群认同的维持，系仰赖由成员们所操控的一些文化特质的作用过程……这些人将宗教、族称、地域性或美学形式等文化特质组织起来，成为一组用来识别族群的表征。”[②] “原住民乐舞系列”和“原舞者”表演无疑都有认同重建的意义，都希望“借着在国家歌剧院的表演……使族人对自己的文化再肯定，更珍视。”[③] 它还具有对在变迁中疏离了自己本文化的族人进行“传统教育”的意图。

两种“原舞”表演还意味着台湾少数民族在文化领域争夺表达权力，通过艺术符号的展示，一再地宣称并强调自己作为多元文化中的一元，有与主流社会平等对话的基本权利。

当然，平等权利的实际获得，有赖于对话实践过程的有效性，即发言必须为对方所理解。这实际上需要对话双方的共同努力，但少数民族的对话对象并非都是经过人类学训练的热心人，而是对本文化完全“自以为是”的主流社会大众，这注定了少数民族发言人为实现沟通必须付出更多的努力，包括为适应主流社会大众的理解方式而冒误读本文化的危险。

4. 对话与沟通的困境

前面曾谈及“观光秀”的客位分类意义，而 90 年代的两种“原舞”实践作为申张族性努力，并未让歌舞重新回到生活整体，而依然采取舞台表演的形式，这样做是必须的，因为这才是主流社会理解的方式。然而，这也使民族表演者陷入陌生的语言——舞台语言的环境中。应该说，两种“原舞”实践相当有创造性，为了舞台语言表述民族意识，表演者下了很大的人类学工夫，表演者尽量采用少数民族成员，表演内容与部落实

---

① 蔡文婷：《山地与平地的对话》，《台湾原住民文化（一）》，（台湾）光华画报杂志出版社 1994 年版。

② 谢世忠：《台北大学考古人类学刊》第 48 期，第 133 页。

③ 蔡文婷：《我哪能教导，只能赞叹》，《台湾原住民文化（一）》，（台湾）光华画报杂志出版社 1994 年版，第 144 页。

际一致，“进场速度、灯光语法，也要依其乐舞本来的情绪起伏表现。因此……要求全部工作人员，包括舞台灯光设计等都到部落去了解这乐舞背后的意义。至于本质，则完全由他们（少数民族演员）来呈现，音乐上尊重原音，舞蹈上不加编排”。[①] 这种跨越认知障碍的艺术实践十分可贵，也取得了相当的成功。不过，毕竟是两种差异很大的语言，因此，沟通与对话中的误读在所难免。仅是舞台，就已经对少数民族歌舞所由发生的时空制度进行了改造。比如阿美族丰年祭中的集体舞，舞步复沓且持续时间之长（动辄数小时），根本无法在舞台上复现，但恰是这种复沓和漫长才充分融入了部落民的乞愿和追求，对真正的欣赏者来说，观此舞所受的心灵震撼与观舞台表演的感受大不相同。

在两种“原舞”的编排中，许多认知障碍也是无法单方面克服的。“原住民乐舞系列”要依赖汉族民族学者明立国的舞台演绎经验，“原舞者”要依赖汉族民族学者胡台丽的“研究成果和人际交往网络”，乃至“文建会”的经济学支持[②]——在对话过程中，少数民族必须面对主流社会无所不在的话语特权，这是由其在社会力量格局中的弱势地位决定的。

下面三个例子可以说明同样的问题：

“云门舞集”表演后出了邹族歌曲 VCD 和录音带，这成为邹族青年学习的范本，但在“邹族传统中，有些特定的祭歌只能在战祭前几天才能学唱，并只能由头目等少数人教导演唱。现在不论任何人随时随地都可吟唱，（族中）长老们害怕这样会触怒天神，使族人罹祸。”

“原舞者”表演赛夏族“矮灵祭”舞，由于各种原因，基本采用大隘部（北赛夏）的形式。演出后，遭到向天湖部（南赛夏）的抗议，认为这并非赛夏祭舞的正统。

“原住民乐舞系列——卑南篇”成员到卑南族各部落作田野调查，希望找出最能代表卑南族的乐舞或祭仪，不料卑南八部各有主见，都觉得自己推出的节目最能代表卑南族，结果在各部落间产生嫌隙。”[③]

少数民族在对话中的困境实际上就是他们对本文化进行诠释的困境，这种困境的根源在于主流语言和本民族语言间争夺诠释优先权形成的紧张关系，主流语言已因主流社会之强势而渗入少数民族社会，因此两者的冲突多少表现为少数民族成员的内心冲突，其具体表现就是：少数民族很难在自我诠释的“策略取向”和“民粹取向”上作出抉择。这不仅是民族艺术，也是整个族群运动的难题之一。“民粹取向”借口沟通的可能性而放弃对话，固然不可取，但单纯策略性取向也易导致对主流语言的屈从和迁就，两种极端都无法完成族性的准确传达，这不仅是少数民族自己的损失，对整个社会来说，也是一种有益的价值参照的失落。或许，历史的最终结果由两种取向的合力决定。

其实，族群运动本身的建构性已经决定了它的策略性，特别是在“强—弱”力量格局观存在的多元社会，主流话语要素进入弱势民族历史几乎不可避免，台湾少数民族歌舞艺术的舞台化就充满了策略性考虑。毕竟，族群运动的目的并非将本民族文化要素纯

---

①② 蔡文婷：《我哪能教导，只能赞叹》，《台湾原住民文化（一）》，（台湾）光华画报杂志出版社 1994 年版，第 144 页。

③ 郑元庆：《部落歌舞进城后》，《台湾原住民文化（一）》，（台湾）光华画报杂志出版社 1994 年版，第 7—10 页。

粹而全面地保有，而是不断唤醒和建构认同，以证明自己是一个有区别意义的存在；另一方面，这一证明，又确定必须在本民族的独特历史文化中寻找资源——这大概就是吉尔兹所谓“族性既是社会结构变迁的决定因素，又是社会结构变迁的产物”的含义所在。（杨晋涛　撰稿）

六、内蒙古东北部“传统安代歌舞”音乐特征的采风描述

“安代”是蒙古族有代表性的传统民间歌舞形式之一。它主要流传于以库仑旗为中心的内蒙古科尔沁地区。从它的形成与发展方面来看，可分为三个阶段：第一，带有浓重萨满教色彩的雏形阶段。第二，20 世纪 50 年代以前的“传统安代”阶段。此时期的特点是既有宗教色彩，又有民间艺术特征。第三，50 年代以后的“新安代”阶段。此时期它由具有宗教色彩的歌舞治病活动转化为民间世俗歌舞活动，70 年代以后，又逐渐发展为专业艺术歌舞被搬上舞台，成为中国内蒙古东部地区广泛流传的、有代表性的民间歌舞艺术形式之一。从其数百年的历史发展阶段可知，安代的形式、内容以及它所发挥的社会功能都发生了很大的变异。然而笔者在此并无意对安代发展的三个阶段做纵向比较，而是以三个阶段中的第二阶段“传统安代”为研究对象，通过剖析和论述它的存在形态，揭示安代歌舞的音乐、文化特征。

（一）传统安代的称谓

“传统安代”是指 20 世纪 50 年代以前流传于科尔沁草原的一种民间“祛灾、治病”活动。它集歌、舞、乐为一体，以浓厚的原始宗教信仰功能为基础，用歌舞“事神、娱神”的方法，满足着人们的精神需求。

“安代”一词的原本含义在民间众说纷纭。例如：鸳鬼说——取自于当地神话传说对安代的描述；人名说——取自安代治病活动中病人的名字，即以典型病人的名字来命名这种治病活动；医术说——它是指一种治病方法；谐音说——安代一词是蒙古语“抬头”之意。以上各种说法都无真实可信的文字记载，故无法确定哪一种说法更为准确。这也是传统民间艺术活动在名称及其渊源问题研究上可能出现的缺陷特征之一。有待于我们做进一步的方法研究来弥补这一缺陷。

（二）传统安代的分类

从活动目的上看，安代可分为“治病”和“求雨”两类。所谓“治病安代”是指运用巫术和歌舞为“鸳鬼附身”的女性“驱鬼”治病，民间称唱鸳安代；还有一种是为相思和久婚不育而导致精神失常的女性治病，民间称“乌茹嘎安代”或“阿达安代”。第二类的“求雨安代”是指当地人求天降雨，渴望五谷丰登时进行的安代活动，蒙古语称“宝勒格安代”（“宝勒格”意为“源泉”之意）。求雨安代是一种较为古老的安代形式，主要发生在 20 世纪 50 年代以前，所以后人对其知者甚少。本文主要对“治病安代”进行考察和研究。

根据笔者 1992 年 7 月在内蒙古科尔沁地区，特别是在库伦旗的实地考察所获资料，把“治病安代”依活动规模的大小分为小安代和大安代。前者在室内进行，参加人数较少，一般是活动主持者和几位帮唱的歌手，他们皆为男性，这种类型历史较久远。大安代则在室外进行，参加人数较多，一般少则十几人，多者几十人，也以男性为主，且有

众多男女围观，甚至有群众参与者。

（三）传统安代表演程序

传统安代的治病表演活动多是在农闲季节，一般由病人的亲属做出具体安排，并做好治病表演的准备。准备过程包括择定良辰吉日、活动天数（短则几天，长则十几天）。安排参加人员、筹集活动所需物品、清理活动场地、摆放祭品及在场地中间摆上勒勒车等。

无论是在室内进行的“小安代”，还是在室外进行的“大安代”，其表演程序可大致归纳为下述三个阶段：第一阶段，首先以演唱方式赞颂所用道具的神威，例如用来“驱鬼”的宝剑和鞭子。然后跟病人对话，主要是发问和开导，并由众人逐渐挪动脚步将病人围起，挥动手巾，微微顿足，缓缓起舞。就音乐而言，此阶段歌唱分量较重，舞蹈起辅助作用。开始所唱的赞鞭歌等多是用固定曲调。演唱时，主唱与帮唱者们常采用问答式，由主要歌手发问，众人附和回答，演唱内容具有很强的即兴性。

第二阶段是对病人的治疗阶段，该阶段包括主唱人、帮唱人等在内，均逐渐情绪高涨。他们围绕病人纵情歌舞，以舞蹈动作和热烈的情绪带动病人摆脱精神的压抑，改变苦闷抑郁的心情。最后还发展到时常出现对歌、赛歌等多种形式的高潮场面，活动从严肃的、带有宗教色彩的祈求与治病发展成载歌载舞的欢快的、带有竞赛性质的娱乐活动。民间称其为“夺场”或“夺安代”。由此可知，第二阶段的歌舞比第一阶段的歌舞更加欢快热烈，歌唱的音调具有舞蹈音乐的多种特征，节奏明快，旋律音程富有力量和动感。

第三阶段是尾声，即当情绪热烈的歌舞逐渐停歇之后，由主唱人开始感谢和敬送各位神灵，并祝福病人安康。活动的情绪又回到开始的第一阶段，音乐平稳、安详。

（四）传统安代歌舞音乐的特征分析

1. 音乐形态特征

笔者在1992年7月到内蒙古科尔沁地区调查搜集安代音乐时，搜集到的有关传统安代音乐的资料以及可采访的老安代艺人已为数不多，但仍然足以说明安代的活动情况及歌舞所存在的特征。笔者在调查中得知，科尔沁地区的库伦旗一直是安代艺人聚集最多的地方，因此，该地的安代歌舞很有代表性。在笔者采访到的老安代艺人的现场表演中，发现了歌舞风格的独特性，不仅是歌舞形态表现出的特点，而且还有渗透在安代活动深层的地域文化特征和蒙古人深厚的艺术激情。根据当时搜集的各种有关安代歌舞的音调以及前人搜集的资料，笔者对近60首安代曲进行了剖析，包括其音阶、调式、音程、曲调结构、节拍、节奏等方面，经过梳理得出如下的结论：

（1）音阶调式的五声性

从音阶上看，绝大多数的安代曲由中国民族五声音阶构成（包括其不完全形式）；而仅有极少数曲调中含有五声之外的变宫和清角音，这些音在曲调中多是经过性或辅助性的。

从调式上看，安代曲调多半是单一调式，其中徵调式用得最多，角调式用得最少。含有调式交替的安代曲调数量不多，其中功能性调式交替为主要类型，如安代曲《伊合安代》。

安代曲调中，微降羽（La）音的运用是一个重要特征。一般 La 音只出现在徵调式的安代曲中，它的引出和去向多以级进为典型形式，如安代曲《笨布莱》。

（2）音调形态的多样性

安代曲音调常常可以见到“四度三音列”和四度跳进的进行，有时也出现五、六、七度甚至八度以上的跳进，形成旋律的较大起伏式进行。其中富有动力性的跳进和平稳流畅的级进进行交织在一起，力度对比鲜明，如安代曲《蒙古真额力格西拉》和安代曲《笨布莱》。另外，在安代曲中可以找到少量的同音反复直线型结构音调，如安代曲《合吉耶》和安代曲《奥里乎》。有时，安代曲中也含有少量的三度三音列的音调，如安代曲《合珠列》。

（3）曲式结构的短小性

安代曲在曲式结构上是以乐段的不断反复为特征的。乐段常以双句体为主要结构形式。乐句短小对称，对称的形式有三类：（a）方正性对称；（b）非方正性对称；（c）中心轴对称结构。如安代曲《阿切钦》，其结构图为中心轴对称：a＋2＋b 或表示为 4＋2＋4。

在安代曲中，较少有一句体、三句体的乐段曲例。

（4）节拍、节奏的舞蹈性

绝大多数的安代曲都采用 2/4 拍，突出了强弱交替的舞歌节拍特点。常用的节奏型有

××××｜××× ｜；×× ×｜× × ｜××× ｜× × ｜等。

通过以上对安代曲的音乐分析可知，传统安代音乐是一种舞歌的形式。它以唱为主，以舞伴歌，打鼓击节伴奏，因此音调跳跃性强，棱角性大。曲式结构短小、简练，多是一段体结构，节拍多为强弱交替分明的 2/4 节拍。节奏干净、整齐。从中可以看出它突出音乐的舞蹈性和歌唱性，表现出热情、粗犷的音乐风格特征。

2. 安代唱词分析

（1）反映宗教内容的唱词。下面是一首由萨满主持安代活动时，安代歌手演唱的古老安代曲《赞鞭》的唱词：

“向阳坡神树上砍来的鞭杆，
鬼神见了吓得心惊肉跳……”

安代曲中这样的唱词都是围绕请神、娱神、送神等宗教内容展开的，唱词从不同角度表现了蒙古族人信仰萨满教的事实。

（2）积极向上的内容特征。由于安代多是治病活动，例如治疗忧郁和相思病等，唱词具有开导、安慰、鼓励等特点，这使唱词具有明亮欢快的色彩。如下面的一首劝慰歌词是这样唱的：

邻里的兄弟到齐了，快迈开脚步唱出声。
得了严重的疾病，缩在屋里怎么行。
甩动你的双臂吧，与众人合着唱歌。
……弯下腰，挺起胸，挥动手帕唱出声……

（3）丰富动人的特征。下面的情歌和颂歌抒发了对爱人、对故乡的热爱之情。如安

代曲《香桃》：

（领唱）十八岁的姑娘，（合）香桃，
（领）长得可真漂亮，（合）香桃，
（领）前村有个小伙子，爱上了她的俊俏模样。

安代曲《笨布莱》的唱词：

（领）库伦是个好地方，（合）笨布莱，笨布莱。
（领）山山沟沟有宝藏，（合）啊哈嗬。

3. 舞蹈特征

在传统安代歌舞中，单鼓是由萨满使用的唯一伴奏乐器。当时代和环境发生变化时，萨满这种代表宗教的角色逐渐从安代活动中退出。而单鼓就由安代歌手承接演奏。当然，有时安代歌舞中并没有伴奏乐器，表演者只是踏歌而舞，用强烈的节奏感把舞蹈与歌唱密切地结合起来。

安代舞蹈中常使用的道具是手帕、银甩子（长一尺左右，一头绑有马尾），它是由原来安代歌手拿的“打鬼鞭”演化而来的。根据老安代艺人吉米亚等现场的表演来看，安代舞基本动作可归纳为：（1）单手甩巾踏步，另一只手叉腰。（2）双手甩巾左右踏步。（3）双手甩巾前后踏步或原地踏步单腿屈伸。（4）舞者互相拉手成圈，踏步行走或原地踏步，单腿屈伸等。

总之，安代的舞蹈动作比较简单，富有棱角感，是带有强烈民族文化特征的形体语言。它们不仅积淀了科尔沁人原始社会生活的特征，也是蒙古族人艺术创造和发展的历史印证。如其中的舞蹈动作“顿足扬臂”可能来源于牧人们驱马扬鞭的牧业生活。又如“抬手踏步转圈”可能源于牧人集体劳动或围猎时的动作。近年来，安代舞蹈动作已发展到几十种，可谓丰富多样，形式新颖，艺术表现力强，但这些发展出的动作均是在安代传统舞蹈动作的基础上形成的。

（五）结语

安代歌舞音乐作为一种文化事项，更作为一种民间艺术形式具有娱乐、审美的文化功能。这些功能可以随着外在社会环境的变化而改变，并随着社会生产力的快速发展，步入其新的阶段。歌舞的特征也在不断的沉淀中积累和变化着，从而构成发展中的、不断适应新时代特点的鲜活的艺术形式。正是这些变化的艺术特征，赋予了安代歌舞以新的生命和活力，使之不断肩负着新时代的使命，走过从传统安代到新安代不断延续的发展历程，世代成为当代人拥有的不朽的精神食粮。（王华　撰稿）

七、新疆刀郎麦西莱甫歌舞活动健身功效的民族学解读

“麦西莱甫”（或被译为“麦西热普”）源自阿拉伯语，意为“聚会、场所”，在新疆维吾尔族民间专用来称谓群众性的娱乐活动。麦西莱甫是融音乐、舞蹈、歌唱、讲故事、说笑话、做游戏、即兴吟诵等于一体的娱乐形式。刀郎麦西莱甫是在刀郎地区经常可见的各种“麦西莱甫”歌舞娱乐活动。在新疆众多的麦西莱甫中，刀郎麦西莱甫比较集中地保存了维吾尔族古老娱乐活动的特点和风格。而在刀郎麦西莱甫这样的群众性的娱乐活动上跳的集体舞——即“刀郎塞乃姆”等歌舞形式，现在已不完全是为了娱乐的

目的，人们赋予了她更深层次身心健康的内涵。[①]

（一）关于“刀郎人”久远历史的追本溯源与个性描述

刀郎，维吾尔语，意为“群居”或“分群而居”之意。[②] 新疆南疆塔克拉玛干大沙漠西南缘、叶尔羌河流域下游的麦盖提县，古地名亦为“刀郎”。13世纪，蒙古人兴起于漠北高原，他们征服了亚洲和东欧，建立了蒙古帝国。天山以南及中亚广大地区是成吉思汗次子察合台的封地，察合台死后，蒙古宗王为了争夺继承权，引起了长期的军事纷争。从14世纪末到16世纪末的两百年间，察合台的封地（察合台汗国）分裂为许多互不统属的小王国和“地面”，相互征战。为了躲避战乱，人们纷纷外逃。其时的蒙古贵族是封建农奴主，他们大量掠夺贫民为奴，在自己的部落、庄园里从事劳动，充实自己的军队，刀郎人就产生于这些难民和奴隶，于是也就有了“刀郎”的称谓（在察合台时期，“刀郎”一词是“集中”、“成堆地聚在一起”的意思）。他们不堪忍受欺侮，为了反抗压迫剥削和躲避战争的灾难，就逃到叶尔羌河下游平原荒无人烟的大漠胡杨林里，聚在一起过着自由自在的迁徙流浪生活，并以打渔狩猎为生。后来突厥、吐善、回鹤等民族先后涉足于此，其中有反抗暴君的勇士、被放逐的流民、寻找自由的人们在这里定居，过着游牧、狩猎的生活，成为后来的刀郎人。

另据传，刀郎人的祖先最早来自古莎车国。很久以前，在莎车国属下的叶尔羌河东岸，一名叫米格提的青年猎人带着人们英勇斗争，推翻了部落暴君，米格提成为部落首领，在森林里繁衍生息，后来米格提转音为麦盖提。如今麦盖提的央塔克乡和库木库萨尔乡一带为刀郎人聚居的地方。

随着游牧部落的迁徙，刀郎人的足迹遍布叶尔羌河流域，巴楚、图木舒克、莎车、叶城、岳普湖等县市，与麦盖提接壤的乡村、阿克苏地区阿瓦提县都能找到刀郎人的后裔。在巴楚的毛拉乡，色力布亚镇就有一万多人自称为刀郎人。

刀郎人反抗压迫，争取自由幸福的信念，吸引了不同地方不同民族的穷苦人加入他们的行列，“刀郎”不断壮大。初时的刀郎人是蒙古杜格拉特部与维吾尔人融合而成，后来的刀郎人已并不限于某个民族的人了，而是各民族下层阶级的组合，并成了反抗统治者而自立的人的代名词。在漫长的岁月中，刀郎人在远离人世的荒漠旷野、原始胡杨林中狩猎游牧，或从事落后的农耕，与大自然做着不息的抗争，过着艰苦的生活。在闭塞的环境里，刀郎人形成了独特的生活习俗、语言、文化、艺术和心理特征。到清朝初年，已与其他维吾尔人迥然有别。“此等回人，以迁徙为常，性与各城有异”，已成为“回子中别一种了”（椿园《西域风土记》）。至今刀郎人的待人接物方式固执而讲究，比如客人进门，右手第一个是最尊贵的位置，其次以地位高低顺序排座，左手以地方头目和贫富顺序排座。坐定后，主人拿铜壶浇水让客人洗手，依次右手绕左手，左手绕右手各3次，不能多不能少，更不能甩手上的水珠，只能用毛巾擦。先上热茶、馕，而后上大块清炖羊肉、馕坑肉、拉面、汤面等，刀郎人的这些生活起居特点一直保持至今。[③]

---

① 周吉：《刀郎姆卡姆的表演及其共生的各种娱乐活动》，《新疆艺术学院学报》2004年第3期，第1—7页。

②③ 郑掷：《刀朗文化溯源》，《兵团建设》2005年第6期。

（二）刀郎麦西莱甫的文化内涵与组成内容的剖析

刀郎文化中生产劳动和爱情是主要内容，刀郎麦西莱甫文化是民间文化，现在主要表现在歌舞方面。刀郎麦西莱甫文化是维吾尔文化的一个分支，具有独特之处，因此引起了一些专家学者的兴趣，许多专家到刀郎地区调查，但收效甚微。原因之一就是因为它是以民间形式存在着，无固定的内容，无文献典籍记载。它没有龟兹文化那么古远、深厚，流传得那么广泛，影响那么大。清朝乾隆年间开始从周边各县移民到麦盖提垦荒，人口速增，刀郎文化也开始融于外来文化中，多元文化的融合使麦盖提的民间文化向前发展了，这是一种历史的进步。刀郎人拥有自己独特的文化形态，刀郎文化是喀什维吾尔族文化中的瑰宝和活化石，一直流传在叶尔羌河两岸。刀郎舞、刀郎乐、刀郎画、刀郎羊被称为“刀郎四绝”。

1. 关于刀郎麦西莱甫当中刀郎“木卡姆”——刀郎乐的传说与解读

刀郎乐中最具特色的是“刀郎木卡姆”，相传是由“维吾尔乐舞之母”之称的阿曼尼沙罕收集整理的。全曲有12套，目前已有3套失传，每套有不同的名称，多用“比亚宛”（意为戈壁草滩）作标题。

关于刀郎木卡姆套曲名称，有一个久远的传说。相传有一名叫努尔木罕的母亲有三个儿子。每天儿子去不同方向打猎时，母亲在家都非常担心，担心他们打不到猎物，怕儿子们被野兽伤害。她告诉儿子们，打到猎物要高声唱歌，好让她知道他们都平安。大儿子包孜巴亚的声音粗犷深沉，二儿子胡迪巴亚的声音圆润优美，小儿子孜力巴亚的声音温柔婉约，母亲从声音中就可以听出是哪个儿子。后来三个儿子的名字就成了套曲的名字。

每套木卡姆由不同节奏的五个段落构成，段落之间衔接和谐自然，由慢到快，逐渐过渡到高潮。刀郎木卡姆的唱词是由维吾尔民谣组成的，反映社会生活的内容，唱词没有完全规范和固定，可根据木卡姆演唱者的情绪、技巧、演唱的气氛环境而改变。①

乐队中手鼓率先响起，依盖提巴亚（召集人）高声呐喊，叫人们准备好，手鼓应和着发出清脆错落的鼓点引出了悠扬舒缓的木卡姆序曲——孜力巴亚宛。一对对舞者相互对转，轻拂曼舞。在刀郎木卡姆的民歌中，爱情往往是主要内容。如常闻的《旅人歌》中就有这样的唱词：

“你穿着雪白的裙子，镶着鲜红的花边，等待着心上的人儿，呆呆地坐着望眼欲穿。你穿着美丽的丝裙，手捧鲜花在门外留恋，热恋着心上的情郎，却掉进了灾难里面。你是多么好的姑娘啊，就像含苞的花蕾一般；我想送一束花给你，又怕双手打颤！”②

2. 刀郎“赛乃姆”——刀郎舞的形式与内涵解读

（1）刀郎舞的原始变体形态——皮热舞

坐落在阿瓦提县东南角的巴格托拉克，也是刀郎人聚居的一个普通小镇，至今完整地保存着维吾尔刀郎部族文化的重要组成部分——皮热，以及由其演变而成的皮热舞。

① 赛雅拉·阿巴索：《刀郎木卡姆同十二木卡姆及维吾尔民歌演唱技法的比较》，《新疆艺术学院学报》2005年第3期，第2—3页。

② 阿不都秀库尔·吐尔地：《人民的艺术学校》，《新疆社会科学》1983年。

皮热舞源于早期信仰萨满教的刀郎文化发源地——阿瓦提及其文化的衍生地带，是刀郎部族独有的一种原始宗教祭祀，距今有上千年的历史，汉语意思为跳神。其形式类似于萨满教的跳大神，用于驱除病人身上的妖魔，后来逐渐演化成民间歌舞（即皮热舞），散见于刀郎麦西莱甫中。据史料记载，随着部落间的争斗、迁徙、宗教信仰的改变以及科学、文化、卫生知识的推广普及，刀郎皮热几近失传。有的地方虽然还在流传，但已经面目全非。而阿瓦提的刀郎部族因其地理位置较为偏僻，以及文化传承方式比较独特等原因，使原始皮热舞能在这里得以幸存。

相传刀郎人的生老病死是亡灵在作怪，只有安抚亡灵才能保佑平安。故此，每逢家中有重病人便会举行皮热。虽然村子里面至今还有会皮热的老人，而现代的刀郎人早已经不再举行皮热。他们是用麦西莱甫的形式把皮热的部分过程保留了下来。

做皮热时屋内地上先钉一个木桩，木桩与屋顶檩柱间紧紧地拉着一根大拇指粗细的麻绳。维吾尔人管这种绳子叫托恩，是祭祀中抓手用的。屋顶檩柱旁的空隙处，插着一条胡杨树枝，上面绕了许多彩色碎布条，相当于佛教里的招魂幡。据说妖魔鬼怪喜欢色彩艳丽的东西，一看到这些碎布条就会从人的身体里爬出来，附着在布条上面。木桌上摆满各种祭品，有驱魔灯（小油馕上插上棉花包裹的蘸棉子油的树枝）、驱魔鞭（树枝上拴长布条）、驱魔火把（干芦苇）、唤魂鸡（黑毛母鸡）、还魂铲（坎土曼）等。

一切准备妥当后，主祭口中念念有词，声音时高时低，抑扬顿挫，意在引起妖魔的注意。突然，主祭一声高呼，左手握住托恩，右手举起驱魔鞭甩向“病人”，快节奏的手鼓声、发自肺腑的吟唱声顿时响彻云霄。“病人”双手握住托恩，与主祭一起朝着鞭子的方向快速旋转。主祭的鞭子也不时地落在“妖魔”（病人）身上。为躲避鞭打，“妖魔”开始快速奔跑，主祭亦随之跟上。接着，主祭抡起鞭子反向抽打，反应过来后的“妖魔”开始转向快速奔跑。约 10 分钟后，“病人”额头上开始有汗珠沁出。这说明“妖魔”已经有了意识，快要出体了。为让“妖魔”看清彩布条，而不逃遁他处，手鼓节奏变得徐缓，由快速的单拍子变成了慢速的二拍子。主祭见时机成熟，示意手鼓、歌声停顿下来。此时只有主祭在如痴如醉地诉说，大概意思是劝说“妖魔”从善，赶快离开。这时，副手迅速将驱魔灯架在“妖魔”头顶，手鼓声再次响起。主祭的转速越来越快，且不时变化方向，抽打的频率也越来越高；“病人”就像热锅里的豆子，开始蹦蹦跳跳。这是皮热舞的雏形，而歌者的声音就像烈马嘶吼，甚是高亢。

主祭满身汗水，脸已经变成了黑红色，而“病人”也是大汗淋漓，披头散发，开始嚎叫，这时祭祀的高潮部分快要到了。副手点燃驱魔火把，干芦苇噼里啪啦地在“病人”周围喷着火花，“病人”吓得左躲右闪。副手的火把这时移到“病人”头部（这种活动叫移火），主祭手抓托恩顺着火光向屋顶的彩布条爬上去。这是他在为“妖魔”指引方向，希望它灵魂出窍，附着在彩布条上。母鸡在副手的拍打下，一声高叫。紧接着，副手拿起坎土曼（刨地农具）在“病人”与主祭之间狠铲一下，表示斩断“妖魔”与病人间的根。主祭顺势抓起招魂幡扔到火中，滑下托恩，皮热舞宣告结束。

原始的刀郎皮热要持续两天：第一天晚上，乃玛孜（礼拜）时辰开始，巫师拉开跳神的序幕；第二天从晌午开始，一直持续到半夜。在每晚的跳神中，至少要跳 3 个小时的多来木舞。全村的男女老少都来观看，其他村的人也来观赏。在这三四个小时的活动中，巫师首先跳舞，然后2到4个舞者在旗帜下跳舞。有时，充当“病人”的跳神活动组织者也跳舞。跳舞结束之后，许多人让巫师算命。有些人虽无病，但也跳神。一般人们如果怀疑“鬼魂”附身，就点燃火把，从头顶到脚跟把火推一遍，这个过程被称为移火。如果小孩染病，则把小孩儿背起来，或者捆在摇床上，身上盖上花毯，举着火把在其身上转来转去，直至“鬼魂”离体。刀郎人相信跳神游戏和巫师，即使没有医好病，也不会产生怀疑。[①]

（2）现存刀郎舞一般形式的蕴涵与基本模式

现存刀郎舞（又称“刀郎赛乃姆”）主要表现刀郎人狩猎的过程。先是悠扬的散板，歌手引吭高歌，并伴有“哎呀呀”的伴词，这是呼唤人们准备打猎。“奇克特曼”（开始部分）阶段的舞者双手左右摆动、左右半转，是表现猎人将浓密的灌木拨向两边寻找猎物。男女成对舞蹈中女舞者时而高举右手，时而又高举左手，是为男猎手举着火把照明的动作。第二阶段“赛乃姆”中，舞蹈动作随鼓声变快转向激烈，两人忽而臂膀紧靠，忽而旋风似的散开，随即迅速回身，退步伫立，双手拉开似弯弓欲射，这是发现猎物冲上去展开搏斗的舞姿。狩猎胜利，舞蹈的气氛热烈而欢快，所有舞者单独地时而向右、时而向左旋转，这个阶段被称为“色里热玛”。舞蹈中表现的狩猎活动是由男女配合共同完成的，表现了男女共同劳动中亲密无间的关系，这比男耕女织的农民民族的夫妻关系亲昵许多，也表现出了刀郎人男女共同维系生存的紧密性和深厚的、默契的情爱。[②]

近年来，“刀郎赛乃姆”主要盛行在叶尔羌河畔的麦盖提、巴楚、图木舒克、莎车、阿瓦提等地区，深为维吾尔族人喜爱。每当闲暇或节日，男女老少聚集一处，跳刀郎舞，弹卡隆琴，载歌载舞，其乐融融。距麦盖提县城10多公里的央塔克乡素有“刀郎舞之乡”的美称。刀郎人对音乐舞蹈痴迷到了疯狂的程度，无论男女老少，只要听到音乐，人们一传十，十传百，从自家小院、从田间地头、从邻村纷纷赶来，正在耕作的农民也会立即放下农具，路上的行人脱掉外衣扔下褡裢，正在做活的人们放下手中的活计，顷刻间会聚起成百上千的人。从百岁老者到三岁孩童，都能上场舞一阵。无论是歌者还是舞者，都是全身心的投入与执著。[③]（张涛　曹丹　撰稿）

第二节　少数民族歌舞健身功效的体育学论证

本节力求从体育学角度证明少数民族歌舞健康身心的双重功效。将体育学量化研究与民族学质性研究相结合，获得体育学实证结论，最终实现少数民族健身歌舞研究在民族学与体育学交叉学科领域的互通。

一、少数民族集体歌舞的娱乐健身价值

在全民健身计划的实施过程中，如何在经济水平相对不高的少数民族地区开展全民

① 王国纯：《见证原始刀郎皮热舞》，天山网讯，2005年。
② 高方：《罕见的人类狩猎社会文化存遗》，《新疆日报》，2005年。
③ 万马：《维吾尔民间舞蹈“刀郎麦西莱甫”之乡》，《中外文化交流》1990年。

健身活动，选择哪种健身活动内容更符合少数民族地区的实际情况，更易为少数民族群众所接受已成为现实问题。少数民族集体歌舞节日期间举行的群众性活动，作为各自民族的生活习俗、节日传统文化传承至今，它凭借自身的健身特点和在少数民族群众精神生活中的作用，成为一项较有价值的娱乐健身活动。

（一）少数民族集体歌舞的健身优势

在我国众多的少数民族中，尽管各自所处的自然环境不同，生活方式有差异，风俗习惯各有特色，但对歌舞的擅长和喜爱却是相同的。少数民族群众性的集体歌舞作为歌舞艺术中的一种，具有不同的特点，在少数民族节日活动中广泛流行。

1. 少数民族集体歌舞种类的多样性

少数民族集体歌舞各具风格，大都表现每个民族生活的历程、丰收后的喜悦及宗教文化。集体歌舞通常在节日期间，成百上千人聚于广场，合着古典音乐集体踏节而舞。这是一种生命的律动、激情的宣泄。以下是几种具有代表性的少数民族集体歌舞：

傣族的“嘎秧”，意为“孔雀舞”。一般在“泼水节”等喜庆节日里，以象脚鼓、芒罗（铓罗）、镲等伴奏，舞者男女各半，男在外圈，女在内圈，一对对绕象脚鼓周围，随鼓点节奏逆时针歌舞。舞时手臂动作为翻腕、内曲，与身体成“三道弯”。身体动作时而前仰后合，时而反转身体，舞姿优美、欢快，情至深处，人群中还不时发出“水、水、水”的欢呼声。

白族“霸王鞭”是一种边舞边唱的集体歌舞。一般是男女对舞，女子右手持“霸王鞭”（一根每节凿空装有铜钱、栓上纸花的竹子）主舞，男子持六角形的“金钱鼓”伴舞。歌舞时，手持器具连续击打身体各部位，有打十二下、十四下、十六下三种。步伐有进行、停留、跳跃、下蹲等，男女交错对击时有背合背、心合心、脚勾脚、凤穿花、双采花、五梅花等竞技动作。

彝族“阿细跳月”流行于彝族支系阿细、撒尼聚居区。每逢节庆，男青年背上大小三弦，边弹边舞，女青年合着节拍与之对舞。基本舞步为五拍组合，前三拍跑跳步，后两拍前蹬伸腿两次。可前、后、左、右移动，亦可原地转圈。撒尼女子以双臂左右摆动带动身体摆动为特色；阿细女子则以双臂前后甩动见长。歌舞队形可成一排、两排或围成大圈。高潮时，乐曲合着掌声、歌声，歌舞的气氛非常热烈。

“目脑纵歌”是景颇族最大的祭祀性传统集体舞，以步伐和队形的变化表现不同的内容。歌舞时由两位德高望重的长者领舞，沿目脑牌上路线行进（据说是祖先迁徙路线）。尾随的人少则几百人，多则上千。前面是手持长刀和吹奏乐器的男性，妇女们手持羽毛扇或花手帕跟在其后。舞者踏着鼓点节奏，边唱边舞，动作多用膝部的弹动和身体的左右扭转随节奏一拍一步行进。

贵州中部苗族的芦笙舞曲伴奏的歌舞。吹芦笙的男子排成一排，跳舞的姑娘们围着芦笙队歌舞。现在苗族人常说“芦笙一响，脚板就痒”；“芦笙一响，聚成一帮”，可见芦笙舞在苗族人民中的影响。

湖南土家族的“摆手舞”是祭祀“土王”和迎春、庆丰收的歌舞。跳“摆手舞”时有锣鼓伴奏，边走边舞。有单摆、双摆、摆七步和与生产劳动有关的动作共40多套。土家族跳“摆手舞”时规模很大，多至万人参加，由领头人手执用五彩布条制成的“柳巾”领舞，人们尾随其后歌舞。

2. 少数民族集体歌舞的动作特点

少数民族集体歌舞简单易学，老少皆宜，歌舞动作为模仿动物形象，也有对生产劳动的直接摹写，有尚武习俗，亦有带有某种祭祀含义的歌舞等。这些都与各民族的生活息息相关。如傣族“孔雀舞”，是模仿孔雀在森林里漫步、嬉戏；彝族的“阿细跳月”是在刀耕火种的年代，为赶节气，往往不等树木烧尽、炭火冷却就播种，因地较烫，不时地跳起换脚，后来逐步演化成歌舞；白族“霸王鞭”源于“楚庄桥王滇”时期的楚军兵器歌舞，被白族先民吸收、演化而来；景颇族的“目脑纵歌”、苗族的“芦笙舞”、土家族的“摆手舞”，都是一种祭祀歌舞。

歌舞多为行进间的歌舞，几套动作多次重复进行。如傣族的“孔雀舞”有4—5套动作，每套动作跳一圈后，随鼓点节奏的变化和欢呼声变换另一套动作。整套动作跳过一遍后为一场结束，休息片刻又开始进行。景颇族的“目脑纵歌”，不同的行进线路有不同的歌舞动作；白族的“霸王鞭”有三种击打自己身体和两人对击套路。

歌舞动作可随音乐或鼓点节奏的变化而加快或减慢动作节奏。中老年人可用慢节奏歌舞，青年人用快节奏。如傣族的“孔雀舞”，慢节奏歌舞时是一步一步进行，快节奏时为小跳步。无论是快节奏，还是慢节奏的歌舞，同样可以表现出热烈欢快的歌舞场面。

3. 少数民族集体歌舞的群众基础

少数民族集体歌舞来源于古代各民族先民的社会生活，并通过节日文化载体得以传承。群体性的集体歌舞就是为欢度自己的节日，增添节日气氛而进行的自娱性活动。无论是参与者还是围观者都能体验到歌舞带来的精神享受。

由于少数民族通常居住在边远地区，环境相对封闭。节日期间的各种活动就成了他们进行社交活动的机会。这种对社会交往的需要，使节日中的各项活动不仅仅是单纯的娱乐活动，同时它也是人们参加活动的驱动力。群众性的集体歌舞聚积的人数最多；为人们提供了情感交流的社会环境，不断地吸引更多的人参加。

在几个民族杂居的地区，由于多民族文化的交融，本民族的集体歌舞也能在邻近民族中流传。特别是在民族文化得到进一步开发的今天，包括汉族在内，各民族群众对民族文化、民族风情产生了较浓厚的兴趣，群众性的集体歌舞在民族地区已深受人们的喜爱。可见，在民族地区利用少数民众集体歌舞开展全民健身活动有着广泛的群众基础。

（二）少数民族集体歌舞在全民健身中的价值

少数民族传统体育进入全民健身机制，民族体育与全民健身事业统一起来，以促进全民健身，发展群众集体体育，增强民族体质，这是进一步发展我国体育事业的重要方法之一。一项民族传统体育的价值并不仅仅在于它是否能成为现代竞技体育项目，而在于它是世界文化的组成部分，在于它能使更多的人投入到体育锻炼的活动中来。少数民族集体歌舞的价值在于它更适宜我国经济发达水平不均衡的少数民族地区开展全民健身活动，适宜更多的身体力行者能够投入到娱乐健身的环境中。

随着社会的发展，人类文明的进步，人们对精神享受的需要和对社会文化的需要也逐渐显示出来。人们在参加健身活动的过程中，也希望能在运动中得到快乐的体验。少数民族集体歌舞，能使人们在轻松愉快的环境中承担生理负荷，达到锻炼的目的，因而在健身、健心两方面都体现出其应有的价值。

1. 健身价值

少数民族集体歌舞多以走、跳为基本运动形式，不仅局限于脚下活动，而且是一项全身性的活动。如傣族的“孔雀舞”以手臂的翻腕、内曲，肘、腕关节的转动，膝、踝关节的屈伸弹动为基本动作，形成全身的“三道弯”动作。白族的“霸王鞭”，多为躯干的扭动动作，并伴有击打、跳跃等动作。彝族的“阿细跳月”多为脚的跳跃与手的摆动动作相配合等，全身性的运动使肌肉、关节、韧带都得到良好的锻炼。少数民族集体歌舞的运动量适中，而且能因人而异。适宜的运动负荷和时间能达到有氧锻炼的效果。

2. 健心价值

少数民族长期生活在相对封闭的自然与社会环境中，他们需要丰富的社会文化生活，需要调节心理情感。少数民族集体歌舞属于通过自我运动来实现宣泄情感、欢娱身心，具有较强的娱人和自娱性。另外，通过少数民族集体歌舞这样的娱乐健身活动，可引导人们自觉接受精神文明教育，从而提高整个社会的文明程度。

3. 能提高群众参与体育锻炼的主体意识

群众体育是积极主动地追求个体自由和享受体育运动乐趣的体育行为方式。因此，群众自身的主体意识最为关键。少数民族集体歌舞是少数民族节日生活的一部分，是少数民族群众喜爱的传统节日活动，将少数民族集体歌舞作为娱乐健身活动，能使群众积极地投入到这项活动中，充分体验体育活动的乐趣。身体的健康和情感的快乐带给人们的是生活质量的提高，使人们在参加集体歌舞活动的过程中，享受到的不仅是活动的结果，更是活动的过程。通过参加少数民族集体歌舞，使少数民族群众深刻理解体育活动的生活意义，表现出充分的自觉性和能动性。

少数民族集体歌舞作为少数民族群众节日文化生活的一部分，在少数民族群众的心目中占有重要的位置。但是，纯粹的少数民族集体歌舞要成为体育活动项目，还有待于进一步发展和完善。（方桢　撰稿）

二、民族健身歌舞对大学生身体形态、素质、生理机能的影响

民族健身歌舞明快活泼的音乐节奏，充满动感且优雅的动作能使人心情愉悦，因此深受广大学生，特别是女学生的喜爱。目前民族健身歌舞已逐渐在广大高校中得到普及和推广，但由于进入高校体育教学相对较晚，对民族健身歌舞的锻炼价值、效果的研究并不多，对大学生的身体形态、身体素质、生理机能等影响的研究也鲜有报道，大多数研究尚处于可行性、推广性研究。在此通过对 20 周民族健身歌舞锻炼的 60 名大学生在锻炼前后身体形态、身体素质、生理机能等一系列指标进行对比研究，为加强和完善民族健身歌舞课程以及进一步提高高校体育教学工作提供理论和实践依据。

为探讨民族健身歌舞对大学生身体形态、素质和生理机能的影响，随机抽取广西师范大学等 3 所高校共 60 名女生进行 20 周的民族健身歌舞锻炼，对锻炼前后身体形态、素质和生理机能等一系列指标进行对比分析。结果显示：长期的民族健身歌舞锻炼能使

受试者的胸围、腰围、大腿围有明显下降（P＜0. 05），立定跳远、坐位体前屈、台阶指数、单足支撑（s）明显提高（P＜0. 01），晨脉、动脉血压明显下降（P＜0. 05）；肺活量、VO_2max 明显提高（P＜0.01）。结论：长期的民族健身歌舞锻炼能有效改善大学生的身体形态，明显增强呼吸系统、心肺功能，并显著提高大学生的耐力素质、柔韧素质及平衡能力。

（一）研究对象与方法

1. 对象

随机抽取广西师范大学、桂林航天工业高等专科学校、桂林师范高等专科学校2005、2006 级女生，共 60 人进行实验研究。受试者的基本情况见表 1.1。

表 1.1 实验前研究对象基本情况统计（X±SD）

	人 数	年龄（y）	身高（m）	体重（kg）
受试者基本情况	60	20.38±0.62	1.57±0.14	53.45±5.03

2. 方法

（1）实验安排

每周进行 3 次规定练习，每次 90 分钟，共进行 20 周，教师根据教学实际，编制相应的民族健身歌舞套路组合，并要求学生每天进行 60 分钟的自我练习，巩固练习效果。

（2）运动方案

运动强度：运动后即刻心率在：140—190 之间。

运动量：四个舞种，每次规定练习为：5—8 组。

3. 测试指标

身体形态：体重、身高、胸围、腰腹围、臀围、大腿围、小腿围。

身体机能：肺活量，晨脉，动脉血压，最大吸氧量。

身体素质：50 米跑、台阶指数、坐位体前屈、握力、单足支撑。

4. 测试时间与方法

（1）测试时间

2006 年 9 月对学生进行第一次测试，收集实验前数据；2007 年 1 月进行第二次测试，收集实验后数据。以实验前后所收集的研究数据作为研究的原始资料。

（2）身体形态指标的测量

早晨进食前进行测量，第一次与第二次的测量时间相同。身高与体重采用身高、体重测试仪。臀围、胸围、腰围、臀围、大腿围、小腿围采用软尺（以 cm 为单位）来测量，测量时，受试者穿单衣、单裤，自然站立，保持平静呼吸。测量腰围以过脐水平线为准；测量臂围，臀围，大、小腿围，以各部位的最大处和水平线为准。

（3）身体机能、身体素质各项指标的测量

锻炼前后测试各项指标使用的仪器相同。身高、体重、肺活量、立定跳远、台阶指数、握力、坐位体前屈，采用国家体育总局监制的学生体质检测仪；50 米、单足支撑采用秒表计时；晨脉、血压用水银血压计测量（mmhg）；采用 12min 跑间接测出最大吸氧量。

（4）数据分析

对实验前后的数据采用 SPSS 统计软件包进行统计学处理，以均值±标准差（X±SD）表示，用双侧 T 检验进行显著性检验，显著性标准为 P<0.05，极显著性标准为 P<0.01。

（二）结果分析

1. 民族健身歌舞锻炼对大学生身体形态的影响

表 1.2 显示：民族健身歌舞锻炼后大学生的身高、小腿围无明显变化，胸围、腰围、大腿围等各项指标较锻炼前相比都有明显下降（P<0.05），其中体重、腰围、大腿围前后差异非常显著（P<0.01）。

表 1.2　实验前后女大学生身体各围度指标结果比较

项　目	锻炼前	锻炼后	P
身高（m）	1.57±0.14	1.58±0.03	>0.05
体重（kg）	53.43±5.03	50.12±4.27	<0.01
胸围（m）	74.23±2.68	75.65±2.61	<0.05
腰围（m）	65.90±3.51	61.57±2.74	<0.01
臂围（m）	83.57±3.85	83.35±3.75	>0.05
大腿围（m）	46.27±2.94	43.62±2.66	<0.01
小腿围（m）	32.22±2.25	32.04±2.09	>0.05

2. 民族健身歌舞锻炼对大学生身体素质的影响

表 1.3　实验前后女大学生身体素质各项指标比较

测试指标	锻炼前	锻炼后	P
50（m）	9.37±0.78	9.23±0.815	>0.05
立定跳远（m）	1.61±0.13	1.66±0.31	<0.01
坐位体前屈（m）	8.32±2.20	10.33±19	<0.01
台阶指数	42.48±5.65	49.10±6.06	<0.01
握力（kg）	20.23±2.08	21.13±1.31	>0.05
单足支撑（s）	35.85±8.01	43.25±6.86	<0.01

表 1.3 显示：经民族健身歌舞锻炼后大学生在立定跳远、坐位体前屈、台阶指数和单足支撑等指标有非常显著性提高（P<0.01）。而在 50 米跑和握力指标上区别不大（P>0.05）。

3. 民族健身歌舞锻炼对大学生身体机能的影响

表 1.4 显示：民族健身歌舞锻炼后受试者晨脉、动脉血压的指标较锻炼前有明显的下降，具有显著性差异（P<0. 05）；肺活量、VO_2max 则较锻炼前有明显提高，有非常显著性差异（P<0.01）。

（三）分析与讨论

1. 民族健身歌舞锻炼对大学生身体形态的影响

表 1.4　女大学生锻炼前后身体机能各项指标比较

测试指标	锻炼前	锻炼后	P
肺活量（ml）	2453±3.71	25.12±3.13	<0.01
VO_2max	35.10±3.90	38.23±3.83	<001
晨脉（min）	68.07±3.28	66.68±2.97	<0.05
收缩压（mmhg）	112.30±10.30	109.00±8.64	<0.05
舒张压（mmhg）	68.15±6.25	66.93±5.70	<0.05

长期进行民族健身歌舞锻炼后能减少体内多余脂肪，促使肌肉发达有力，利于保持标准体重，塑造健美体型。民族健身歌舞包含了十多个舞种，且各舞种的风格、节奏等各不相同，但都要求舞者必须保持良好的身形姿态：挺胸、收腹、立腰、平肩、梗头、松膝、臀部夹紧上提。这种舒展挺拔、刚健优美、端庄典雅的形态，既给人以精力充沛之感，又蕴涵极大的艺术魅力。在运动中通过人体点线的配合，体现出美的姿态、美的造型以及美的主题，给人以美的享受。它对足步、姿态、平衡与稳定均有严格的要求，而且对节奏、方位、足位动作、旋转度、升降、反身、倾斜、摆荡等八大技法有更细腻的要求，这样才能帮助锻炼者纠正肩、胸、腿步的不良姿态，使身体端正挺拔。受试者臂围、胸围、腰腹围、臀围、大腿围等都有不同程度的变化，其中胸围、腰围、大腿围的变化较大。胸部是女性展现形体美的主要部位，而民族健身歌舞中的伸拉四肢，压、含、展肩、胸动作以及挺胸立腰和柔韧性等练习，都能使大学生的胸围有不同程度的增加，同时，长期的有氧练习使练习者的心肺功能性增粗从而造成胸腔体积的增大也是胸围增大的原因之一。这对女性更好地展现形体美有积极的作用。从下肢负荷看，大腿、小腿的变化也不相同，大腿变化较小腿变化明显，这对腿部线条的美化塑形有积极的作用。从人体生理解剖结构来看，人体主要由骨骼、肌肉、脂肪等组织构成，而人体的身高、体重等评价指标反映人体骨骼、肌肉、脂肪等发育情况。实验后的结果显示进行民族健身歌舞锻炼后大学生的身体发育处于较好的状态。

2. 民族健身歌舞锻炼对大学生身体素质的影响

本研究选取了 50 米、立定跳远、台阶指数、握力、坐位体前屈、单足支撑等指标来反映个体速度、爆发力量、心血管功能、上肢力量、柔韧性、静平衡能力等综合素质的情况。民族健身歌舞中舞步流畅，轻柔洒脱，起伏有序，音乐节奏清晰，舞蹈富于技巧性；动作豪放粗犷，速度多变，充满激情，音乐节奏鲜明强烈。是一项全身性的、快、慢节奏结合、大负荷的运动；头、肩、腰、胯、腿及关节的活动对人体产生一系列的影响作用；其音乐特点突出了节奏和力度的结合，动作频率和负荷强度有节奏的变化，增强了受试者的静力性力量与爆发性力量；同时对韧带肌肉产生卓有成效的锻炼。舞蹈过程中既有身体大幅度的跳步、跨步，也有幅度较小的小跳，垫步，以及蹲、立、走、跑、转的变化；髋、四肢的前后、左右、上下方向交替转换和造型控制、托举等组合动作，只有身体各部位恰到好处地协调用力才能把每个动作完美地表现出来，这些变化与表现，对人体肌肉的协调性、柔韧性和关节的灵活性，动作的节奏，都有着积极的促进作用。实践证明：民族健身歌舞锻炼能有效地促进直接参与活动的肌肉力量的发展，同时提高身体的平衡能力及对肌肉的控制能力，并且也能促进内脏器官和神经系统的提高。由于肌肉的不断发达，内脏器官功能的不断提高，从而不断挖掘机体内部的潜力，达到提高身体素质的锻炼目的。

3. 民族健身歌舞锻炼对大学生生理机能的影响

本研究主要选取了肺活量、晨脉、血压、最大吸氧量等指标来综合反映民族健身歌舞锻炼对大学生生理机能的影响。从运动生理学的角度来讲，心搏可反映心脏功能强弱与否，运动对受试者的影响可通过心搏的变化来判断。学生在进行民族健身歌舞这一有氧耐力运动时，一方面要加大呼吸深度，另一方面还要加快呼吸的频率，这就使呼吸机能得到锻炼。呼吸肌在持续的运动中得到增强，长期下来肺的弹性增大，呼吸肌的力量增强，进而肺活量也就增大，能较好地提高肺活量/体重的值，增强肺的储备能力，增强呼吸器官的工作能力，提高肺的呼吸机能。舞蹈对身体各部位的要求促进了全身大面积的血液循环，身体的耗氧量明显增加，在一定程度上加大了心脏的工作负荷，同时冠状动脉的循环血量较平时增加，从而改变了心输出量和心博量，进而使静息心率降低。民族健身歌舞锻炼改善血液循环，使安静时全身血液得到改善，供血出现节省比。血压的形成有赖于两个基本条件，就是心脏射血和血液在血管中流动时所遭受的外周阻力。锻炼使中枢神经系统对血液循环系统器官的调节机能得到改善，动脉血管弹性增强，减弱了小动脉血管的紧张度，血液的外周阻力减小，从而使血压降低。血压的下降，是心肺功能发生良好变化的标志。进行民族健身歌舞练习时，要求动作动、静结合；速度有快，有慢；并有一定的造型，这些都对大脑活动有良好的训练作用。刚开始进行练习时，身体的肌肉感到酸痛，脚步步伐不稳，这说明身体各部位互相排斥，但随着动作之间的配合越来越协调，调动全身各关节，骨骼肌肉充分参与运动，使肌肉本身的微血管得到了充分的按摩，增强了组织细胞的新陈代谢和气体交换，从而提高了最大吸氧量。实验结果证明：长期进行民族健身歌舞锻炼可显著提高大学生的有氧代谢能力，增强大学生的生理机能，改善心肺功能，其健身功能对改善大学生健康状况是明显的。

（四）结论

1. 经过20周的民族健身歌舞锻炼后，大学生身体形态有了明显改变，胸围、腰围、大腿围等各项指标较锻炼前相比都有明显下降（$P<0.05$），其中体重、腰围、大腿围前后差异非常显著（$P<0.01$）。这些数据充分说明了长期的民族健身歌舞锻炼能有效改善大学生的身体成分，具有明显的降脂功能；并有助于改善大学生身体形态，塑造和保持健康而美丽的体型。

2. 大学生民族健身歌舞锻炼后，立定跳远、台阶、坐位体前屈、单足支撑等各项指标都有明显上升，且呈非常显著性差异（$P<0.01$），这都反映了民族健身歌舞锻炼后大学生的爆发力、耐力、柔韧性、静力、控制力等身体素质有所提高，事实充分证明了民族健身歌舞锻炼对提高大学生的身体素质的效果是明显的。

3. 民族健身歌舞是一项卓有成效的健身方法，锻炼前后的“4项指标”（晨脉、动脉血压、肺活量、最大吸氧量）的检验结果进行比较后可知：民族健身歌舞锻炼后肺活量、最大吸氧量均有极其明显的提高，呈非常显著性差异（P＜0. 01）；晨脉、动脉血压有所下降，并且呈显著性差异（P＜0. 05）。这些结果表明：民族健身歌舞这一全身性耐力运动能显著提高大学生的有氧代谢能力，增强大学生的生理机能，改善心肺功能，其健身功能对改善大学生健康状况是明显的。

4. 实验结果表明，通过半年民族健身歌舞的锻炼，50 米和握力的成绩没有显著的提高，无显著性差异（P＞0.05），说明速度素质和上肢力量是民族健身歌舞的薄弱环节，建议在今后的民族健身歌舞教学中应有意地增加速度素质和上肢力量方面的练习，如俯卧撑、双杠臂屈伸、50 米跑等，以促进大学生身体素质的全面发展。（梁莉 撰稿）

三、民族健身歌舞对大学生心理健康影响的实证研究

为探讨民族健身歌舞锻炼对大学生心理健康的影响，随机抽取广西师范大学、桂林市师范高等专科学校、桂林航天工业高等专科学校 60 名大学生进行为期 20 周的民族健身歌舞锻炼，对其锻炼前后进行心理健康自评量表（SCL－90 量表）的测试，结果显示：民族健身歌舞锻炼后大学生心理健康总体水平显著提高，且呈显著性差异（P＜0.05），其中“人际关系”、“抑郁”、“敌对”、“焦虑”等项因子的健康水平异常显著（P＜0.01）。

（一）研究对象和方法

1. 对象

随机抽取广西师范大学、桂林航天工业高等专科学校、桂林师范高等专科学校 2007、2008 级女生，共 60 人进行实验研究。受试者的基本情况见表 1.5。

表 1.5 实验前研究对象基本情况统计（X±SD）

	人 数	年龄（y）	身高（m）	体重（kg）
受试者基本情况	60	20.38±0.62	1.57±0.04	57.43±1.03

2. 方法

（1）实验安排

每周进行 3 次规定练习，时间安排在课外活动，每次大约 90 分钟，共进行 20 周的练习。教师结合教学实际，编制适合大学生需要的民族健身歌舞套路组合，同时要求学生课余时间每天进行 60 分钟的自我练习，练习时要求穿运动服。

（2）运动方案

运动强度：运动后即刻心率在：140—190 之间

运动量：四个舞种，每次规定练习为：5—8 组

3. 测试指标

心理健康因子：SCL－90 自评量表躯体、强迫、焦虑、人际关系和忧郁等。

4. 测试时间与方法

2008 年 9 月对学生进行第一次测试，2009 年 1 月进行第二次测试。选用心理健康症状问卷（SCL—90），以团体测试的方法进行。

5. 数据分析

数据由 SPSS 统计软件包完成，结果一律以均值±标准差（X±SD）表示，用双侧 T 检验对所有数据进行显著性检验，显著性水平为 P<0.05。

（二）结果

表 1.6 的结果显示：20 周的民族健身歌舞锻炼对大学生的心理健康水平的影响是明显的，受试者锻炼后在躯体化、强迫、人际关系、抑郁、焦虑及精神病症等各因子的得分明显低于锻炼前测试结果（P<0.05），其中人际关系、抑郁、焦虑、敌对等因子的差异极为显著（P<0.01）。

表 1.6　大学生锻炼前、后 SCL—90 量表各因子结果比较

项　目	锻炼前（n=40）		锻炼后（n=40）		P
	X	SD	X	SD	
躯体	1.43	0.35	1.37	0.28	<0.05
强迫	1.62	0.16	1.55	0.24	<0.05
人际	1.63	0.22	1.50	0.39	<0.01
抑郁	1.52	0.31	1.44	0.34	<0.01
焦虑	1.57	0.38	1.39	0.45	<0.01
敌对	1.48	0.23	1.38	0.39	<0.01
恐怖	1.31	0.27	1.28	0.17	<0.05
偏执	1.40	0.19	1.37	0.16	<0.05
精神病性	1.35	0.25	1.32	0.27	<0.05

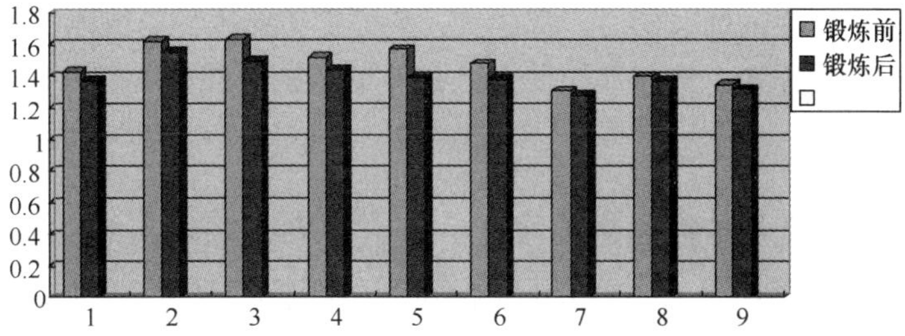

图 1.4　民族健身歌舞前后大学生 SCL—90 量表各因子的比较

注：1 躯体，2 强迫，3 人际，4 抑郁，5 焦虑，6 敌对，7 恐怖，8 偏执，9 精神病性

（三）民族健身歌舞对大学生心理健康影响的分析

1. 民族健身歌舞对大学生情绪、情感影响的分析

古人说："乐心内发，感物而动，不觉手足自运，欢之至也，此舞之所由起也"。所谓"乐心内发"就是指人的心理需要，也就是说舞蹈起源于人的心理需要。有研究结果证明体育锻炼可以对情绪产生良好的影响。人们在进行民族健身歌舞锻炼时会产生一种理想的内部体验状态，那就是流畅体验。在这种状态中人们会忘我地投入运动，充分体

验着舞蹈带来的乐趣和享受，生理和心理处于一种非常协调的状态中，会感到良好的身心状态，自我良好感是一种积极的情绪状态，是与积极参加锻炼有关的某种兴奋、自信、自尊的情绪和态度体验。SCL—90 量表的测试结果显示，在进行了 20 周的体育舞蹈锻炼后受试者在抑郁、焦虑等因子得分明显降低，具有显著性差异（$P<0.05$）。表明经过舞蹈锻炼后受试者情绪得到了改善，显示出朝气蓬勃、精神振奋以及健康的心理状态。

2. 民族健身歌舞对大学生人际关系及交往影响的分析

随着物质生活的不断改善，人的精神需要也明显提高，希望与人交流，倾吐内心烦恼，并得到理解和帮助，做出了成绩也渴望得到赞誉和肯定。民族健身歌舞之所以深受广大群众喜爱，就是因为它具有一定的社会功能，具有群体性，是一种社会生活舞蹈。它能帮助人们交流思想，抒发情感，消除隔阂，是增进友谊的最好形式之一。作为一项高层次的竞技娱乐运动，它不仅是一种健身方法，同时又是一种重要的社交手段。SCL—90 量表的测试结果显示，在进行了 20 周的民族健身歌舞锻炼后受试者在人际、敌对等因子得分明显降低，有显著性差异（$P<0.05$）。表明优美的音乐与婉转的旋律将不同专业、不同性格和不同爱好的青年重新组合在一起，在这个临时团体中，学生们通过这种身体语言来达到互相理解、沟通信息、增进交往，进而减轻心理压力，满足心理需求。同学之间的交往是多层面的，自我封闭意识在这里会得到彻底的解脱，对于人际关系的改善自然具有促进作用。

3. 民族健身歌舞对大学生进行自我评价，树立自信心影响的分析

自信心是自我评价的客观反映。充满自信的人才能强烈而真实地体验到自身价值的存在，并能促使其正视日常生活中的困难，勇于迎接各种挑战。研究结果表明：在进行了 20 周的民族健身歌舞锻炼后受试者在躯体化、强迫、焦虑、恐怖、精神病性等方面有了明显的改善，且呈显著性差异（$P<0.05$）。表明民族健身歌舞锻炼有助于非认知因素的发展，即可增强人的自信心、责任感、荣誉感和集体主义精神，培养坚持性、果断性、自制力、独立性等个性品质，使人性格开朗乐观，充满生气。（梁莉　段礼松撰稿）

四、少数民族歌舞对体育教学的启示——以中央民族大学“校园锅庄”为例

中国近代学校体育教育一直在找寻既能结合中国传统文化，同时又能和国际接轨的出路。在一批批体育工作者为之苦苦追寻之际，不曾想学校这片热土的学生们已经有了自己的尝试。“校园锅庄”作为一种校园文化现象，其歌舞的动态性、大众健身属性给现代体育教学以启示。本书以中央民族大学的“校园锅庄”为个案，考察将其推而广之应用于大众健身和学校教育的可能性。

中国学校体育的近代化是一个学习外国制度与经验，以此来建立一个适合中国特性的学校体育体系的过程。近代中国内忧外患，我们的学校体育教育也从军事教育开始转向平民教育，同时经历了从仿日到仿美、从崇洋、土洋之争到回归本土的过程。20 世纪很多领域都有土洋之争，体育方面表现在对我国传统体育活动——武术的取舍，最终以欧美的球类、田径等项目占了上风。当我们回过头来想要回归本土的时候，才发现来

时路已经较为模糊，到了想要回归却不知从何下手的境地。

已有的体育项目给我们以较好的启示，如体育舞蹈，其中的布鲁斯、慢华尔兹、慢狐步舞、快华尔兹、快步舞、伦巴、探戈等，是体育和歌舞结合的典范。这些舞蹈大都是来源国的民间舞蹈，经体育工作者将其中的要素提炼、规范、标准化而成。这就给我们提出了一个问题，为什么我们的民族舞蹈不能为体育健身提供一个素材，进而将之提炼上升为一个标准的舞种，推而广之？本土的舞蹈都是在当地的文化生活中发展起来的，较为适合当地的文化氛围和特点，将之改良成大众健身的方式或引入体育教育应该比外来的舞蹈更有优势，更适合本土人的体质。已有的体育舞蹈一般都需要舞伴，而我们的民族歌舞很多都是群体性的，更宜于开展成普及性的大众项目。说到这里就不得不提少数民族歌舞与民族体育的特殊关系。

少数民族独特的生活环境造就了他们独特的生活方式、娱乐方式和运动方式，很多少数民族的舞蹈都与劳动联系在一起，这就与体育强身健体之宗旨相关，如藏族的锅庄，藏语称“卓”、“果卓”，它是一种舞臂踏歌的圈舞形式，在世界范围内都比较普遍。在中国，它不仅流传于藏族中间，在门巴、珞巴、羌族、彝族、普米族、纳西族、哈尼族等民族聚居区也有。纳西语称“赤脚跳”为“多磋”、“云雀舞”为“劳曼磋”，哈尼语称“舞”为“乐作”或“斗拨磋”，普米语称左右移步抬腿为“宗磋”，称两人翻身相对踏脚为“公冲措”。凉山彝族民俗舞也称卓或锅庄。①

民间锅庄是对民间生活的提炼，它的动作多取自于劳动中，有的直接用来传授劳动技能。如锅庄《央卓噶玛林》就是通过歌舞问答形式，结合舞蹈动作，真实再现劳动生产情景，教人如何将羊毛织成衣服的全过程模拟表演。

其唱词和舞蹈大体是这样的：

问：牧羊姑娘，你是怎样放牧的？

答：要说怎样放牧嘛，放羊就是这样的。

问：牧羊姑娘你是怎样剪羊毛的？

答：要说怎样剪羊毛呀，羊毛是这样剪的。

问：牧羊姑娘，你是怎样洗羊毛的？

答：要说怎样洗羊毛呀，羊毛就是这样洗涤的。②

在一问一答中，相应的劳动被活化为一个一个的舞蹈动作，等唱完了一曲，舞完了一段，参与者关于放牧、剪羊毛和洗羊毛的大概情形也就了解得差不多了，这与教育界一直提倡的寓教于乐的教学方式十分相通。

传统体育和民族舞蹈同属于人体艺术文化，传统体育是以强健身体和在竞技中取得胜利为目的来支配身体运动，而民族舞蹈则是以表达情感为出发点，以情感需要来支配身体动作，即传统体育所要张扬的是一种雄健的人体美，民族舞蹈主要表现的是一种讲

① 于平：《舞蹈文化与审美》，中国人民大学出版社 2005 年版，第 51 页。

② 何永才：《西藏舞蹈概说》，西藏人民出版社 1988 年版，第 48—49 页。

求审美愉悦的柔和美。[①] 怎样实现传统体育和民族舞蹈的对接，将二者融合转化为现代民族体育项目服务于大众健身是一项值得思考的课题。如能将传统民族舞蹈融于体育教学则是一件利在当代，功在千秋的事。“校园锅庄”的出现让我们眼前一亮。本书将引入中央民族大学“校园锅庄”为个案，探讨锅庄在以青年人为主体的群体中，在大众化健身方面所扮演的角色，并针对这一现象反映出的问题给予探讨，旨在探寻民族舞蹈在大众化健身方面可能的发展空间，为建立民族体育体系贡献绵薄之力。

在民族文化的传承过程中，校园是很重要的一个领域。目前，有不少民族院校都有锅庄舞会，如中央民族大学、西北民族大学、兰州大学、四川师范大学、北京师范大学等。学校给同学们提供了广阔的空间，校园中的锅庄融于校园文化，有其独特性和变异性，它从另一个侧面反映出锅庄的生存状态与活力。

(一) 中央民族大学“校园锅庄”个案

中央民族大学是民族文化的百花园，足不出校就能过上很多特色的民族节日，感受少数民族丰富的文化生活，如藏族燃灯节、满族的颁金节、彝族年、白族三月三、维吾尔族古尔邦节……就社团文化来说，除了一般院校都会有的文学、语言协会，还有“雪域文化交流社”、“民族节日文化传播协会”、“西部实践社”、“满－通古斯语言研究会”等一批富有民族特色的社团，另外还有一批特色活动，比如“民族之星”即各族学子年度民族代言人选拔赛等。在如此宽松、多元的校园环境中，同学们能跳起锅庄舞，实在是不足为奇的一件事！

中央民族大学的学生在行动中，实践着“知行合一，美美与共”的校训。各族儿女不但懂得“各美其美”(各自欣赏自己创造的美，) 还学会了“美美与共”(包容并欣赏别人创造的美)，实现理想中的大同美，通过拼合不同的美，达到了一种平衡。“校园锅庄”给“美美与共”又有了新的解释：锅庄原本是在各地跳的一种舞蹈，虽然同属于锅庄系统，彼此还是有一定的差异，一个地方的藏民，不一定会跳另一个地方的锅庄。在校园，同学们会把藏区流行的锅庄跳个遍，实现本民族不同地区之间文化的“美美与共”。

中央民族大学锅庄舞会就是在这样的氛围中，由藏族学生提议，经学校有关部门的认可和支持，最终由“藏学研究院学生会”创办，至今已有数年。据藏学院 2006 级研究生加央加所说，之前在藏学院迎新晚会、元旦晚会、欢送晚会以及一些重大民俗节日中，如宗喀巴的诞辰之日会跳锅庄，其中有几位维吾尔族的同学，他们的热情不亚于藏族同学，舞姿也很优美，后来就渐渐演变成由藏学院学生会主办的锅庄舞会。每到周末，夜色降临，灯光闪烁，欢快的锅庄音乐响起来，学生们习惯性地开始跳起锅庄，这已经成为校园的一道风景。

2007 年 9 月，学生社团“雪域文化交流社”(以下简称“雪域社”) 成立，开始由“雪域社”组织和管理锅庄舞会，每次活动的策划、宣传和组织者都是藏学院的学生。关于社团的缘起，“雪域社”社长奥杰才让说：“中央民族大学有那么多的学生社团，却没有专门宣传藏族文化的，于是在同学们的呼吁和要求下，创办了‘雪域文化交流

① 白晋湘等：《交缚—分化—吸纳—共生——论中国传统体育与民族舞蹈的历史渊源》，《北京体育大学学报》2001 年 6 月，第 24 卷 (第 2 期)，第 146 页。

社’”。而在社长给笔者提供的《社团成立可行性分析报告》中，还看到了这样的话：“中央民族大学有很多服务社会的公益性社团，却没有一个宣扬民族文化，加强民族间文化交流的社团，‘雪域社’是以宣传藏文化为主，同时吸收融合其他民族的文化，维护民族团结，丰富大家的课余文化生活，引导健康向上的生活方式，同时也填补了民族文化社团的空白。”社团一成立就以锅庄为载体，以传播雪域文化为己任，活跃在大学生的生活中。2008 年，在一年一度的校园优秀社团评选中，“雪域文化交流社”被评为最佳新社团。对中央民族大学“校园锅庄”的负责组织，从藏学院学生会到学生社团的转换，让锅庄舞会实现了从学院到全校性学生社团的转变。其具体的部门如下：

部门名称	具体负责工作
人事部	负责活动的召集和联络，活动策划、组织，档案管理等
外联部	负责对校内校外的联络事宜
文艺部	负责文艺演出等
宣传部	负责各项活动的宣传事宜
财务部	负责会费及财务收支状况

在社团报名表中有一项是“您对社团的工作有什么建议”，一般在作问卷调查的时候，这种主观性的问题都会被空着，或者填无，这里的表格上不但没有空白而且很多同学都把表格填满甚至还超出一部分，可见大家对社团的喜爱与寄予的厚望，如其中一张表中说：“希望社团能有一些初级的培训班，手把手地教大家锅庄舞；希望把社团搞活，活动再丰富些，以此为宣传藏文化的载体；希望能有藏语的培训班；希望有民族文化和服饰的展览等活动……”

“校园锅庄”在中央民族大学这一特殊的文化社区，与校园文化结合在一起，大家在跳锅庄时，都融合在藏族文化氛围之中，形成以“藏族文化为纽带”，多民族、多院系广泛参与的特点。具体来说，作为中国少数民族大学的最高学府，中央民族大学的学生生源是最广的，它包括来自各民族地区的同学，大家长期在一起生活，形成了不同于自身携带文化的校园次文化。参加“校园锅庄”的同学大都来自不同的藏区，有不同的方言、服饰、信仰、舞蹈的风格，在锅庄的各个源头地域，它是老少皆宜的民间歌舞，但是在大学这个特殊环境中，它的主体必然是大学生。另外，跳锅庄的人也有不少其他民族的同学，有本校的也有外校的，还有外国人，中央民族大学的外国留学生也参与了锅庄舞会。

（二）“校园锅庄”大众化健身普及的可行性

要达到大众性和健身两个目的，一项运动本身就必须承载很多功能，如娱乐功能，或者自娱为主，或者他娱；还有交际功能和文化展示功能。因为每一项功能都能吸引不同的人群，况且锅庄本身就是群舞的形式，人越多气氛越好，达到的健身效果也就越好。

（1）娱乐、联谊功能

中央民族大学的学生大多是从各少数民族聚居区走出来的，他们远离家乡，来到首都这个多文化聚居区，不管从距离上还是文化上，都会产生莫名的思乡之情。不同的民族有不同的文化，彼此需要了解和交流，需要认可和认同。锅庄舞会给大家提供了一个很好的平台，跳起锅庄让大家的思乡之情有所缓解。锅庄舞会成了交际场，锅庄舞成了交流联谊的工具，大家在歌舞中增进了友谊，沟通了情感，在歌舞中构建着和谐的世界。对藏族同学来说，大多数学生都是远离家乡，来到汉文化中，由于先入为主和文化惯性，需要归属感和文化回归。在文化回归之后，最终要达到的就是心理回归。不同民族的同学都来跳藏族的锅庄，更加展现了藏文化的魅力，藏族学生的民族自豪感和责任感油然而生。

有的同学是喜欢藏文化所以来跳锅庄，有的同学则是先跳了锅庄然后喜欢上了藏文化。只要来到锅庄舞会，不管你是否是藏区人，是否会跳锅庄，只要表现出对锅庄的认同，大家都是朋友，跳得好的同学会手把手地教你。同学们通过锅庄舞会这一平台，一起跳舞，进行文化的交流、情感的沟通，增进了了解和民族的团结，在歌舞中构建着和谐的校园文化。正如“雪域文化社”的社长所说：“每个民族，每个大学都是一样的，欢迎所有的人，尤其是围观的人一起加入到跳锅庄的队伍中来。”

（2）文化交流与传承功能

中央民族大学的“校园锅庄”是以弘扬藏族文化，促进各民族文化交流为目标的。就像很多社员在入社时提到的，希望社团成为各民族文化交流融合的平台，促进原汁原味民族文化的传播发扬。同时为了吸引更多的同学，这里的舞会有时还会跳蒙古族的安代舞，这表现了一种促进民族团结，弘扬各民族文化的思想。“雪域文化社”虽然是2007年刚成立的，但是已经在同学中有了相当的号召力，在传播雪域文化的宗旨下，有时会员在社长的带领下，到外校进行文化交流。目前，“雪域社”已经在中国青年政治学院和北京交通大学举办过两场联谊锅庄舞会，还去清华大学进行过交流演出。

（3）健身功能

目前在校园，只要有人放出锅庄的音乐，一会就有很多人来跳锅庄。学校是以学习为主的地方，有紧张的学习就要有放松，跳起锅庄，放松了身心，出身汗，所有的烦恼也都忘了。不论舞姿如何，就是想要融入这个环境，只要自己觉得开心就行。也就是说跳锅庄的目的不是表演，而是娱乐。大家乘兴而来，尽兴而归。

民大锅庄舞会最实用的功能莫过于健身功能。笔者通过参加锅庄舞会，结交了一些朋友，有的就是冲着健身而来。有一位学中医的同学，每周都会来跳锅庄，问到原因时，她说：“现在的健身方式有很多，但是不少都需要花高价钱，参加民大的锅庄舞会，既能了解藏族的文化又能健身，实在是不错的选择”。有的时候，尤其是冬天，笔者向同学了解一些锅庄的情况时，会在舞会旁边看边聊，时间一长就有些冷，可是只要加入舞会跳上两圈，就会暖和起来。这种融民族文化和健身于一体的锅庄，锻炼了彼此的感知、协作能力，也起到了弘扬传统民族体育的作用。

总的来说，锅庄从藏区（即锅庄存在的原生环境）走向藏区以外（即锅庄存在的次生环境），从乡野走上艺术舞台，从民间走向校园，从“传统锅庄”演变成“校园锅庄”为代表的新形式，环境变了，但是适应新时空发展的需求没有变。

（三）“校园锅庄”在体育教学践行中的启示

虽然锅庄是舞乐结合的方式，但是作为一门独立的艺术品种，“校园锅庄”的舞蹈具有一定的独立性。下面通过对“校园锅庄”不同舞者的呈现，展示其标志性队形和动作，以及舞与乐的结合方式对体育教学的启示。

1. 不同文化背景跳锅庄时体现出不同的方式

笔者曾经观摩过青海省玉树藏族自治州艺术团的演员和北京舞蹈学院同学们同台献艺，场面分外热烈，表面上看去，大家都在跟着音乐跳得非常投入，但这些有不同舞蹈背景的舞者跳出来的感觉，还是有一定的差别的。舞蹈学院的同学跳锅庄，显然带有学院派的痕迹，比如重技巧，视动作外开、舒展为“标准”，动作更加奔放，重心较高，喜悦的心情溢于言表，很符合舞蹈学的审美，但是看过原生锅庄后总是觉得缺点味道。而玉树藏族自治州的演员们即使在快板的时候，也是在稳重基础上的加速，重心较低，一直很稳，就像只是舞步的加快，快而不张扬。这就是学院派与民间的差别，是老一代与新一代的不同表现，是局内人与局外人的身份使然。在问到关于教授新一代最难把握的是什么？舞蹈团团长森格用了很专业的语言：“就是锅庄的那个范儿!”笔者的理解就是现在的人对传统的生活方式不了解，无法在跳锅庄时把生活中的韵味表现出来。

学院派和生活派是两个不同的系统，虽然艺术来源于生活，但是艺术化的锅庄都是各地锅庄收集整理后，从中提炼出的代表性的动作，舞蹈学院的同学在先入为主和长期舞蹈审美的熏陶下，很难放开去模仿藏族人的体态和神态。拿颤膝的动作来说，她们或者过于注重“下沉”的标准，或者没有完全下去就已经上来。而同是舞蹈学院的学生贾亚萍，因为研究藏族卓舞，去过藏区采风，跳出的卓舞就多了几分生活化的感觉。对藏族舞蹈腰与上身的弯曲度的认识方面，舞蹈学院的同学跳起来还是会有一定的弧度的，而其他同学甚至是藏族同学，这方面也已经出现明显的弱化，大部分人都是昂首挺胸，潇洒自得。

藏族同学跳起来很洒脱，动作中仿佛带着什么意义，双腿外开，他们做出的颤膝的动作很生活化，也很随意，一上一下的频率很均匀，富有弹性，并不单一地强调上或者下。他们的双手都不超过头顶，就连生活中也形成了这样的定式，原“雪域社”社长跟我打招呼时，总是用缩在肥大的袖筒中、没有伸直的、而且未超过头顶的手臂。笔者曾与舞蹈学院的同学聊过关于锅庄舞的一些情况，虽然她们发现了锅庄舞的双手与头呈“山字型”，是不过头顶的，但是在给人做演示的时候，还是不自觉地超过了头顶。各地藏族同学跳舞的风格也不完全一样，比如青海玉树的同学，他们的动作就比其他藏区的同学的要大，甚至有些夸张，这与康巴人的日常生活方式和性格有密切的关系。

2.“校园锅庄”标志性队形的设计使用

锅庄表演中的队形有很多圆圈。“圆圈”，是人类较原始的舞蹈队形，在这种队形之下，每位舞者都能看到任何一个人，大家的视觉是对称的，心理是平衡的，有最大的向心力。作为藏族较原始的歌舞艺术，锅庄忠实地继承着圆圈的行进方向，从以身体为轴心的旋转，到整体队形由圆圈起到大圆满圆圈结束，其间经历双龙遥望、日月同辉，再到若干小圆圈聚合又分离的潮起潮落的队形，每个环节都与圆圈有着不可分解的关系。尤其是“日月昭辉”的队形备受推崇，藏族人认为太阳和月亮同时出现在天空是最为吉祥的时刻，跳锅庄时男女各围成半圆，男子步子大，慢慢地就在中心形成了圆圈，而女子还是一条龙的队形，这样就形成了弯月绕圆日的“日月昭辉”之势。

转圈的方向犹如转法轮，有顺时针的，也有逆时针的，在信仰苯教的地区如嘉绒地区，转经筒和法轮就是逆时针转的，而在信仰藏传佛教的地区就与之相反。这种状况表现在“校园锅庄”中，在大圆圈顺时针旋转之外，有很多小圆圈是逆时针转的，比如在两人为一组的舞蹈部分，双方需要转个圈，有的时候就是逆时针的，不论双方是有意识还是无意识。在问到原因时，部分信仰藏传佛教的同学说：“有些同学是信仰苯教的，如果总是转顺时针，人家会不高兴，两个方向都转转，大家都高兴，能在一起跳……”这是民族认同基础上传统宗教价值观的新表现。

我们在对民族歌舞进行改进的时候，也应该考虑到民族信仰的问题。宗教不仅是一个实践体系，而且也是一个思想体系，其目的是为了表达人们思考的方式。”[①] 信仰根植于信仰群体的血脉之中，即使外人看来它淡了，转化了，但它还是以自己独特的方式顽强地存在着，它本身就是人们生活方式的一部分。

3. “校园锅庄”典型动作的提炼

“校园锅庄”动作凝练，由几个基本的动作组成，简单、易学。整首舞曲都是对基本动作的重复，变化不大，有较强的规律性。一顺，欲前先后，欲左先右、三步一沓等典型的藏舞基因，构成其舞蹈的主要动作。其动作更加抽象化，传统的舞蹈构图如卷羊毛圈，双手腰前划 8，挤奶等动作，都是从劳动中提炼出来的，人们跳的时候也是栩栩如生。

如果从舞蹈学的角度上来讲，锅庄舞的动作仿佛是一个个没有到位的动作，一个个正在进行中的动作，而对于锅庄舞来说已经是完成了。永不过头的双臂和外开的跨与双腿，仿佛是婴儿的睡姿，反映出锅庄的古朴与自然。它没有手腕绕动和肩部的抖动等小关节的细微动作，躯体的大块运动居多，这与歌唱中不经意间的颤音、抖音形成鲜明的对比。相对而言男生的动作比较直，以肩关节为轴，伸开仿佛是大鹏展翅，跳起来好像跃跃欲飞，类似于拟兽的动作，让人联想到了大鹏鸟和秃鹫等神鸟。

在锅庄的传统构图中，颤膝有两种，一种是柔颤，一种是脆颤。年轻人更适合脆颤，他们膝部屈伸明显、干脆，配上慢板的音乐，只能通过抬高双腿把动作跨度变大，放慢速度，来完成一定节拍中的动作，稍有断裂不饱满之感，这是为了配合音乐而改变了动作。动作节律多了份欢快，少了份庄重。

4. “校园锅庄”舞与乐的有机结合

体育教学尤其是舞蹈中较为重视节奏和速度，“校园锅庄”音乐速度增加、律动感增强。以《邦锦花儿开了》[②] 一书记录的云南德钦地区，部分弦子舞曲和锅庄舞曲为例，传统锅庄速度一般在每分钟 60—80 拍之间，以每分钟 64、72、74 拍等为多。笔者通过对“校园锅庄”速度的测定发现，其速度在每分钟 72—144 拍之间，其中快板以每分钟 120 拍居多，慢板也多为每分钟 66 与 72 拍。慢板与快板的时间比重上，《甘孜锅庄》13 分 52 秒的时间中，每分钟 80 拍以上的只有 4 分 33 秒，与快板穿插在一起，一共占了三分之一左右；《那曲锅庄》11 分 23 秒全部都是快板，速度稳定在每分钟 144 拍；《阿坝锅庄》整体上稍显舒缓，第一首《阿东拉依依瓦邛邛》和第三首《仁木察沙

---

① （法）杜尔干著，林宗锦、彭守义译：《宗教生活的初级形式》，中央民族大学出版社 1999 年版，第 84 页。

② 德钦县民歌搜集整理小组：《邦锦花儿开了》（德钦藏族弦子、锅庄词曲选），云南人民出版社 1980 年版。

沙拉西》是快、慢板的结合，第二首《吉祥的日子》稍慢，第四首《尕尔觉忠则》稍快，整体上，快至每分钟120或144拍，慢至每分钟72拍。

“校园锅庄”舞曲的速度明显快于传统锅庄的速度。它吸收了其他音乐、舞蹈的元素，如《那曲锅庄》欢快的鼓点让人想起迪斯科的节奏，不同舞种元素的引入和舞曲的新编配，导致速度变快，音乐增加了舞蹈性和律动感，形成了传统形式与新形式的交融，速度的变化改变了锅庄的基调，让其健身意味增加，抒情意味减弱。

通过对中央民族大学“校园锅庄”开展情况和组成人员及相关功能的分析，我们了解到锅庄作为一项大众健身运动的可行性，它有相对广泛的大众基础，有成熟的曲目和舞蹈动作，有很大的空间进一步改良，在大众娱乐健身方面可以大展身手，同时对于传统体育教学模式探讨具有较好的启示，为民族体育教学方式改革拓宽了道路。（杨琼　撰稿）

五、民族歌舞作为学校体育课程教学新内容的可行性探索

随着社会的进步，经济的发展，生活水平的提高，人们开始重视如何提高生活质量，提倡娱乐性和健身性的运动项目比重增大，那些不受竞赛规则制约，易于开展和参与的娱乐方式也随之产生和兴起，它们正成为健身运动项目的主要开发性内容。而产生于人类生活和劳动过程中的一种文化——民族歌舞，吻合并满足人类的这种需要，正逐渐迈进人们的学习生活中，在此通过对学生对民族歌舞认识的调查研究与分析，并根据国家基础教育课程改革指导纲要的精神，提出自己的设想。

（一）研究对象与方法

1. 研究对象

浙江省五个市区十所学校的学生共500人，五个市区分布在浙江省不同区域，经济状况不同，每所学校随机抽取5个班，每班10人。其中回收调查问卷458份，其中男生223份，女生235份，调查时间为2003年2—6月，学校地域分布见表1.7。

表1.7　学校地域分布一览表

地域	杭州	宁波	温州	金华	台州
学校数	1	5	1	2	1

2. 研究方法

（1）采用问卷调查法，通过查阅有关文献资料，依据有关学科的理论及方法，初拟调查问卷，在调查前进行了信度和效度的体验。本研究共发出调查问卷500份，实际回收458份，回收率91.1%。

（2）X^2 检验法。对回收的问卷通过多组差异显著性检验。

（二）结果与分析

1. 学生喜欢体育和民族歌舞的比较分析

从调查中（见表1.8）发现，喜欢和较喜欢体育的学生占74.2%，不喜欢的占5.9%。喜欢和较喜欢民族歌舞的占64.6%，不喜欢的占13.8%，无所谓的占21.6%。显然学生喜欢体育优先于民族歌舞，这主要是体育是学校教育计划的一部分，其中体育考试以及新闻媒体的大力宣传等因素远远优先于民族歌舞，但还有男女性别的差异。经

过男女对体育和民族歌舞喜欢差异性的检验，检验方式 $X^2 = N[\Sigma(A^2/ni \cdot nj) - 1]$，自由度 $n' = (R-1)(K-1)$，其中 A 为每一个数据，ni 为各行的 A 之和，nj 为各列的 A 之和。得出男生 $X^2=37.5$ 自由度为 3，查表 $X=^2 37.5>X^2_{0.05(3)}=7.81$，所以 $P>0.05$ 差异不显著。可以认为女生喜欢民族歌舞和体育的程度是一样的，而男生喜欢程度有显著差异，并且不喜欢人数中的男生比例不平衡。这和男生个性的差异和传统教育方法的影响有关。

表 1.8　学生喜欢体育和民族歌舞程度一览表

男生	喜欢	较喜欢	无所谓	不喜欢	nj
体育	110	67	39	7	223
民族歌舞	66	60	55	42	223
nj	107	127	94	49	$n=446$
女生	喜欢	较喜欢	无所谓	不喜欢	nj
体育	102	61	52	20	235
民族歌舞	94	76	44	21	235
nj	196	137	96	41	$n=470$

2. 学生对体育与民族歌舞两者关系的认识

日前，有 58.7%学生认为它们之间有关系，认为关系一般占 32.3%，认为没关系占 9%（见表 1.9），经过差异显著性检验，$X^2=10.767>X^2_{0.05(2)}=5.99$，所以 $P<0.05$ 有显著的差异，可以认为男女生对体育民族歌舞有关系认识有显著的差异。从中不难看出，总体上学生的思想观念对体育与民族歌舞之间的关系是认可的，其中女生认可的程度远远大于男生。其实，民族歌舞和体育运动都产生于人类劳动生活过程，是一种文化，都是以身体活动形式来表现，强烈地展现着人的生物属性，具有鲜明的人文精神。中国古代体育萌芽于原始民族歌舞，在生活劳动中边歌边舞的情景，它包含了体育的最初形式（《吕氏春秋——古乐》）。随着社会的发展，私有制的产生，人们对健身的认识以及养生学的成熟，产生了“武舞”（兵操）、“角抵戏”、“五禽戏”和“蹴鞠舞”（三者都用于军事训练和身体练习）、字舞（团体操，《旧唐书》记载）。因此，民族歌舞各种动作与体育技术动作有同质同构之关联，可谓同源。现在很多少数民族的体育运动都以民族歌舞形式存在。

表 1.9　学生对体育与民族歌舞之间关系的认识

	可以		没关系	nj
男生	118	76	29	223
女生	151	72	12	235
nj	269	148	41	$n=458$

3. 学生认同民族歌舞可以锻炼身体的情况

从表 1.10 中看到，认为民族歌舞可以锻炼身体的达到 65.7%，占大多数，认为有时可以的占 25.87%，不可以的只占 8.5%。很明显，学生主观意识中认为民族歌舞是可以锻炼身体的，但经过显著性水平检验，发现 $X^2=24.27>X^2_{0.05(2)}=5.99$，$P<0.005$，男女生有显著性差异，女生更认同民族歌舞的锻炼作用。其实，民族歌舞中一举手，一抬腿，一转身，一弯腰，一跳跃无不蕴藏着个体身体素质的功夫，一组动作的完成，往往需要数十次的反复练习，在练习过程中，无疑是人体器官机能水平提高、身体素质加强的过程，而民族歌舞对身体姿态的特殊要求，在潜移默化中有助于完善自身形体。

表 1.10　民族歌舞是否可以锻炼身体

	可以	有时可以	不可以	*nj*
男生	126	64	33	223
女生	175	54	6	235
nj	301	118	39	n=458

4. 民族歌舞在学校中开展的形式

目前民族歌舞在学校中以兴趣小组和文艺演出的形式开展，民族歌舞仅作为第二课堂和校园文化的需要而开设，学生的普及面小，参与率少（见表 1.11）。

表 1.11　在学校中开展的形式

	为了演出	兴趣小组	民族歌舞课
人数	202	204	52

5. 学生对体育舞蹈教师的了解

从调查中发现，有 248 人对学校是否有体育舞蹈教师都不清楚，有 121 人认为学校还没有体育舞蹈教师，这从侧面反映出民族歌舞在学校所处的位置，学生不关心、不重视民族歌舞。但这是由很多主客观因素造成的。

（三）结论

1. 民族歌舞适合广大学生的生理和心理特点，通过正确引导和科学指导，会受到广大学生的喜爱，引起广大学生的兴趣，并且不受场地、器材的过多要求。

2. 学生认同民族歌舞和体育有着紧密关系，认为两者都是以人的身体活动作为表现形式，用身体语言来感染观众。就某种程度而言，两者相互交融，不断整合，相互促进，共同发展，民族歌舞可以大大丰富体育运动的内容。

3. 民族歌舞在锻炼身体方面有着举足轻重的作用，为了掌握民族歌舞动作和技巧，经过多次反复训练，可以促进肌肉、骨骼、身体机能等多方面的正常发育和发展，并对提高身体的速度素质、力量素质、耐力素质、灵敏素质有显著作用。

4. 小学生是感知能力、模仿能力较强的阶段，而中学生是人生最初的定向阶段，也是最富有幻想、最迷茫的阶段，无论在生理上还是在心理上，是从少儿向成人过渡的关键期，而民族歌舞既是人性的自然展现，也是对社会生活的反映，是学生成长教育过程中一项有力措施。

5. 从调查结果来看，总体上学生肯定了民族歌舞和体育的关系，但男女差异性较大，这与男女个性差异、兴趣爱好、生理特点、传统观念等各种因素有关。

6. 为了适应新世纪的体育发展，发挥民族歌舞的功能和作用，各级教委行政部门应将该项目列入学校体育教学计划。民族歌舞动作有难有易，有简有繁，内容丰富，类型多样，可根据学校实际情况和学生的需要，有选择地编写出相应的教材，可从女生中试点，然后广泛地应用到体育教学中。

7. 为了提高学生的素质，真正体现其以育人为目的，健体为目标的功能，教育工作者应大力推广并做好宣传工作。

8. 体育教师应定期地进行民族歌舞基本知识、基本技巧、技能的培训，不断提高体育教师民族歌舞综合素质。各体育学院应设立相应专业课程，提高体育专业学生的民族歌舞素养。

9. 学校应成立民族歌舞协会，加强校与校、校与社会之间的联系和交流，使学生更深刻地体悟民族歌舞在体育中的功能和作用。（孙雪培　撰稿）

六、“民族歌舞与传统体育2+1”创新教学模式构建及应用

《2001—2010年中国体育改革与发展纲要》指出：“进一步发挥少数民族地区的优势，开发民族体育资源，做好民族传统体育项目的挖掘、整理和推广工作。”国家颁布的《体育与健康课程标准》中也多处提到了要对民族、民间传统体育加以开发利用。“我国是一个多民族的国家，民族体育文化源远流长，体育与健康课程应大力开发和利用宝贵的民族、民间传统体育资源。”民族传统体育是寓竞争性、表演性、娱乐性、观赏性、趣味性、健身性为一体的综合运动形式，在学校体育教学中增加民族体育项目的课时比例，不仅继承和弘扬了民族传统体育文化，而且补充和完善了现代竞技体育，丰富了体育教学内容。但是伴随着西方体育的冲击，社会的进步，时代对民族传统体育教育提出了全新的要求，要想使民族传统体育在学校体育中发展，并发挥其更多优势，就必须根据时代需求改造和创新，在教育中注入新的教学思想，建立新的教育理念，运用科学的理论和方法，推动学校民族传统体育教学朝着科学化、规范化、时代化的方向发展，实现民族传统体育现代化的目标。

体育教学模式是体育教学理论与教学实践之间的桥梁，它既可以实现成熟的理论运用于教学实践的检验，又可把教学实践升华为丰富的理论。① 当前在世界改革的背景下，素质教育的改革大潮中，在体育与健康课程标准全面实行之际，研究探索民族传统体育教学模式与新课程标准的结合是迫在眉睫之事。民族传统体育与艺术结合，主要是基于民族传统体育是民族文艺和现代体育的源泉。“民族传统体育、艺术2+1”教学模式是通过利用舞蹈、健美操、艺术体操、音乐等艺术载体将民族传统体育项目潜在艺术形式再现，并进行有机结合，在保持原有民族项目特色的基础上，创新和拓展民族传统体育，挖掘民族传统体育潜在的艺术内涵和资源；是在坚持“健康第一”的基础上，继承民族传统体育原有的民族特色，保留其主要的健身功能，挖掘和发挥其潜在的艺术价值，把民族传统体育与艺术紧密结合进行教学，使竞技、音乐、舞蹈、娱乐有机融为一体，使其更具有健身、娱乐、观赏价值，以满足学生日益增长的审美需求，为当前民族

① 毛振明、吴键：《关于体育教学模式的研究》，《学校体育研究》1996年第9期。

传统体育教育改革提供新的思路与方法。适用于该教学模式的民族传统体育项目有踢毽、跳绳、高脚马、板鞋等，在此主要以壮族板鞋为例加以说明与论述。

（一）研究方法

1. 文献资料法：笔者查阅相关民族传统体育文化、教学论、体育审美、体育艺术以及壮族民族传统体育项目板鞋竞速相关著作、文献，为本书提供科学的理论依据。

2. 问卷调查法：对中央民族大学2007级学习板鞋竞速、板鞋舞6个班级的156名学生发放相关调查问卷，并对回收问卷进行统计和整理。

3. 实验法：以中央民族大学2007级156名（6个班）学生为实验对象，学习时间4周（8课时），对前后学习板鞋竞速、板鞋舞的不同的内容进行研究。

4. 数理统计法：对回收的问卷进行统计处理。

（二）研究内容与分析

1. 歌舞艺术与民族传统体育的关系

从逻辑概念上讲民族传统体育作为一级学科体育下属的一个分支，而体育本身就是一种艺术形态，属于艺术范畴，所以民族传统体育也从属于艺术范畴，其方向和定位要界定明确。其次从内容和形式上讲民族传统体育，它是民族文化的一部分，具有传承历史文化、展现各民族风情的作用；从形式上看它是人们生计方式的现实反映，又具有文体相融的审美情趣和文化艺韵。而艺术的内容包括三个方面：（1）用形象来反映现实但比现实具有典型性的社会意识形态，包括文学、绘画、雕像、建筑、音乐、舞蹈、戏剧、电影、曲艺等。（2）富有创造性的方式、方法。（3）形状独特而美观的事物。[①] 艺术的内容、形式往往更为广泛抽象而又意味深远。可以说民族体育是民族文化多元特点的集中体现，而艺术作为文化表达形式，它们在内容和形式上互相交融和渗透。

2.“民族歌舞与传统体育2+1”创新教学模式的构建

（1）“民族传统体育、艺术2+1”创新教学模式的内涵

教学模式是指在一定教学思想或教学方针指导下建立起来的较为稳定的教学结构框架和程序。[②] 作为结构框架，突出了教学模式从宏观上把握教学活动整体及各要素之间内部的关系和功能；作为活动程序则突出了教学模式的有序性和可操作性。教学模式通常包括五个因素，1. 理论依据；2. 教学目标；3. 操作程序；4. 实现条件；5. 教学评价。

“民族传统体育、艺术2+1”创新教学模式是指，在民族传统体育教学中设置三项内容，一是民族传统体育项目，二是融入艺术形式，或通过艺术加工后的民族传统体育项目，三是民族传统体育基础理论，构成2项技术，1项理论的教学结构。其理论基础就是以素质教育为本，始终坚持“健康第一”的指导思想，遵循大学生的身心发展和兴趣爱好，继承民族传统体育原有的民族特色，挖掘和发挥其潜在的艺术价值，把民族传统体育与艺术紧密结合进行教学，使竞技、音乐、舞蹈、娱乐有机融为一体，使其更具

---

① 引自《辞海》缩印本，上海辞书出版社1980年版，第1850页。

② 李秉德主编：《教学论》，人民教育出版社2000年版。

有健身、娱乐、观赏价值。以满足学生日益增长的审美需求，有效达到体育健身的目的，并逐步养成自觉锻炼的习惯，为学生的终身体育打下良好基础。其教学目标是使学生在掌握民族传统体育技术和理论知识的基础上，学习拓展和创新后具有艺术气息的民族体育技能，在深入学习民族体育文化的同时增加多种艺术文化内容的学习。其操作程序，简单地讲就是根据该模式的教学目标、理论基础要求，选择适宜的民族传统体育项目进行“两项”技术和“一项”理论教学（具体程序见图 1.5）。其实现条件主要包括教学硬件设施和师资条件。硬件条件主要是指满足民族传统体育项目有序教学所需的器材、场地；师资条件是指具备该项目技术技能和理论知识的同时具有创新思维和审美艺术修养的专业教师。其教学评价就是指通过采用该模式组织教学工作，对其教学过程中采用的教学方法、手段、内容以及教学效果进行评估和反馈。主要包括教师教的方法、手段和内容、学生的学习成绩等方面。

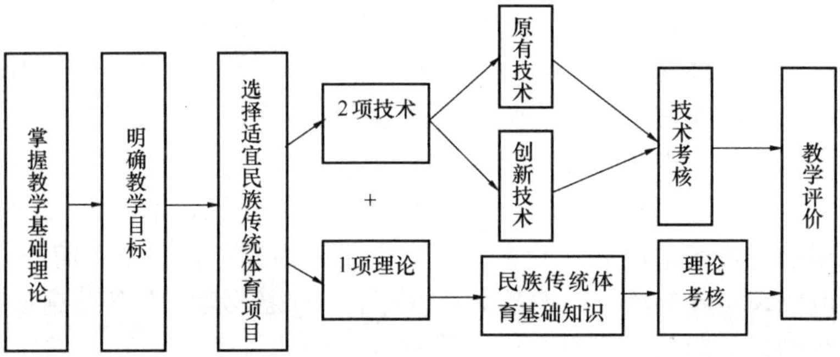

图 1.5 “民族传统体育、艺术 2+1”教学模式操作程序示意图

（2）“民族歌舞与传统体育 2+1”创新教学模式的优势

①继承民族传统体育的“本色”

继承民族传统体育的“本色”就是指在采用该模式进行教学的过程中始终保护“原汁原味”的民族传统体育项目的特色，维护该项目民族文化的“民族特质”进行原有技术和理论的教学，传承一个民族独有的特色，以此达到“具有鲜明地有别于其他民族、区域和国家的文化”的目的。民族传统体育教学模式首先应该确立民族传统体育的“民族性”特质，建立“继承和发扬民族传统体育，保持民族文化的鲜明特色是实现真正民族文化复兴”的最重要的理念。只有在这种理念的指导下，我们构想民族传统体育文化模式才可能更切合实际。相反，发展民族传统体育的美好愿望，则会成为空中楼阁。

②创新民族体育项目，体现潜在“艺术性”

萨林斯在《再见悲哀的比喻：在世界现代历史背景下的民族志》一文中指出：“在现代历史上‘传统’往往表现为一种变化的文化特殊方式。”社会、民族文化的延续既包括继承也包括创新与发展。这说明创新是事物发展的原动力。民族传统体育的发展也应该根据社会与时代变化，不断创新与重塑。

在时代的转化过程中，对民族传统体育项目的重塑与改造应根据项目的原本功能和项目特点、适应环境和人群，确立其主功能与附加功能，提高其应用价值，最大限度地发挥项目的目的性效益，实现其快速持续发展。[①]“民族传统体育、艺术 2+1”创新教学模式的构建，根据学校体育教学的目标，选择适宜的民族传统体育项目，不断深入挖掘蕴含在民族传统体育深层的艺术文化表现形态，应用科学理论和方法，实现广泛深入的渗透，创新和拓宽原有技术，重塑民族传统体育项目，促进民族体育向现代体育转化，体现潜在的民族传统体育特有的艺术功能，有助于实现民族体育文化的时代先进性，发挥民族传统体育的艺术魅力。

③拓展民族传统体育资源，使其更具时代竞争性

追求民族传统体育发展中变与不变的统一，在于实现民族传统体育本身“具有普遍意义的精神和内容是不变的，其具体内容与形式是变动不居的”目的。[②]“民族传统体育、艺术 2+1”创新教学模式的构建，遵循了这一“变与不变”相统一的发展原则，在保留和发扬原汁原味的民族传统体育项目的特色的基础上，将其潜在的艺术形态进行挖掘，改变形式而不变主要内容，创新民族体育项目，既体现民族体育文化的传承性，又实现学校体育内容的拓展，促进了民族体育文化多元化的发展，使其更具时代竞争力。表 1.12 可以清楚地了解该模式在拓展课程资源中起到的积极作用。

表 1.12　传统教学模式与“民族传统体育、艺术 2+1”创新教学模式技术教学内容的对比

民族传统体育项目	传统教学模式技术教学内容	“民族传统体育、艺术 2+1”创新教学模式技术教学内容	
跳绳	计数跳绳	计数跳绳	韵律跳绳、花式跳绳
三人板鞋	板鞋竞速	板鞋竞速	板鞋舞、板鞋健身操
高脚马	高脚马竞速	高脚马竞速	高脚舞
踢毽	计数踢毽	计数踢毽	韵律毽舞、花式踢毽

3.“民族歌舞与传统体育 2+1”创新教学模式的应用——以壮族三人板鞋为例

(1) 壮族三人板鞋起源与发展现状

三人板鞋，又称“板鞋竞速”，起源于明代。据传，明代时倭寇侵扰我国沿海，广西田州土官瓦氏夫人领旨率“狼兵”赴江浙抗倭，瓦氏夫人为让被称之为“狼兵”的壮族勇士步伐整齐、步调一致，令每 3 名勇士同穿一付木板鞋“齐步”跑。经过长期训练，勇士素质大大提高，纪律严明，战斗力强，所向披靡，挫败倭寇，为国立了大功。后来，河池地区南丹县那地土州壮族民间效仿瓦氏夫人的“同步”练兵法，在田头地角、房前屋后开展三人穿板鞋竞速以自娱，相袭成俗，流传至今。此后演变成“三人穿板鞋”体育比赛项目。此项运动在广西第八、第九届民运会上被定为竞技项目，板鞋竞速在第八届全国少数民族传统体育运动会上，板鞋竞速首次被列为比赛项目。第八届全国少数民族传统体育运动会板鞋竞速项目包括男子 60 米、100 米，女子 60 米、100 米，以及 2×100 米混合接力等。

① 李润梅：《民族传统体育的重塑与改造》，《河西学院学报》2004 年第 5 期。

② 王岗、王铁新著：《民族创新体育发展的文化审视》，北京体育大学出版社 2005 年版。

（2）传统三人板鞋在学校体育教学中的价值分析

传统三人板鞋教学内容较为单一，即板鞋竞速。技术学习包括穿鞋、站立、慢走、快走、变向走、慢跑、快跑。技术评定主要根据学生通过三人协同合作，完成一定距离（通常为 60 米）的比赛，速度快者成绩则优。理论学习包括起源发展、竞赛方法和简单规则。其教学价值主要体现在：（1）弘扬壮族民族传统体育文化；（2）增强学生体质和团队合作意识；（3）掌握板鞋竞速的相关技术和理论知识。

（3）“三人板鞋、舞蹈艺术 2＋1”创新教学模式的构建

“三人板鞋、舞蹈艺术 2＋1”创新教学模式就是指在教学内容设置上包括三方面，①传统三人板鞋竞速技术教学；②融入舞蹈艺术的板鞋舞技术教学；③板鞋基础理论学习。其教学目的的理论基础就以素质教育为本，始终坚持“健康第一”的指导思想，遵循大学生的身心发展和兴趣爱好，继承壮族民族传统体育原有板鞋竞速特色，挖掘和发挥其潜在的舞蹈艺术价值，把板鞋与舞蹈艺术紧密结合进行教学，使竞技、音乐、舞蹈、娱乐有机融为一体，使其更具有健身、娱乐、观赏价值，以满足学生日益增长的审美需求，有效达到体育健身的目的。其教学目标是使学生在掌握板鞋竞速技术和理论知识的基础上，学习拓展和创新后具有艺术气息的板鞋舞，拓宽教学内容。其操作程序，简单地讲就是根据该模式的教学目标、理论基础要求，选择适宜舞蹈艺术形式创新和拓展板鞋教学。其实现条件主要包括教学硬件设施和师资条件。硬件条件主要是指教学所需的板鞋、田径场、录音机；师资条件是指具备该项目技术技能和理论知识同时具有创新思维和舞蹈艺术修养的专业教师。其教学评价就是指通过采用该模式组织教学工作，对其教学过程中采用的教学方法、手段、内容以及教学效果进行评估和反馈。主要包括教师教的方法、手段和内容、学生的学习成绩等方面。

（4）“三人板鞋与舞蹈艺术 2＋1”创新教学模式教学优势体现

①改变传统教学观念，开创民族体育教学新思路

民族体育教育应汲取优秀民族体育文化，体现民族性、发展性和时代性。而当前民族传统体育教学沿袭传统模式，教学内容及形式单调，已不能满足当前学生的教学需求，这就使得民族传统体育文化在现代体育文化的冲击下，缺少竞争力。民族传统体育教育要想在高校体育中占有一席之地，就必须改变传统保守的教学观念，处理好少数民族传统体育文化与现代体育在接轨中的传承与创新的关系，以满足学生的健身文化的需求。“三人板鞋与舞蹈艺术 2＋1”创新教学模式的建立，不仅可以保留民族传统体育的“本色”，继承民族体育的民族性，弘扬民族文化，而且通过注入“舞蹈艺术”的方式，创新板鞋教学，满足学生健身、娱乐、审美等更多的健身文化需求。从这个意义上说，这种创新教学模式是民族传统体育文化在新的社会条件下的保护，为少数民族传统体育教学注入了新的活力，能够有效挖掘和发挥少数民族体育的潜在艺术价值，开创少数民族传统体育教学的新局面，促进少数民族体育文化的适应和时代变迁，这是一种动态的、发展的保护观。通过对新旧模式的对比调查，表明“三人板鞋、舞蹈艺术 2＋1”教学模式无论从技术上还是理论上都比以往教学模式更丰富，能力培养更全面，体现出这种创新模式的新优势。

表 1.13　新旧模式在教学内容、综合能力培养方面的对比

<table>
<tr><th></th><th colspan="2">“三人板鞋、舞蹈艺术 2+1”
教学模式</th><th>原有三人板鞋
教学模式</th></tr>
<tr><td rowspan="3">教学内容</td><td>理论</td><td>三人板鞋基础理论知识</td><td rowspan="3">三人板鞋基础理论知识
竞速技术</td></tr>
<tr><td rowspan="2">技术</td><td>竞速技术</td></tr>
<tr><td>舞蹈技术</td></tr>
<tr><td rowspan="5">综合能力培养</td><td colspan="2">团队合作</td><td rowspan="2">团队合作</td></tr>
<tr><td colspan="2">竞技能力</td></tr>
<tr><td colspan="2">艺术审美</td><td rowspan="3">竞技能力</td></tr>
<tr><td colspan="2">表现力</td></tr>
<tr><td colspan="2">舞蹈编排</td></tr>
</table>

②继承传统板鞋竞速的健身、团队合作等功能

“三人板鞋、舞蹈艺术 2+1”创新教学模式的建立，首先是对传统板鞋竞速的“本色”的保护，这种保护，继承了板鞋竞速这一项目的民族特色以及其健身功效。通过对“三人板鞋、舞蹈艺术 2+1”教学模式的教学健身功效的调查，表明新的教学模式使其能够更有效地发挥其健身、团队合作等功能。

表 1.14　“三人板鞋、舞蹈艺术 2+1”创新教学模式教学学生自我健身效果调查结果

***n*=156 人**

健身效果	很有效	比较有效	一般	几乎无效	无效
人数	137	11	8	0	0
百分比	87.82%	7.1%	5.08%	0	0

如表 1.14 显示：被调查学生中 87.82%的学生认为这种教学模式，健身效果很有效，7.1%的同学认为比较有效，只有 5.08%的同学认为健身效果一般。可见学生对这种新的教学模式教学的健身效果非常认可。

③体现舞蹈艺术性，提高学生协调性与节奏感

“三人板鞋、舞蹈艺术 2+1”创新教学模式的建立与应用，正是以崭新的现代意识和观念审视民族体育的美学价值，把开展该项运动与精神文明建设更好地结合起来。通过这种教学模式可以使学生了解其文化背景、地理环境、风土人情、民族风格、审美观念等，使练习者深层次地领悟到该项运动的民族文化与舞蹈艺术的高度统一。在原有板鞋竞速的基础上，引入舞蹈元素，发挥舞蹈艺术功能，锻炼和提高学生的身体协调性，提高节奏感。通过调查学生对自身协调性与节奏感的评价结果见表 1.15、表 1.16：

表 1.15　参与“三人板鞋、舞蹈艺术 2+1”创新教学模式教学学生自我协调性评价调查结果

***n*=156 人**

变化程度	明显提高	提高	没有提高
人数	144	9	3
百分比	92.31%	5.76%	1.93%

表 1.16　参与“三人板鞋、舞蹈艺术 2+1”创新教学模式教学学生自我节奏感评价调查结果

n=156 人

变化程度	明显提高	提高	没有提高
人数	149	7	0
百分比	95.51%	4.49%	0

如表 1.15、1.16 所示，参与“三人板鞋、舞蹈艺术 2+1”创新教学模式教学学生对自我协调性与节奏感都有了明显的提高。这说明采用新的教学模式可以有效提高学生的协调性与节奏感。

④激发学生学习兴趣，陶冶情操，娱悦身心

采用“三人板鞋、舞蹈艺术 2+1”创新教学模式教学，学生学习内容拓展，不仅学会了板鞋竞速，而且学会了融入舞蹈后的板鞋舞，通过两种不同的练习形式，能够有效激发学生的学习兴趣，培养学生团队精神和自娱自乐的心境，使由于学习造成的紧张、疲劳得到缓解、调节，从而达到陶冶情操、振奋精神的健心目的。强化体育教学中的审美情趣和身心娱乐功能，达到既丰富校园文化生活，又有助于大学生树立终身体育理念的目的，这是全民素质教育的有机组成部分，对培养人的全面发展具有重要意义。

表 1.17　参与“三人板鞋、舞蹈艺术 2+1”创新教学模式教学学生对体育课学习兴趣的评价调查结果

n=156 人

变化程度	明显增加	增加	不变	减少	明显减少
人数	128	21	7	0	0
百分比	82.05%	13.46%	4.49%	0	0

通过表 1.17 可以看出，采用“三人板鞋、舞蹈艺术 2+1”创新教学模式教学，有 95.51%的学生增加了对体育课的学习兴趣，4.49%的学生对上体育课的兴趣没有变化。这说明采用这种模式教学能够有效地增加学生学习民族传统体育的兴趣。

表 1.18　参与“三人板鞋、舞蹈艺术 2+1”创新教学模式教学学生自我心情评价调查结果

n=156 人

变化程度	很愉快	比较愉快	一般	不愉快	很不愉快
人数	123	25	8	0	0
百分比	78.85%	16.03%	5.12%	0	0

通过表 1.18 可以看出，参与“三人板鞋、舞蹈艺术 2+1”创新教学模式教学学生中，有 94.88%的学生对这种教学模式教学感到愉快，只有 5.12%的学生感觉一般。这表明板鞋舞教学能够使学生愉悦身心，提高上传统体育课的兴趣，受到学生的认可和欢迎。

总之，在全球化的背景下，在发展民族传统体育的征程上，我们在承认传统的同时，要力避守旧；我们应该承认民族传统体育发展进程中的革新和改良，但我们也必须认可它是建立在多样化基础上的发展。“民族传统体育、艺术 2＋1”创新教学模式的建立，就是为了更好地发展和创新民族传统体育，拓展民族传统体育课程资源，提高学校民族传统体育教学质量。但这只是创新民族体育的一种途径，我们需要大力挖掘和提升蕴含在民族传统体育文化之中的内在优秀文化与潜在价值，让崭新的、具有时代感和现代人文精神的民族传统体育文化，展现出中华民族独特而迷人的风采。（胡悦　撰稿）

第二章　锅庄歌舞健身操编排与教学

自本章起，以大众性质的集体民族歌舞为主要元素，贯穿民族歌舞健身操的编排与数学。选择具有一定代表性如藏族锅庄歌舞健身操、维吾尔族的麦西莱普、萨马歌舞健身操、土家族的摆手歌舞健身操、彝族达体歌舞健身操、壮族三人板鞋歌舞健身操等进行教学编排与创新。以激发学生对民族民间歌舞健身操的学习兴趣，加强学生对民间歌舞健身操知识的了解与认识，在增强体质的同时提高学生的艺术审美能力。动作编排坚持科学健身原则，在保持原有技术风格的基础上以动作难易程度、运动强度、循序渐进为成套动作设置，严格控制运动强度、运动量，遵循身体运动规律，把民族歌舞健身操的健身性进行深入挖掘。力求动作内容整体上简单易学，可操作性较强。因为群体性质的民族民间歌舞健身操动作繁多，很多动作出自于当地生产劳动、宗教礼仪，没有形成书面统一认可的名称，因此创编组合过程中动作名称是笔者结合歌舞健身操教材进行描述的，望读者批评指正。其编写说明如下：

（一）方向图

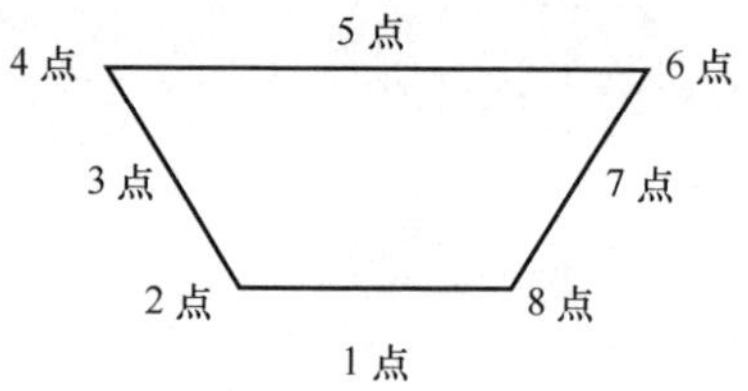

（二）符号

每一章节中，介绍做法时，第一个八拍记为 1-8 拍动作；第二个八拍动作记为 2-1-8 拍，第三个八拍以此类推。2-1 时则表示第二个八拍动作中的第一拍动作；2-1-4 拍则表示第二个八拍动作中前四拍动作。

（三）基本动作与组合

书中提到的基本动作，并不能完全概括每种歌舞健身操中所涵盖的动作，只是在民间歌舞健身操中常用到的一些动作。每种歌舞健身操中的训练组合是基础性的教学练习，动作编排以提高特定技术设置，并不能完全代表这种歌舞健身操，它是学习歌舞健身操的辅助性练习动作。组合动作可以加减或进行方向的调试。

（四）成套动作

成套编排，分为初级、中级、高级；动作从简到难，运动强度逐渐加大，教学中可以根据具体教学对象选择教学成套的内容。

（五）图示

图示部分并非每拍动作进行示范，遇到动作与上面相同或动作相同方向相反时，请参照第一个示范图示；遇到转体动作或变化方向的地方，请结合做法进行分析。

锅庄歌舞健身操，又称为“果卓”、“歌庄”、“卓”等，藏语意为圆圈歌舞健身操，是藏族三大民间歌舞健身操之一，分布于西藏昌都、那曲，四川阿坝、甘孜，云南迪庆及青海、甘肃的藏族聚居区。锅庄分为用于大型宗教祭祀活动的“大锅庄”、用于民间传统节日的“中锅庄”和用于亲朋聚会的“小锅庄”等几种，规模和功能各有不同。进行歌舞健身操时，一般男女各排半圆拉手成圈，由一人领头，分男女一问一答，反复对唱，无乐器伴奏。整个歌舞健身操由先慢后快的两段歌舞健身操组成，基本动作有“悠颤跨腿”、“趋步辗转”、“跨腿踏步蹲”等，歌舞健身操者手臂以撩、甩、晃为主变换歌舞健身操姿式，队形按顺时针行进，圆圈有大有小，偶尔变换“龙摆尾”图案。锅庄歌舞健身操是一种无伴奏的集体歌舞健身操。在迪庆香格里拉，有的地方称锅庄为“擦拉”，在部分地区称锅庄为“卓”（意为歌舞健身操）。它是随着藏民族生产生活的发展变化而产生变化的，因此，锅庄歌舞健身操有了打青稞、捻羊毛、喂牲口、酿酒等劳动歌舞健身操，有颂扬英雄的歌舞健身操，有表现藏族风俗习惯、男婚女嫁、新屋落成、迎宾待客等歌舞健身操。本章主要介绍锅庄歌舞健身操基本动作、组合以及成套动作，并结合科学健身的原则，进行动作编排，动作从简到难，循序渐进。

第一节　女生班锅庄歌舞健身操

女生班锅庄歌舞健身操，主要以悠步、靠步、撩步、弦子等基本步伐组成，身体伴随屈伸、颤动完成，在此基础上，无论从组合到成套动作，紧紧围绕科学健身原则并把握运动规律，动作由简到难，运动量由小到大，组合动作以原生态锅庄歌舞健身操为主，成套动作则更加注重身体锻炼原则，为进一步提高学生对锅庄歌舞健身操教学的兴趣，我们在此基础上也适当地融入现代歌舞健身操元素、健身操元素加以创新。本节共有组合练习两个，组合练习便于大家学习基本步伐与身体动律；成套动作分为初级、中级、高级三套。初级成套动作主要适合初学者，动作简单。中级成套动作在原来的基础上节奏、方向变化上有一些简单的改变，动作比初级动作更加丰富一些。高级成套动作无论从动作难度、运动强度都有增加，比如转体动作多，音乐节奏更快，动作难度加大，因此更适合有一定基础的学生学习。

一、女生班锅庄歌舞健身操基本姿态与基本动作

（一）基本姿态

1. 基本脚位

（1）丁字步（以左脚为例）

做法：左脚位于右脚弓前，右脚自然外开。

（2）小八字（自然位）

做法：自然站立，双脚尖自然外开。

2. 基本手形（自然手形）

做法：四指自然靠拢，虎口自然张开，掌心放松。

3. 基本体态（自然体态）

做法：自然站立，微微含胸，眼睛平视前方，身体放松。

（二）常用手臂动作

1. 八字划手

做法：双臂自然弯曲于腹前由左向右，由右向左划横向 8 字。

2. 摊盖手（右手为例）

做法：双手抬于右侧，右手翻手手心向上、左手盖手手心向下。

3. 体前交叉手

做法：双手体前交叉，手心向里。

4. 扬手

做法：双手或单手至斜上方，手心向上。

5. 模拟劳动中手臂动作

（1）“挤羊奶”手臂

做法：手微握拳，右臂与左臂交替向下模仿挤奶的动作（一般做这个动作身体自然前倾微屈）。

（2）“拾牛粪”手臂

做法：双臂自然弯曲体前交叉，掌心向里。

（三）基本动作

1. 屈伸动作（在屈伸动律上完成）

（1）平步（2 拍完成）

做法：1 拍右脚前迈，身体经右划上弧线至右懈胯（胯松弛）。
2 拍做第一拍的反面动作。

（2）收步（2 拍完成以右脚为例）

做法：1 拍右脚迈步成大八字。
Da 拍右脚重心转体对 8 点，眼睛看 1 点。
2 拍左脚拖地收回成丁字步，右懈胯。

（3）靠步（短靠，2 拍完成）

做法：1 拍左脚旁迈步，双腿伸直。
Da 拍左坐懈胯，右勾脚右前膝抬 45 度。
2 拍重心落于左脚，左腿伸直，右脚勾脚落至交叉靠步。

（4）三步一靠（长靠，以左脚为例）

做法：1-2 拍右脚起向 3 点平步两步，身体顺势转向 3 点。
3 拍右脚继续向 3 点平步，身体转向 1 点。
4 拍左脚收回成丁字步靠步，目视 8 点。

（5）悠步（孔雀吃水，2 拍完成，以右脚为例）

做法：1 拍右脚平步，身体微微向前配合向左顺势立圆动作。
2 拍右脚重心屈伸一次，同时左腿经前膝抬腿向前撩出。

（6）靠点靠步（4 拍完成，以右脚为例）

做法：1 拍右脚向 3 点迈步，双手平开。

2 拍左脚于右脚前勾脚着地，双屈膝，顺势右转体对 3 点，左手向前自然弯曲，右臂向后伸直后摆。

3 拍右脚重心，左脚脚掌后点，对 8 点，左臂甩至斜下方。

4 拍右脚重心，上左脚成交叉靠步，身体顺势左转对 1 点，左手下划经体前至于上方，右手至旁斜下方，眼睛看左手。

2. 屈伸颤动作

（1）撩步（2 拍，左脚为例）

做法：1 拍迈左脚屈伸颤，同时右腿提膝抬小腿撩 25 度。

2 拍做第一拍反面动作（注意要大腿带动小腿抬腿上撩）。

（2）三步一撩（4 拍，右脚为例）

做法：1—3 拍右脚踮脚向前平步三步。

Da4 拍做撩腿。

二、女生班锅庄歌舞健身操练习组合

（一）女生班练习组合一

1. 动作说明

本组合共由 6 个基本动作组成，组合共 12 个 8 拍，音乐节奏慢速 4/4 拍，运动强度小，围圈行进过程中没有方向变化，动作以颤动技术为主，简单易学，适宜初学者学习。

2. 教学任务

（1）学习锅庄歌舞健身操基础步伐，了解其大概的动作特征。

（2）学习锅庄歌舞健身操的颤的动作规律。

3. 教学要求

（1）掌握锅庄歌舞健身操的基本动作，体会其动作风格，建立锅庄歌舞健身操的节奏意识。

（2）正确掌握锅庄歌舞健身操的颤动律的技术特点，以膝关节主动，髋关节随动，在自然松弛的状态下，自如地进入歌舞健身操状态。

4. 教学组织

全体同学围成一个圈，顺时针行进做动作。

5. 动作介绍与做法

（1）第一个动作（2 个 8 拍）

准备状态：自然状态。

步伐：

1 右脚向后脚点地。

Da 左脚微抬。

2 右脚向前勾脚点地。

Da 左脚微抬。

3 右脚向后点地。

Da 左脚微抬。

4 右脚向前勾脚点地。

5-8 动作与 1-4 相同。

2-1-8 动作与 1-8 相同，每一次前后点地转体 90 度，共转 360 度回到原地。

手臂：一拍一动，自然前后甩手臂。

(2) 第二动作（2 个 8 拍）

步伐：

1-4，前三拍右脚跟向旁跺三次，4 拍时左脚向左侧勾脚点地，上体向下同时塌腰。

5-8，前三拍左脚跟向旁跺三次，8 拍时右脚向右侧勾脚点地，上体向下同时塌腰。

2-1-4 右脚主力腿屈伸，左脚跺脚 3 次，面向 7 点。

2-5-8 左脚右脚主力腿屈伸，右脚跺脚 3 次，面向 4 点。

手臂：

1-4 双手屈臂从右边向左边划圆至左侧时双手由内向外翻手腕掌心向上。

5-8 双手屈臂从左边向左边划圆至右侧时双手由内向外翻手腕掌心向上。

2-1-8 手臂平开手，逐渐向内前交叉。

(3) 第三个动作（2 个 8 拍）

步伐：

1-4 右脚向前勾脚交叉点地，右脚向右边旁脚尖点地，注意膝关节向内，微屈，左右脚小端腿（右脚勾脚掖在主力腿左脚脚踝处），身体向后拧，左胯在前面。

5-8 动作相同方向相反。

2-1-8 动作相同。

手臂：

1-4 双臂屈肘向左，掌心向里，双手交叉打开向里做平开手，双手经过胸前作 5 位手，右手向上，左手在侧。

5-8 动作相同，方向相反。

2-1-8 动作与上相同。.

(4) 第四个动作（2 个 8 拍）

步伐：

1 右脚勾脚旁点地。

2 右脚收回原地踏步 1 次。

3 左脚勾脚点地，身体向前塌腰，身体下蹲。

4 左脚踏步收回。

5-8 动作相同。

2-1-8 动作与上相同。

手臂：

1-2 云手右手打开，左手向上。

3-4 双手经胸前向下甩。

5-8 动作相同 2-1-8 动作与上相同。

(5) 第五个动作:(原地，2 个 8 拍)

步伐:

1-2 拍右腿勾脚屈腿向上抬做小抬腿的动作，踏步，左脚落地。

3-4 拍右腿向后伸直，左脚前脚掌点地，身体塌腰向前。

5-8 拍动作与 1-4 拍相同。

第 2 个 8 拍动作相同。

手臂:

1-2 拍双臂屈肘向右，掌心向下。

3-4 拍双臂屈肘向左，掌心向上。

5-8 动作相同，方向相反。

2-1-8 动作与上相同。

(6) 第六个动作(向侧前，侧后，2 个 8 拍)

步伐:

准备：面向 3 点，眼睛看 1 点，重心在左腿主力腿上，右腿虚点地稍息状懈胯。

Da 左脚虚点地。

1 左脚再向下跺脚点地。

Da 左脚虚点地。

2 左脚再向下跺脚点地。

Da 左脚虚点地。

3 左脚再向下跺脚点地。

Da 左脚虚点地。

4 左脚再向下跺脚点地。

5-8 拍动作相同方向相反。

2-1-8 动作与上相同。

手臂:

1-8 双手交叉，打开。

2-1-8 动作与上相同。

6. 注意事项

(1) 注意上下肢的协调配合。

(2) 身体位置的准确性，身体微含。

(3) 脚、膝部位控制节奏及音乐节拍。

(二) 女生班练习组合二

1. 动作说明

本组合共由 8 个基本动作组成，组合共 16 个 8 拍，音乐节奏中速，运动强度较大，围圈行进过程中有方向变化，动作以联系学生屈伸技术为主，动作难易适中，适合初学者学习。

2. 教学任务

(1) 学习锅庄歌舞健身操基础步伐，以撩步、靠步为主。了解其大概的动作特征。

（2）学习锅庄歌舞健身操的屈伸的动作规律。

3. 教学要求

（1）掌握锅庄歌舞健身操的基本动作，体会其动作风格，建立锅庄歌舞健身操的节奏意识。

（2）正确掌握锅庄歌舞健身操的屈伸动律的技术特点，以膝关节主动，髋关节随动，在自然松弛的状态下，自如地进入歌舞健身操状态。

4. 教学组织

全体同学围成一个圈，顺时针行进做动作。

5. 动作介绍与做法

准备：身体面向 1 点，左脚在前成丁字步站立。

（1）第一个动作（向侧，共 2 个 8 拍）

步伐：

1-2 左脚向左横跨一步。

3-4 右脚向左成前交叉步。

5-6 左脚向左横跨一步。

7-8 右脚向侧勾脚点地。

手臂：

1-4 双手前下交叉，打开，7 位手。

5-8 右手向内画弧，成右手向上的 5 位手。

第 2 个 8 拍动作相同，方向相反。

（2）第二个动作（向前、向后共 2 个 8 拍）

步伐：

1-6 拍左脚向前踏步转体（2 拍 1 动向左转），第 8 拍右脚勾脚点地。

2-1-8 前三拍右脚向后踏步转体（2 拍 1 动向右转），第 8 拍左脚勾脚点地。

手臂：

1-8 拍：双臂屈臂由右侧向外划圆甩至左侧。

2-1-8 拍，双臂屈臂由左侧向外划圆甩至右侧。

（3）第三个动作（原地，共 2 个 8 拍）

步伐：

1-8 左脚起踏步 4 次（2 拍一动）。

2-1-8 左脚起踏步 6 次（2 拍快，1 拍慢）。

手臂：

1-8 左右手依次由内向外甩手共甩手 4 次，注意用力到手指尖。

2-1-8 左右手依次由内向外完成甩手 6 次，注意用力到手指尖。

（4）第四个动作（向侧，共 2 个 8 拍）

步伐：

1-2 左脚向左横跨一步。

3-4 右脚向左成前交叉步。

5-6 左脚向左横跨一步。
7-8 右脚屈腿向内撩腿。
2-1-8 动作相同方向相反。
手臂：
1-4 双手 7 位，逐渐向内前交叉。
5-8 右臂向内划弧向上，左臂向侧 5 位手。
(5) 第五个动作（原地，共 3 个 8 拍）
步伐：
1-2 左脚向前勾脚原地点地 2 次。
3-8 左右脚向后向前依次点地（向前勾脚点地，向后脚尖点地）。
2-1-8 右脚左脚依次勾脚旁点地做 4 次。
手臂：
1-2 手臂分别置于两侧自然下垂。
3-8 左臂右臂依次向前向后自然摆动，注意要放松。
2-1-2 由右边向左边甩手臂，用力到指尖。
2-3-8 由左边向右边甩手臂，用力到指尖。
3-1-8 双手屈臂由右边向左边摊盖手（左手掌心向上，右手掌心向下）。
(6) 第六个动作（2 个 8 拍）
步伐：
1-2 左脚向左横跨一步。
3-4 右脚向左成前交叉步。
5-6 左脚向左横跨一步。
7-8 右脚原地屈膝向外点地。
2-1-6 右脚向前勾脚向前交叉点地 3 次（2 拍一动）。
2-7-8 右脚向左后方点地做拧的动作。
手臂：
1-6 手臂从前交叉（掌心向上）至 7 位手。
7-8 左臂在上 5 位手。
2-1-6 从 5 位手至交叉。
7-8 右手在上的单臂袖，左手侧下方。
(7) 第七个动作（向前，向后共 2 个 8 拍）
步伐：
1-4 前三拍左脚开始向前走平步 3 步，第四拍右腿做撩腿的动作，注意右腿屈膝。
5-8 前三拍右脚开始向后走平步 3 步，第四拍左腿做撩腿的动作，注意左腿屈膝。
第 2 个 8 拍动作完全相同。
手臂：
1-4 左右手臂一次向外划弧甩 4 次，用力到指尖。
5-8 左右手臂一次向内划弧甩 4 次，用力到指尖。

2-1-8 动作完全相同。

(8) 第 8 个动作（原地，2 个 8 拍）

步伐：

1 左脚向前勾脚点地。

2 左脚向侧旁点地。

3-4 左脚向右后方点地做拧的动作。

5-8 保持拧的动作，左脚前脚掌点地 3 次向右转体。

2-1-8 动作相同方向相反。

手臂：

1 左臂向前摆动。

2 左臂向后摆动，右臂向前摆动。

3-4 左臂在上单袖手，右臂向侧下方。

5-8 保持 3-4 的动作不变。

2-1-8 与第 1 个 8 拍手臂动作相同方向相反。

6. 注意事项

(1) 注意上下肢的协调配合，动作顺边。

(2) 注意身体位置的准确性，动作幅度要大。

(3) 做撩步时要强调由大腿带动小腿撩出。

(4) 做靠步强调双膝同时屈伸，动作中膝部没有完全伸直的时候。

(5) 注意屈伸时重拍在上，屈伸时要有连绵不断的感觉。

三、女生班锅庄歌舞健身操成套动作

(一) 女生班锅庄歌舞健身操初级成套动作

1. 动作说明

本组合共由六个基本动作组成，组合共 32 个 8 拍，音乐节奏慢速 4/4，运动强度较小，围圈行进过程中有简单的转体方向变化，动作难度低，适宜初学者学习。

2. 教学任务

(1) 学习锅庄歌舞健身操八个基础步伐，了解其动作特征。

(2) 学习锅庄歌舞健身操的颤、悠、屈伸等技术的动作规律。

3. 教学要求

(1) 掌握锅庄歌舞健身操的基本动作，体会其动作风格，建立锅庄歌舞健身操的节奏意识。

(2) 正确掌握锅庄歌舞健身操的颤、悠、屈伸动律的技术特点，以膝关节主动，髋关节随动，在自然松弛的状态下，自如地进入歌舞健身操状态。

4. 教学组织

全体同学围成一个圈，顺时针行进做动作

5. 动作介绍与做法

(1) 第一个动作（10 拍）

步伐：

1-6 拍右脚起原地踏步。

7-8 拍右脚向右侧点地收回。

9-10 拍左脚向左侧脚尖点地，收回。

手臂：

1-6 拍双臂向右八字甩臂。

7-8 拍右手在头上翻腕，左手在侧下方。

9-10 拍左手在头上翻腕，右手在侧下方。

图示：(2-1-1-1 至 2-1-1-4)

图 2-1-1-1

图 2-1-1-2

图 2-1-1-3

图 2-1-1-4

注意：手臂动作与步伐配合要协调

(2) 第二个动作 (12 拍)

步伐：

1-2 拍右腿向侧踢腿，收回。

3-4 拍左腿向侧踢腿，收回。

5-8 拍身体面向右侧，右腿在前，左腿在后，两腿屈膝蹲。

2-1-4 拍身体转向左侧，左腿在前，右腿在后，两腿屈膝蹲。

手臂：

1-2 拍右臂屈肘在前，左臂屈肘在后，同时向外甩手臂。

3-4 拍动作同上，方向相反。

5-8 拍双臂在胸前由内向外划圆，先慢后快。

2-1-4 拍动作与 5-8 拍相同。

图示：(2-1-2-1 至 2-1-2-6)

图 2-1-2-1

图 2-1-2-2

图 2-1-2-3

图 2-1-2-4 图 2-1-2-5 图 2-1-2-6

(3) 第三个动作（1 个 8 拍）

步伐：

1 拍右脚向右前迈一步。

2 拍左脚继续向前迈一步。

3 拍右脚再向前迈一步。

4 拍左脚勾脚点地，身体顺势左转 90 度。

5 拍左脚向左前迈一步。

6 拍右脚继续向前迈一步。

7 拍左脚再向前迈一步。

8 拍右脚勾脚点地，身体顺势右转 90 度。

手臂：

1-2 拍右臂向侧抬起。

3-4 拍右臂保持在侧，左臂弯曲由内向外划弧。

5-6 拍左臂向侧抬起。

7-8 拍左臂保持在侧，右臂弯曲由内向外划弧。

注意：点地时身体要屈伸协调配合，手臂动作要松弛自然摆动。

图示：(2-1-3-1 至 2-1-3-8)

图 2-1-3-1 图 2-1-3-2 图 2-1-3-3 图 2-1-3-4

图 2-1-3-5

图 2-1-3-6

图 2-1-3-7

图 2-1-3-8

(4) 第四个动作（2 个 8 拍）

步伐：

1-4 拍两腿分开屈膝摆胯，身体随着摆动。

5-6 拍向右踮步。

7-8 拍向左踮步。

2-1-8 拍动作与 1-8 拍相同。

3-1-2 拍右脚向前点地收回。

3-3-4 拍左脚向前点地收回

手臂：

1-4 拍双臂叉腰。

5-6 拍左臂在前，右臂在后摆动。

7-8 拍右臂在前，左臂在后摆动。

2-1-8 拍动作同上。

3-1-2 拍双臂经侧向上摆。

3-3-4 拍双臂右上向左下摆。

图示：(2-1-4-1 至 2-1-4-8)

图 2-1-4-1

图 2-1-4-2

图 2-1-4-3

图 2-1-4-4

图 2-1-4-5

图 2-1-4-6

图 2-1-4-7

图 2-1-4-8

注意：上下肢动作要协调。

(5) 第五个动作（1 个 8 拍）

步伐：

1-2 拍右脚向前迈步。

3-4 拍左脚向前迈步。

5-8 拍同 1-4 拍。

手臂：

1-2 拍两拍一动，右臂起向前摆，左臂向后摆。

3-4 拍两拍一动，左臂向前摆，右臂向后摆。

5-8 拍同 1-4 拍。

注意：动作路线是走一个圆形。

图示：(2-1-5-1 至 2-1-5-4)

图 2-1-5-1

图 2-1-5-2

图 2-1-5-3

图 2-1-5-4

注意：手臂动作要松弛。

(6) 第六个动作（2 个 8 拍）

步伐：

1-2 拍右脚向前迈步。

3 拍左脚向前勾脚点地，身体向上自然伸直。

4 拍左脚收回。

5 拍右脚向后点地，身体向下自然弯曲。

6 拍右脚收回。

7-10 拍重复 3-6 拍动作。

手臂：

1-2 拍两拍一动，右臂起向前摆，左臂向后摆。

3-4 拍双臂向右上甩。

5-6 拍双臂向右下甩。

7-10 拍重复 3-6 拍的动作。

注意：节奏的变化与动作的结合要协调。

图示：(2-1-6-1 至 2-1-6-4)

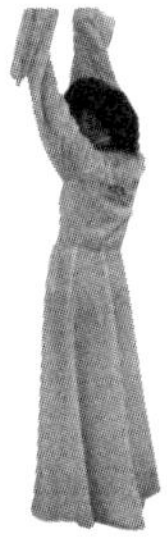

图 2-1-6-1

图 2-1-6-2

图 2-1-6-3

图 2-1-6-4

提示：重复以上动作一次到音乐结束。

6. 注意事项

(1) 注意动作要在屈伸动律上完成。

(2) 动作衔接要流畅，上下支配要协调。

(3) 动作要准确配合音乐节奏。

(二) 女生班锅庄歌舞健身操中级成套动作

1. 动作说明

本组合共由 8 个基本动作组成，组合共 32 个 8 拍，音乐节奏中速，运动强度较大，围圈行进过程中有方向变化，技术以屈伸、悠颤为主，动作略有一定的难度，包括少数转体动作，宜有一定基础者学习。

2. 教学任务

(1) 学习成套锅庄歌舞健身操八个基本步伐，了解其动作特征。

(2) 学习锅庄歌舞健身操的屈伸、悠的动作规律。

3. 教学要求

(1) 掌握锅庄歌舞健身操的基本动作，体会其动作风格，建立锅庄歌舞健身操的节奏意识。

(2) 正确掌握锅庄歌舞健身操的颤动律动的技术特点，以膝关节主动，髋关节随动，在自然松弛的状态下，自如地进入歌舞健身操状态。

4. 教学组织

全体同学围成一个圈，顺时针行进做动作。

5. 动作介绍与做法

前奏：两个八拍

(1) 第一个动作（1 个 8 拍）

步伐：

1-4 拍右脚起踏步，身体向前倾。

5-8 拍右脚起踏步，身体向后仰。

手臂：右臂向下做臂向上交替摆动，手握拳（不要太紧），一拍一动。

图示：(2-1-7-1 至 2-1-7-2)

图 2-1-7-1

图 2-1-7-2

注意：身体与手臂动作的协调。

(2) 第二个动作（2 个 8 拍）

步伐：

1-3 拍右脚起向右横迈三步。

4 拍左脚勾脚抬起，身体向右倾。

5-7 拍左脚向左横迈三步。

8 拍右脚勾脚抬起，身体向左倾。

2-1-8 拍重复以上动作一次。

手臂：

1-3 拍右臂左臂依次向内划圆摆动。

4 拍左臂上摆至下颌，右臂向侧下方摆动。

5-7 拍左臂右臂依次向内划圆摆动。

8 拍右臂上摆至下颌，左臂向侧下方摆动。

2-1-8 拍重复以上动作一次。

图示：(2-1-8-1 至 2-1-8-4)

图 2-1-8-1

图 2-1-8-2

图 2-1-8-3

图 2-1-8-4

注意：身体与手臂的协调。

（3）第三个动作（12 拍）

步伐：

1-4 拍右脚脚尖侧点地踢腿两次。

5-8 拍左脚脚尖侧点地踢腿两次。

2-1-4 拍右脚前点地收回，左转 90 度，左脚向前点地收回。

手臂：

1-4 拍右臂在上，左臂在下由内向外翻两次。

5-8 拍左臂在上，右臂在下由内向外翻两次。

2-1-4 拍双臂经侧向上摆，双臂向左侧下摆。

图示：（2-1-9-1 至 2-1-9-2）

图 2-1-9-1

图 2-1-9-2

注意：身体与手臂摆动要协调。

（4）第四个动作（12 拍）

步伐：

1-2 拍右脚向前迈步，左脚原地抬起落地。

3-4 拍右脚向后迈步，左脚原地抬起落地。

5-8 拍与 1-4 拍动作相同。

2-1-4 拍走四步同时左转 360 度。

手臂：

1-2 拍右臂屈臂向前内侧摆，左臂屈臂向后摆。

3-4 拍左臂屈臂向前内侧摆，右臂屈臂向后摆。

5-8 拍动作与 1-4 拍动作相同。

2-1-2 拍右臂向下摆，左臂屈肘上摆，右臂上摆，左臂再向下摆。

2-3-4 拍重复 2-1-2 拍的动作。

图示：Y（2-1-10-1 至 2-1-10-6）

图 2-1-10-1

图 2-1-10-2

图 2-1-10-3

图 2-1-10-4

图 2-1-10-5

图 2-1-10-6

注意：手臂与步伐的协调。

(5) 第五个动作（2 个 8 拍）

步伐：

1-4 拍右脚起原地踏步四次。

5-8 拍向右向左摆胯四次。

2-1-4 拍再向右向左摆胯四次。

2-5-8 拍右脚起原地踏步四次。

手臂：

1-4 拍左臂向上屈肘摆动，右臂向下摆，一拍一动。

5-8 拍左手叉腰，右臂弯曲遮盖前额。

2-1-4 拍右臂向上屈肘摆动，左臂向下摆，一拍一动。

2-5-8 拍右手叉腰，左臂弯曲手掌遮前额。

图示：Y（2-1-11-1 至 2-1-11-4）

图 2-1-11-1

图 2-1-11-2

图 2-1-11-3

图 2-1-11-4

注意：手臂摆动要有节奏。

(6) 第六个动作（1 个 8 拍）

步伐：

1-4 拍以左脚为轴转体 360 度，同时左脚点地。

5-6 拍身体面向左侧踢右腿。

7-8 拍踢左腿。

手臂：

1-3 拍右臂弯曲在头上，左臂在侧。

4 拍交换手臂位置。

5-6 拍右臂向前摆，左臂向后摆。

7-8 拍左臂向前摆，右臂向后摆。

图示：Y（2-1-12-1 至 2-1-12-4）

图 2-1-12-1

图 2-1-12-2

图 2-1-12-3

图 2-1-12-4

注意：转体的准确性。

(7) 第七个动作（12 拍）

步伐：

1-4 拍右脚起向前走三步，踢左腿。

5-8 拍左脚起向后退三步，踢右腿。

2-1-4 拍与 1-4 拍动作相同。

手臂：

1-4 拍由左向右摆。

5-8 拍由右向左摆。

2-1-4 拍同 1-4 拍的动作。

图示：Y（2-1-13-1）

图 2-1-13-1

注意：踢腿时腿自然弯曲，勾脚

（8）第八个动作（12 拍）

步伐：

1-8 拍右脚向前迈，左脚原地抬踏，做两次。

2-1-2 拍右脚向前勾脚点地，收回。

2-3-4 拍左脚向前勾脚点地，收回。

手臂：

1-8 拍左臂弯曲，手捂住嘴，右臂自然向侧下方摆动。

2-1-4 拍双臂先向左再向右摆动。

图示：Y（2-1-14-1 至 2-1-14-5）

图 2-1-14-1

图 2-1-14-2

图 2-1-14-3

图 2-1-14-4

图 2-1-14-5

注意：1-8 拍身体面向左侧，2-1-2 拍身体转向正面。

重复以上动作到音乐结束。

（三）女生班锅庄歌舞健身操高级成套一

1. 动作说明

本组合共由 9 个基本动作组成，组合共 16 个 8 拍，音乐节奏中速，运动强度较大，围圈行进过程中有方向变化，技术以屈伸、悠为主，动作具有一定的难度，包括多个转体动作，宜有一定基础者学习。

2. 教学任务

（1）学习成套锅庄歌舞健身操 9 个基本步伐，了解其动作特征。

（2）学习锅庄歌舞健身操的屈伸、悠的动作规律。

3. 教学要求

（1）掌握锅庄歌舞健身操的基本动作，体会其动作风格，建立锅庄歌舞健身操的节奏意识。

（2）正确掌握锅庄歌舞健身操的颤动律动的技术特点，以膝关节主动，髋关节随动，在自然松弛的状态下，自如地进入歌舞健身操状态。

4. 教学组织

全体同学围成一个圈，顺时针行进做动作。

5. 动作介绍与做法

前奏：两个八拍。

（1）第一个动作（1 个 8 拍）

步伐：

1-4 拍右脚起向前走四步（步子较小）。

5-6 拍右脚向后迈一步。

7 拍右脚向侧迈一步点地。

8 拍左脚向侧迈一步点地。

手臂：

1-4 拍双臂向前交叉摆动四次。

5-6 拍左臂屈收于胸前，右臂向后摆伸直。

7 拍右臂经侧向上摆。

8 拍左臂经侧向上摆。

注意：向前走四步时，身体自然前倾；手臂摆动要松弛。

图示：Y（2-1-15-1 至 2-1-15-5）

图 2-1-15-1

图 2-1-15-2

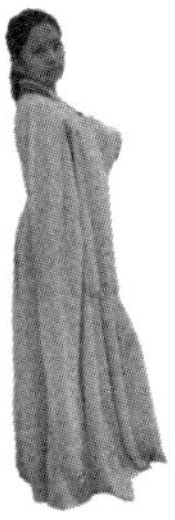

图 2-1-15-3

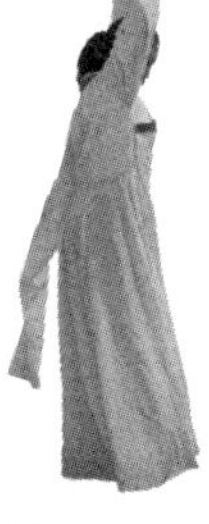

图 2-1-15-4

图 2-1-15-5

(2) 第二个动作（1 个 8 拍）

步伐：

1 拍左脚向前迈一步。

2 拍右脚向前并上左腿同时左转 360 度。

3 拍右脚向后撤一步。

4 拍左脚并步点地。

5-7 拍左脚起原地踏步。

8 拍右脚原地点地。

手臂：

1-4 拍右臂在头上自然弯曲，左臂在侧，云手摆。

5-8 拍双臂比自然弯曲向右再向左 8 字摆动 2 次。

注意：转体要快，手臂配合要协调自然。

图示：Y（2-1-16-1 至 2-1-16-4）

图 2-1-16-1

图 2-1-16-2

图 2-1-16-3

图 2-1-16-4

(3) 第三个动作（1 个半 8 拍）

步伐：

1 拍右脚向前迈一步。

2 拍左脚向前迈一步。

3 拍右脚并上左腿。

4 拍左脚点地同时左转 90 度。

5 拍右脚向前迈一步同时左转 90 度。

6 拍左脚原地踏步。

7-8 拍右脚收回点地。

2-1-2 拍左脚向前迈一步，同时右转 90 度，右脚原地踏步。

2-3-4 拍左脚收回点地。

手臂：

1-2 拍左臂向上抬起

3-4 拍左臂滑落至左下方，手心向上。

5-6 拍双臂经交叉打开，左臂在上右臂在下。

7-8 拍右臂向上左臂向下，右臂置于胸上方。

2-1-2 拍双臂经交叉打开，右臂在上左臂在下。

2-3-4 拍左臂向上右臂向下，左臂置于胸上方。

注意：手臂与步伐顺边，上体随着动作左右转动。

图示：Y（2-1-17-1 至 2-1-17-8）

图 2-1-17-1

图 2-1-17-2

图 2-1-17-3

图 2-1-17-4

图 2-1-17-5

图 2-1-17-6

图 2-1-17-7

图 2-1-17-8

（4）第四个动作（12 拍）

步伐：

1-2 拍右脚起向前两步走。

3-4 拍右脚起原地踏步两次。

5-6 拍左脚前迈（腿自然弯曲）。

7-8 拍右脚勾脚点地。

手臂：

1-4 拍左手五指并上，捂住口，右臂向右横摆三次。

5-6 拍两臂平开手。

7-8 拍左臂不动，右臂向上（过头）。

图示：Y（2-1-18-1 至 2-1-18-3）

图 2-1-18-1

图 2-1-18-2

图 2-1-18-3

(5) 第五个动作（1 个 8 拍）

步伐：

1-2 拍右脚向左前点地，同时左转 90 度。

3-4 左脚向前点地收回。

5-6 拍右脚向右点地，同时右转 90 度。

7-8 拍左脚向前点地收回。

手臂：

1-2 拍双臂向上甩臂。

3-4 拍双臂向下甩臂。

5-6 拍双臂向上甩臂。

7-8 拍双臂向下甩臂。

图示：Y（2-1-19-1 至 2-1-19-2）

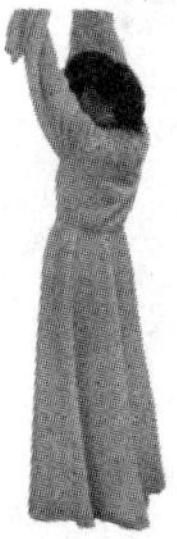
图 2-1-19-1

图 2-1-19-2

(6) 第六个动作（1 个 8 拍）

步伐：

1-2 拍右脚向前迈步。

3-4 拍左脚向前迈步。

5-8 拍同 1-4 拍。

手臂：

1-2 拍两拍一动，右臂起向前摆，左臂向后摆。

3-4 拍两拍一动，左臂向前摆，右臂向后摆。

5-8 拍同 1-4 拍。

注意：动作路线是走一个圆形。

图示：Y（2-1-20-1 至 2-1-20-4）

图 2-1-20-1

图 2-1-20-2

图 2-1-20-3

图 2-1-20-4

（7）第七个动作（10 拍）

步伐：

1-2 拍右脚向前迈步。

3 拍左脚向前勾脚点地，身体向上自然伸直。

4 拍左脚收回。

5 拍右脚向后点地，身体向下自然弯曲。

6 拍右脚收回。

7-10 拍重复 3-6 拍动作。

手臂：

1-2 拍两拍一动，右臂起向前摆，左臂向后摆。

3-4 拍双臂向右上甩。

5-6 拍双臂向右下甩。

7-10 拍重复 3-6 拍的动作。

注意：节奏的变化与动作的结合要协调。

图示：Y（2-1-21-1 至 2-1-21-4）

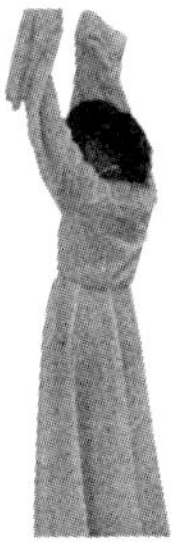

图 2-1-21-1

图 2-1-21-2

图 2-1-21-3

图 2-1-21-4

（8）第八个动作（12 拍）

步伐：

1-2 拍右脚向前迈步。

3-4 拍左脚向前迈步。

5-8 拍同 1-4 拍。
2-1-2 拍右脚向前勾脚点地再收回，身体自然屈伸。
2-3-4 拍左脚向前勾脚点地再收回，身体自然屈伸。
手臂：
1-2 拍两拍一动，右臂起向前摆，左臂向后摆。
3-4 拍两拍一动，左臂向前摆，右臂向后摆。
5-8 拍同 1-4 拍
2-1-2 拍双臂自然向上甩。
2-3-4 拍双臂自然向下甩。
注意：动作的节奏。
图示：Y（2-1-22-1 至 2-1-22-5）

图 2-1-22-1

图 2-1-22-2

图 2-1-22-3

图 2-1-22-4

图 2-1-22-5

（9）第九个动作（12 拍）
步伐：
1-4 拍左脚起向左横跨两步两拍一动，右脚点地。
5-8 拍右脚向右走四步转体 360 度。
2-1-8 拍动作同上，但方向相反。
3-1-2 右脚向右侧上一步，同时又转 90 度。
3-3-4 右脚收回落地。
手臂：
1-4 拍双臂同时向左向右 8 字甩臂，一拍一动。
5-8 拍右臂左臂依次向外甩臂，一拍一动。

2-1-8 拍动作同上，但方向相反。

3-1-2 右臂向上摆。

3-3-4 右臂自然收回。

注意：转体动作要快，要稳。

图示：Y（2-1-23-1 至 2-1-23-6）

图 2-1-23-1

图 2-1-23-2

图 2-1-23-3

图 2-1-23-4

图 2-1-23-5

图 2-1-23-6

6. 注意事项

（1）转体动作要流畅，准确。

（2）在身体屈伸动律上做动作。

（3）音乐与动作的配合。

（四）女生班锅庄歌舞健身操高级成套二

1. 动作说明

本组合共由 8 个基本动作组成，组合共 32 个 8 拍，音乐节奏中速，运动强度较大，围圈行进过程中有方向变化，技术以屈伸、悠颤为主，动作略有一定的难度，包括少数转体动作，宜有一定基础者学习。

2. 教学任务

（1）学习成套锅庄歌舞健身操八个基本步伐，了解其动作特征。

（2）学习锅庄歌舞健身操的屈伸、悠的动作规律。

3. 教学要求

（1）掌握锅庄歌舞健身操的基本动作，体会其动作风格，建立锅庄歌舞健身操的节奏意识。

（2）正确掌握锅庄歌舞健身操的颤动律动的技术特点，以膝关节主动，髋关节随动，在自然松弛的状态下，自如地进入歌舞健身操状态。

4. 教学组织

全体同学围成一个圈，顺时针行进做动作。

5. 动作介绍与做法。

前奏：一个八拍。

(1) 第一个动作（10 拍）

步伐：

1-6 拍右脚起原地踏步。

7-8 拍右脚向右侧点地收回。

9-10 拍左脚向左侧脚尖点地，收回。

手臂：

1-6 拍双臂向右八字甩臂。

7-8 拍右手在头上翻腕，左手在侧下方。

9-10 拍左手在头上翻腕，右手在侧下方。

图示：Y（2-1-24-1 至 2-1-24-4）

图 2-1-24-1

图 2-1-24-2

图 2-1-24-3

图 2-1-24-4

注意：手臂动作与步伐配合要协调。

(2) 第二个动作（12 拍）

步伐：

1-2 拍右腿向侧踢腿，收回。

3-4 拍左腿向侧踢腿，收回。

5-8 拍身体面向右侧，右腿在前，左腿在后，两腿屈膝蹲。

2-1-4 拍身体转向左侧，左腿在前，右腿在后，两腿屈膝蹲。

手臂：

1-2 拍右臂屈肘在前，左臂屈肘在后，同时向外甩手臂。

3-4 拍动作同上，方向相反。

5-8 拍双臂在胸前由内向外划圆，先慢后快。

2-1-4 拍动作与 5-8 拍相同。

图示：Y（2-1-25-1 至 2-1-25-6）

图 2-1-25-1

图 2-1-25-2

图 2-1-25-3

图 2-1-25-4

图 2-1-25-5

图 2-1-25-6

注意：手臂动作节奏的变化。

(3) 第三个动作（1 个 8 拍）

步伐：

1-2 拍右脚向前点地迈步，身体右转。

3-4 拍左脚向前点地迈步，身体左转。

5-8 拍重复 1-4 拍的动作。

手臂：

1-2 拍左臂在前，右臂在后，同时向外翻腕。

3-4 拍动作与 1-2 拍相同，方向相反。

5-8 拍重复 1-4 拍的动作。

图示：Y（2-1-26-1 至 2-1-26-2）

图 2-1-26-1

图 2-1-26-2

注意：身体随动作向侧倾。

(4) 第四个动作（16 拍）

步伐：

1-8 拍右脚向前迈步，同时向右向左摆胯。

2-1-8 拍动作同上。

手臂：

1-4 拍左臂叉腰，右臂由内向外甩，掌心向外

5-8 拍双臂由内向外甩，双手掌心向外

2-1-8 拍双臂脸前交叉摆动，五指分开掌心先向内再向外交替。

图示：Y（2-1-27-1 至 2-1-27-7）

图 2-1-27-1

图 2-1-27-2

图 2-1-27-3

图 2-1-27-4

图 2-1-27-5

图 2-1-27-6

图 2-1-27-7

注意：掌心变换方向。

(5) 第五个动作（10 拍）

步伐：

1-2 拍右脚向前踮脚迈步同时向左后方转。

3-4 拍左脚向前踮脚迈步。

5-10 拍同 1-4 拍。

手臂：

1-2 拍双臂同时向右侧摆动。

3-4 拍动作相同方向相反。

5-10 拍重复以上动作。

图示：Y（2-1-28-1 至 2-1-28-4）

图 2-1-28-1

图 2-1-28-2

图 2-1-28-3

图 2-1-28-4

注意：动作路线是向左后转 360 度。

(6) 第六个动作（1 个 8 拍）

步伐：

1-2 右脚在左前方跺脚两次，身体转向左侧。

3-4 右腿向前撩腿落地。身体面向 1 点。

5-8 拍动作与 1-4 拍相同，方向相反。

手臂：

1-2 拍右臂向下，左臂向上摆。

3-4 拍右臂由内向外甩，左臂侧举不动。

5-8 拍动作与 1-4 拍相同，方向相反。

图示：Y（2-1-29-1 至 2-1-29-2）

图 2-1-29-1

图 2-1-29-2

注意：动作与节奏的配合，身体随动作转动。

(7) 第七个动作（12 拍）

步伐：

1-3 拍右脚起原地踏步。

4 拍左脚向侧勾脚点地。

5-8 拍动作与 1-4 拍动作相同，方向相反。

2-1-2 拍右脚前点地收回。

2-3-4 拍左脚前点地收回。

手臂：

1-3 拍双臂向右划 8 字。

4 拍左臂摆至头上，右臂摆至侧。

5-8 拍动作与 1-4 拍动作相同，方向相反。

2-1-4 拍双臂同时经侧向上甩，再向左下方甩。

图示：(2-1-30-1 至 2-1-30-6)

图 2-1-30-1

图 2-1-30-2

图 2-1-30-3

图 2-1-30-4

图 2-1-30-5

图 2-1-30-6

注意：手臂动作与步伐顺边摆。

(8) 第八个动作 (20 拍)

步伐：

1-4 拍两腿分开屈膝摆胯，身体随着摆动。

5-6 拍向右踮步。

7-8 拍向左踮步。

2-1-8 拍动作与 1-8 拍相同。

3-1-2 拍右脚向前点地收回。

3-3-4 拍左脚向前点地收回。

手臂：

1-4 拍双臂叉腰。

5-6 拍左臂在前，右臂在后摆动。

7-8 拍右臂在前，左臂在后摆动。

2-1-8 拍动作同上。

3-1-2 拍双臂经侧向上摆。

3-3-4 拍双臂右上向左下摆。

图示：Y (2-1-31-1 至 2-1-31-8)

图 2-1-31-1

图 2-1-31-2

图 2-1-31-3

图 2-1-31-4

图 2-1-31-5

图 2-1-31-6

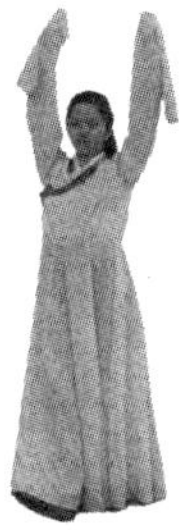
图 2-1-31-7

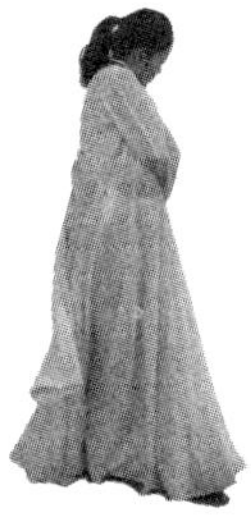
图 2-1-31-8

注意：上下肢动作要协调。
重复以上动作到音乐结束。

第二节　男生班锅庄歌舞健身操

男生班锅庄歌舞健身操，主要是以靠步、撩步、吸腿跳等基本步伐组成，身体伴随屈伸，颤动律完成，在此基础上，无论从组合到成套动作，紧紧围绕科学健身原则与把握运动规律，动作由简到难，运动量由小到大，组合动作以原生态锅庄歌舞健身操为主，成套动作则更加注重身体锻炼原则。为进一步提高学生对锅庄歌舞健身操学习的兴趣，我们在此基础上也适当地融入现代歌舞健身操元素、健身操元素加以创新。本节共有组合练习两个，组合练习便于大家学习基本步伐与身体动律；成套动作分为初级、中级、高级三个级别。初级成套动作，主要适合初学者，动作简单。中级成套动作在原来的基础上节奏、方向有一些简单的变化，动作比初级动作更加丰富一些。高级成套动作无论从动作难度还是运动强度都有增加，比如转体动作多，音乐节奏更快，动作难度加大，因此更适合有一定基础的学生学习。

一、男生班锅庄歌舞健身操基本姿态与基本动作

（一）基本姿态

1. 基本脚位

（1）丁字步（以左脚为例）

做法：左脚位于右脚弓前，右脚自然外开。

(2) 小八字（自然位）

做法：自然站立，双脚尖自然外开。

(3) 端腿位（以左脚为例）

做法：左脚勾脚抬腿 90 度，微屈膝，外开。

(4) 靠步位（以左脚为例）

做法：自然站位，左脚于左前方勾脚脚跟着地。

2. 基本手形（自然手形）

做法：四指自然靠拢，虎口自然张开，掌心放松。

3. 基本体态（自然体态）

做法：自然站立，微微含胸，眼睛平视前方，身体放松。

（二）常用手臂动作

1. 摊盖手（右手为例）

做法：双手抬于右侧，右手翻手手心向上、左手盖手手心向下。

2. 体前交叉手

做法：双手体前交叉，手心向里。

3. 扬手

做法：双手或单手至斜上方，手心向上。

（三）基本动作

1. 屈伸动作（在屈伸动律上完成）

(1) 平步（2 拍完成）

做法：1 拍右脚前迈，身体经右划上弧线至右懈胯。

2 拍做第一拍的反面动作。

(2) 收步（2 拍完成以右脚为例）

做法：1 拍右脚迈步成大八字。

Da 拍右脚重心转体对 8 点，眼睛看 1 点。

2 拍左脚拖地收回成丁字步，右懈胯。

(3) 靠步（短靠，2 拍完成）

做法：1 拍左脚旁迈步，双腿伸直。

Da 拍左坐懈胯，右勾脚右前膝抬 45 度。

2 拍重心落于左脚，左腿伸直，右脚勾脚落至交叉靠步。

(4) 三步一靠（长靠，以左脚为例）

做法：1-2 拍右脚起向 3 点平步两步，身体顺势转向 3 点。

3 拍右脚继续向 3 点平步，身体转向 1 点。

4 拍左脚收回成丁字步靠步，目视 8 点。

(5) 靠点靠步（4 拍完成，以右脚为例）

做法：1 拍右脚向 3 点迈步，双手平开。

2 拍左脚于右脚前勾脚着地，双屈膝，顺势右转体对 3 点，左手向前自然弯曲，右臂向后伸直后摆。

3 拍右脚重心，左脚脚掌后点，对 8 点，左臂甩至斜下方。

4 拍右脚重心，上左脚成交叉靠步，身体顺势左转对 1 点，左手下划经体前至于上方，右手至旁斜下方，眼睛看左手。

2. 屈伸颤动作

（1）撩步（2 拍，左脚为例）

做法：1 拍迈左脚屈伸颤，同时右腿提膝抬小腿撩 25 度。

2 拍做第一拍反面动作（注意要大腿带动小腿抬腿上撩）

（2）三步一撩（4 拍，右脚为例）

做法：1-3 拍右脚踮脚向前平步三步。

Da4 拍做撩腿。

二、男生班锅庄歌舞健身操练习组合

（一）男生班练习组合一

1. 动作说明

本组合共由 5 个基本动作组成，组合共 10 个 8 拍，音乐节奏中速，运动强度较大，围圈行进过程中有方向变化，动作以原地与行进动作为主，动作难易适中，适宜有一定基础的初学者学习。

2. 教学任务

（1）学习锅庄歌舞健身操基础步伐，了解其大概的动作特征。

（2）学习锅庄歌舞健身操的颤的动作规律。

3. 教学要求

（1）掌握锅庄歌舞健身操的基本动作，体会其动作风格，建立锅庄歌舞健身操的节奏意识。

（2）正确掌握锅庄歌舞健身操的颤动律动的技术特点，以膝关节主动，髋关节随动，在自然松弛的状态下，自如地进入歌舞健身操状态。

4. 教学组织

全体同学围成一个圈，顺时针行进做动作。

5. 动作介绍与做法

准备：身体面向 1 点，左脚在前成丁字步站立。

（1）第一个动作（2 个 8 拍动作）

步伐：

1 拍右腿屈膝向侧抬成端腿位。

2 拍右腿由外向内绕后踏步落地。

3 拍左脚屈膝向侧抬起成端腿位。

4 拍左脚由外向内绕后踏步落地。

5-8 拍动作同上。

2-1-8 拍动作与上相同，方向相反（向后退）。

手臂：右臂在侧，左臂斜上方保持动作不变。

(2) 第二个动作（2 个 8 拍）

步伐：

1-3 拍身体前倾原地颤三次。

4 右脚侧抬勾脚落地。

5-8 拍与 1-4 拍动作相同。

2-1-8 拍动作与 1-1-8 拍相同。

手臂：双臂叉腰。

(3) 第三个动作（2 个 8 拍）

步伐：

1 拍右脚向左前方勾脚迈步点地，身体向下倾斜，左脚自然抬起。

2 拍左脚落地，右腿屈膝侧抬腿。

3 拍以左脚为轴向左转身 360 度（跳起）。

4 拍右脚落地。

5 拍左脚向右前方勾脚迈步点地，身体向下倾斜，右脚自然抬起。

6 右脚落地，左腿屈膝侧抬腿。

7 拍以右脚为轴向右转身 360 度（跳起）。

8 拍左脚落地。

2-1-8 拍动作与上相同。

手臂：

1-2 拍右臂胸前自然屈臂，左臂收于体后。

3-4 拍双臂自然向侧打开。

5-6 拍左臂胸前自然屈臂，右臂收于体后。

7-8 拍双臂自然向侧打开。

2-1-8 拍动作与上相同。

(4) 第四个动作（2 个 8 拍）

步伐：

1-3 拍右脚向前走三步。

4 拍左脚抬膝跳起。

5-7 拍左脚向后走三步。

8 拍右脚抬膝跳起。

2-1-8 动作与上相同。

手臂：

1-8 拍双臂自然由左向右划 8 字甩臂。

2-1-8 拍同 1-8 拍动作。

(5) 第五个动作（2 个 8 拍）

步伐：

1 拍左腿端腿，重心落于右腿上，屈膝。

2-3 拍碎踩地向左转。

4 拍左脚落地。

5-拍右脚端腿，重心落于左腿上，屈膝。

6-7 拍碎踩地向右转。

8 拍右脚落地。

2-1-8 拍动作与上相同。

手臂：

1-1-4 拍左手斜上方，右手平开手。

1-5-8 拍右手斜上方，左手平开手。

2-1-8 同上。

6. 注意事项

（1）注意上下肢的协调配合。

（2）注意身体位置的准确性，身体微含。

（3）脚、膝部位控制节奏及音乐节拍。

（二）男生班练习组合二

1. 动作说明

本组合共由 5 个基本动作组成，组合共 10 个 8 拍，音乐节奏中速，运动强度较大，围圈行进过程中有方向变化，动作以屈伸技术动作为主，动作难易适中，适合初学者学习。

2. 教学任务

（1）学习锅庄歌舞健身操基础步伐，了解其大概的动作特征。

（2）学习锅庄歌舞健身操的屈伸颤的动律。

3. 教学要求

（1）掌握锅庄歌舞健身操的基本动作，体会其动作风格，建立锅庄歌舞健身操的节奏意识。

（2）正确掌握锅庄歌舞健身操的颤动律动的技术特点，以膝关节主动，髋关节随动，在自然松弛的状态下，自如地进入歌舞健身操状态。

4. 教学组织

全体同学围成一个圈，顺时针行进做动作。

5. 动作介绍与做法

准备：站正步，脚尖自然分开，重心在两腿之间。

（1）第一个动作（原地，共 1 个 8 拍）

1 拍原地屈伸一次。

Da 拍右腿抬小腿前撩。

2 拍左脚原地屈伸一次，右脚收回自然位。

3-8 拍重复以上动作。

手臂：

1 拍时双臂自然放于两侧。

Da 拍时左臂自然放松向前甩，右臂向后甩。

2 拍时双手自然向回摆。

3-8 拍动作同上。

（2）第二个动作（向侧，两个 8 拍）

步伐：

1-2 拍右脚起向三点平步两步，身体顺势转向 3 点。

3-4 拍右脚继续走平步，身体转向 1 点，再左转收回成靠步位，身体转向 8 点，左手至斜下方，右手平开。

5-8 拍动作与上相同，方向相反。

手臂：

1-2 拍左手平开手，右手指尖带动经平开手至斜下方。

3-4 拍左手斜上方，右平开手。

5-8 拍动作与上相同方向相反。

2-1-8 重复以上动作一次。

（3）第三个动作（向侧，共 2 个 8 拍）

步伐：

1-3 拍左起向左横移三步，同时重心向下屈伸三次。

4 拍右脚并于左脚旁，双膝伸直。

5-8 拍动作与上相同方向相反。

手臂：

1-4 拍双手右摊盖手经体前左下划至左摊盖手。

5-8 拍动作与 3-4 拍相同方向相反。

2-1-8 拍动作与上相同。

（4）第四个动作（向侧，共 2 个 8 拍）

步伐：

1-2 拍左脚向左横跨一步。

3-4 拍右脚向左成前交叉步。

5-6 拍左脚向左横跨一步。

7-8 拍右脚屈腿向内撩腿。

2-1-8 拍动作相同方向相反。

手臂：

1-4 拍双手 7 位，逐渐向内前交叉。

5-8 拍右臂向内划弧向上，左臂向侧 5 位手。

（5）第五个动作（向后，共 4 个 8 拍）

步伐：

1-2 拍身体屈伸一次，右脚向右迈一步。

3-4 拍身体屈伸一次，左脚向前勾脚点地。

5-6 拍身体屈伸一次，左脚向左迈一步。

7-8 拍身体屈伸一次，右脚向前勾脚点地。

2-1-8 拍动作与上相同。

3-1-2 拍身体屈伸一次，右脚向前勾脚点到迈步地落地。

3-3-4 拍身体屈伸一次，左脚向前勾脚点地。

3-5-6 拍身体屈伸一次，左脚向前勾脚点到迈步地落地。

3-7-8 拍身体屈伸一次，右脚勾脚点地。

4-1-8 拍动作与 3-1-8 拍相同，方向相反（向后退）。

手臂：

1-2 拍双臂自然向两侧打开。

3-4 拍左臂收于胸前，右臂收于背后。

5-6 拍双臂自然向两侧打开。

7-8 拍右臂收于胸前，左臂收于背后。

2-1-8 拍动作与上相同。

3-1-4 拍双臂由左向右摊盖手，收于右侧下方。

3-5-8 拍双臂由右向左摊盖手，收于左侧下方。

4-1-8 拍与 3-1-8 拍动作相同。

6. 注意事项

（1）注意上下肢的协调配合，动作顺边。

（2）注意身体位置的准确性，动作幅度要大。

（3）做撩步时要强调由大腿带动小腿撩出

（4）做靠步时强调双膝同时屈伸，动作中膝部没有完全伸直的时候。

（5）注意屈伸时重拍在上，屈伸时要有连绵不断的感觉。

三、男生班锅庄歌舞健身操成套动作

（一）男生班锅庄歌舞健身操初级成套动作

1. 动作说明

本组合共由 4 个基本动作组成，组合共 22 个 8 拍，音乐节奏中速，运动强度较大，围圈行进过程中有方向变化，动作以屈伸技术为主，动作简单易学，适宜有一定基础的初学者学习。

2. 教学任务

（1）学习锅庄歌舞健身操靠步、撩步等基础步伐，了解其大概的动作特征。

（2）学习锅庄歌舞健身操屈伸的动作规律。

3. 教学要求

（1）掌握锅庄歌舞健身操的基本动作，体会其动作风格，建立锅庄歌舞健身操的节奏意识。

（2）正确掌握锅庄歌舞健身操的颤动律动的技术特点，以膝关节主动，髋关节随动，在自然松弛的状态下，自如地进入歌舞健身操状态。

4. 教学组织

全体同学围成一个圈，顺时针行进做动作。

5. 动作介绍与做法

准备：身体面向 1 点，左脚在前成丁字步站立。

前奏：两个八拍。

(1) 第一个动作（2 个 8 拍）

步伐：

1 拍右脚向右前迈一步，身体顺势右转 90 度。

2 拍左脚继续向前迈一步。

3 拍右脚再向前迈一步。

4 拍左脚勾脚点地，身体顺势左转 90 度。

5 拍左脚向左前迈一步，身体顺势左转 90 度。

6 拍右脚继续向前迈一步。

7 拍左脚再向前迈一步。

8 拍右脚勾脚点地，身体顺势右转 90 度。

2-1-8 拍动作与上相同。

手臂：

1-4 拍：右左臂依次向后划立圆甩臂，至于左臂上侧，右臂侧上方。

5-8 拍：左右臂依次向后划立圆甩臂，至于右臂上侧，左臂侧上方。

2-1-8 拍动作与上相同。

注意：手臂要松弛向后甩。

图示：Y（2-2-1-1 至 2-2-1-6）

图 2-2-1-1

图 2-2-1-2

图 2-2-1-3

图 2-2-1-4

图 2-2-1-5

图 2-2-1-6

(2) 第二个动作（2 个 8 拍）

步伐：
1 拍右脚向左前方迈一步，上体屈髋前倾，顺势左转 90 度。
2 拍左脚在右脚后踏步，同时右脚自然抬起。
3-4 拍右腿屈膝勾脚小抬腿跳转落地 ，顺势右转 90 度。
5 拍左脚向右前方迈一步，上体屈髋前倾，顺势右转 90 度。
6 拍右脚在左脚后踏步，同时左脚自然抬起。
7-8 拍左腿屈膝勾脚小抬腿跳转落地 ，顺势左转 90 度。
2-1-8 拍动作与上相同。
手臂：
1 拍右臂向下甩，左臂向上甩。
2 拍右臂向上甩，左臂向下甩。
3-4 拍右臂向后划立圆甩臂。
5 拍右臂向下甩，左臂向上甩。
6 拍右臂向上甩，左臂向下甩。
7-8 拍左臂向后划立圆甩臂。
2-1-8 拍动作与上相同。
注意：身体稍微前倾，双臂甩动幅度要大并且要有力度。
图示：Y（2-2-2-1 至 2-2-2-4）

图 2-2-2-1

图 2-2-2-2

图 2-2-2-3

图 2-2-2-4

（3）第三个动作（2 个 8 拍）
步伐：
1 拍右脚向左前脚尖点地。
2 拍右脚向回收点地一次。
3 拍右腿向前撩腿。
4 拍右腿落地。
5 拍左脚向右前脚尖点地。
6 拍左脚向回收点地一次。
7 拍左腿向前撩腿。
8 拍左腿落地。
2-1-8 拍动作与上相同。

手臂：双臂自然弯曲向前摆动。

注意：撩腿时腿自然弯曲，勾脚尖。

图示：Y（2-2-3-1 至 2-2-3-7）

图 2-2-3-1

图 2-2-3-2

图 2-2-3-3

图 2-2-3-4

图 2-2-3-5

图 2-2-3-6

图 2-2-3-7

（4）第四个动作（4 个 8 拍）

步伐：

1-2 拍右腿向前勾脚抬腿迈步，落地。

3-4 拍左脚向前勾脚抬腿迈步，落地。

5-6 拍重复 1-2 拍动作。

7-8 拍重复 3-4 拍动作（8 拍时左脚抬起不落地）。

2-1-1 拍左脚向左后跑一步。

2-1-2 拍右脚继续向左后跑一步，与左腿呈交叉。

2-1-3 拍左脚继续向右跑一步。

2-1-4 拍右脚向右后跑一步点地。

2-1-8 拍与前四拍动作相同，方向相反。

3-1-8 拍与 1-1-8 拍动作相同。

4-1-8 拍与 2-1-8 拍动作相同。

手臂：双臂两拍一动，先向右再向左甩成 8 字。

图示：Y（2-2-4-1 至 2-2-4-8）

图 2-2-4-1

图 2-2-4-2

图 2-2-4-3

图 2-2-4-4

图 2-2-4-5

图 2-2-4-6

图 2-2-4-7

图 2-2-4-8

重复以上所有动作一次，到音乐结束。

6. 注意事项

（1）注意动作要在屈伸动律上完成。

（2）动作衔接要流畅，上下支配要协调。

（3）动作要准确配合音乐节奏。

（二）男生班锅庄歌舞健身操中级成套动作

1. 动作说明

本组合共由 10 个基本动作组成，组合共 27 个 8 拍，音乐节奏中速，运动强度较大，围圈行进过程中有方向变化，动作以颤、屈伸技术为主，动作较为简单，适宜有一定基础的初学者学习。

2. 教学任务

（1）学习锅庄歌舞健身操靠步、撩步等基础步伐，了解其大概的动作特征。

（2）学习锅庄歌舞健身操的屈伸的动作规律。

3. 教学要求

（1）掌握锅庄歌舞健身操的基本动作，体会其动作风格，建立锅庄歌舞健身操的节奏意识。

（2）正确掌握锅庄歌舞健身操的颤动律动的技术特点，以膝关节主动，髋关节随动，在自然松弛的状态下，自如地进入歌舞健身操状态。

4. 教学组织

全体同学围成一个圈，顺时针行进做动作。

5. 动作介绍与做法

准备：身体面向1点，左脚在前成丁字步站立。

前奏：1个8拍。

(1) 第一个动作（2个8拍）

步伐：

1拍右脚向左前方迈步，身体侧对前方。

2拍左脚原地踏步。

3拍右腿小抬腿跳。

4拍右脚向右侧落地。

5-8拍动作与1-4拍相同，方向相反。

2-1-8拍动作与1-8拍动作相同。

手臂：

1-2拍右臂向下摆，同时左臂向上摆。

3-4拍右臂由内向外划圆摆，同时左臂向下摆。

5-6拍左臂向下摆，同时右臂向上摆。

7-8拍左臂由内向外划圆摆，同时右臂向下摆。

2-1-8拍动作与1-8拍动作相同。

图示：Y（2-2-5-1至2-2-5-4）

图2-2-5-1

图2-2-5-2

图2-2-5-3

图2-2-5-4

注意：第一拍迈步动作同时身体侧转，手臂动作要自然放松。

(2) 第二个动作（2个8拍）

步伐：

1-2拍右脚向前方迈步，左脚原地踏步。

3-4拍右脚向左后迈步，左脚原地踏步。

5-6拍动作与1-2拍动作相同。

7-8拍动作与3-4拍动作相同。

2-1-8拍动作与1-8拍动作相同。

手臂：双手叉腰。

图示：Y（2-2-6-1至2-2-6-2）

图 2-2-6-1

图 2-2-6-2

注意：第一拍迈步同时身体前倾，向后迈步时身体后扬，在屈伸动律下完成动作。

(3) 第三个动作（2 个 8 拍）

步伐：

1-2 拍右脚向前方迈步，左脚原地踏步。

3-4 拍右脚向左后迈步，左脚原地踏步。

5-6 拍动作与 1-2 拍动作相同。

7-8 拍动作与 1-2 拍动作相同。

2-1-8 拍动作与 1-8 拍动作相同。

手臂：

1-2 拍双臂向上甩。

3-4 拍双臂向侧甩。

5-8 拍重复 1-4 拍的动作。

2-1-8 拍与 1-8 拍动作相同。

注意：所有动作在屈伸动律下完成。

图示：Y（2-2-7-1 至 2-2-7-2）

图 2-2-7-1

图 2-2-7-2

(4) 第四个动作（2 个 8 拍）

步伐：

1-2 拍右脚起向前跑两步。

3-4 拍右脚前点地，前踢。

5-6 拍右脚起向后跑两步。

7-8 拍右脚向后迈步。

2-1-8 拍动作与 1-8 拍动作相同。

手臂：

1-4 拍左臂由下向后上摆，右臂由后向上摆，掌心向上。

5-8 拍右臂由上向后摆，左臂由下向后上方摆。

2-1-8 拍动作与 1-8 拍动作相同。

图示：Y（2-2-8-1 至 2-2-8-7）

图 2-2-8-1

图 2-2-8-2

图 2-2-8-3

图 2-2-8-4

图 2-2-8-5

图 2-2-8-6

图 2-2-8-7

注意：手臂伸直摆动，要松弛，幅度要大；向后退时身体要前倾，向前时身体后扬。

（5）第五个动作（1 个 8 拍）

步伐：

1-2 拍右脚起向前跑两步。

3-4 拍右脚前点地，前踢。

5-6 拍右脚起原地跑两步。

7-8 拍右脚点地，前踢。

手臂：

1-4 拍双臂伸直由下向上摆。

5-8 经两侧向下划立圆向上摆。

图示：Y（2-2-9-1 至 2-2-9-4）

图 2-2-9-1

图 2-2-9-2

图 2-2-9-3

图 2-2-9-4

注意：所有动作在屈伸动律下完成。

（6）第六个动作（4 拍）

步伐：

1-2 拍：右脚起原地踏步。

3-4 拍：右脚向侧，勾脚点地。

手臂：双臂由腋下向外，翻腕经侧打开，指向斜下方，掌心向上（做行礼的动作）。

图示：Y（2-2-10-1）

图 2-2-10-1

（7）第七个动作（1 个 8 拍）

步伐：

1-3 拍左脚起向左跑三步。

4 拍右脚向左前踢腿。

5-7 拍右脚起向右跑三步。

8 拍左脚向右前踢腿。

手臂：

1-4 拍双臂自然弯曲，从右向左摆。

5-8 拍双臂自然弯曲，从左向右摆。

图示：Y（2-2-11-1 至 2-2-11-8）

图 2-2-11-1

图 2-2-11-2

图 2-2-11-3

图 2-2-11-4

图 2-2-11-5

图 2-2-11-6

图 2-2-11-7

图 2-2-11-8

注意：踢腿时勾脚尖，腿自然弯曲，不要过直。

(8) 第八个动作（1 个 8 拍）

步伐：

1-2 拍左脚向侧迈步。

3-4 拍左脚向右后方迈步，脚尖点地。

5-8 拍左脚点地两次，向左转体 360 度。

手臂：

1-2 拍左臂向侧摆，右臂侧下。

3-4 拍左臂屈臂在肩上，右臂保持在侧下方。

5-8 拍手臂同 3-4 拍手臂动作。

图示：Y（2-2-12-1 至 2-2-12-6）

图 2-2-12-1

图 2-2-12-2

图 2-2-12-3

图 2-2-12-4

图 2-2-12-5

图 2-2-12-6

注意：身体要微微向前倾。
(9) 第九个动作（2 个 8 拍）
步伐：
1-2 拍右腿向前撩腿，跳起，身体向右转身。
3-4 拍右、左脚踏步。
5-6 左腿向前撩腿，跳起，身体向左转身。
7-8 拍左、右脚踏步。
2-1-8 拍动作与 1-8 拍动作相同。
手臂：
1-4 拍双臂自然弯曲，由左向右摆，右臂在后，左臂在前。
5-8 拍双臂自然弯曲，由左向右摆，左臂在后，右臂在前。
2-1-8 拍动作与 1-8 拍动作相同。
图示：Y（2-2-13-1 至 2-2-13-2）

图 2-2-13-1

图 2-2-13-2

注意：身体随手臂动作摆动而转动。
(10) 第十个动作（1 个 8 拍）
步伐：
1-2 拍右腿伸直，勾脚前点地，收回。
3-4 拍左腿伸直，勾脚前点地，收回。
5-6 拍右脚起原地踏步。
7-8 拍右脚向侧，勾脚点地。
手臂：

1-2 拍左臂胸前平屈，右臂屈臂至于左臂上。

3-4 拍右臂胸前平屈，左臂屈臂至于右臂上。

5-8 拍双臂由腋下向外，翻腕经侧打开，指向斜下方，掌心向上。

图示：Y（2-2-14-1 至 2-2-14-4）

图 2-2-14-1

图 2-2-14-2

图 2-2-14-3

图 2-2-14-4

注意：点地时，身体微微向前倾。

从第七个动作到第十个动作开始重复做一遍，再从第二个动作到第六个动作重复做一遍至音乐结束。

（三）男生班锅庄歌舞健身操高级成套动作一

1. 动作说明

本组合共由 7 个基本动作组成，组合共 36 个 8 拍，音乐节奏中速 4/4，运动强度较大，围圈行进过程中有方向变化，动作以撩步、靠步为主，多为转体动作，动作路线变化多样，总体动作难度较大，适宜有一定基础的学生学习。

2. 教学任务

（1）学习锅庄歌舞健身操基础步伐加转体的变化特征。

（2）学习锅庄歌舞健身操的屈伸的动作规律。

3. 教学要求

（1）掌握锅庄歌舞健身操的基本动作，体会其动作风格，建立锅庄歌舞健身操的节奏意识。

（2）正确掌握锅庄歌舞健身操的颤动律动的技术特点，以膝关节主动，髋关节随动，在自然松弛的状态下，自如地进入歌舞健身操状态。

4. 教学组织

全体同学围成一个圈，顺时针行进做动作。

5. 动作介绍与做法

（1）第一个动作（2 个 8 拍）

步伐：

1-2 拍右脚起原地踏两步。

3-4 拍右脚跺地，前踢同时身体向后仰。

5-6 拍右脚起原地踏两步。

7-8 拍右腿向后撤一步，同时身体向前倾。

2-1-8 拍重复 1-8 拍的动作。

手臂：

1-4 拍右臂由后向前甩，左臂由前向后甩。

5-8 拍与 1-4 拍动作相同方向相反。

2-1-8 拍动作与 1-8 拍动作相同。

图示：Y（2-2-15-1 全 2-2-15-8）

图 2-2-15-1

图 2-2-15-2

图 2-2-15-3

图 2-2-15-4

图 2-2-15-5

图 2-2-15-6

图 2-2-15-7

图 2-2-15-8

注意：身体与动作的配合。

（2）第二个动作（24 拍）

步伐：

1-4 拍右脚起向右后方跑四步（跑一个圆）。

5-6 拍右脚向左脚后迈步，左脚原地踏步。

7-8 拍右脚向左前方迈步，左脚原地踏步。

9-10 拍与 5-6 拍动作相同。

11-12 拍右脚跺脚，前踢。

13-24 拍动作重复 1-12 拍动作。

手臂：

1-4 拍双臂七位手保持不变。

5-6 拍双臂顺势左臂向前摆，右臂向后摆。

7-8 拍与 5-6 拍动作相同方向相反。

9-10 拍与 5-6 拍动作相同。

11-12 拍与 5-6 拍动作相反。

13-24 重复 1-12 拍动作。

图示：Y（2-2-16-1 至 2-2-16-8）

图 2-2-16-1

图 2-2-16-2

图 2-2-16-3

图 2-2-16-4

图 2-2-16-5

图 2-2-16-6

图 2-2-16-7

图 2-2-16-8

注意：手臂摆动的方向，跺脚前踢要有节奏和力度。

（3）第三个动作

步伐：

1-2 拍左脚向右前方迈步，右脚原地踏步。

3-4 拍左腿抬腿跳，落地。

5-8 拍右脚起向左转体 360 度。

2-1-8 拍动作与 1-8 拍动作相同方向相反。

手臂：

1-2 拍左臂向下摆，右臂向上摆。

3-4 拍左臂由内向外甩 ，右臂不动。

5-8 拍右臂起头上云手。

2-1-8 拍动作与 1-8 拍动作相同方向相反。

图示：Y（2-2-17-1 至 2-2-17-6）

图 2-2-17-1

图 2-2-17-2

图 2-2-17-3

图 2-2-17-4

图 2-2-17-5

图 2-2-17-6

注意：转体动作要快，要稳。

(4) 第四个动作（1 个 8 拍）

步伐：

1-2 拍左脚向右前方迈步，右脚脚尖侧点地，身体同时向右倾斜。

3-4 拍右脚向左前方迈步，左脚脚尖侧点地，身体同时向左倾斜。

5-8 拍右脚起向左转体 360 度。

手臂：

1-2 拍双臂由左下方向右上方摆动。

3-4 拍双臂由右上方向左上方摆动。

5-8 拍双臂在头上云手。

图示：Y（2-2-18-1 至 2-2-18-8）

图 2-2-18-1

图 2-2-18-2

图 2-2-18-3

图 2-2-18-4

图 2-2-18-5

图 2-2-18-6

图 2-2-18-7

图 2-2-18-8

注意：转体动作要快，整体动作要协调。

(5) 第五个动作（2 个 8 拍动作）

步伐：

1-3 拍左脚起原地踏步。

4 拍右脚向前踩脚点地。

5-6 拍右脚向后点地，左脚原地踏步，同时向后转身。

7-8 拍右脚向后点地。

2-1-8 拍动作与 1-8 拍动作相同。

手臂：

1-4 拍右臂由后向前甩，左臂由前向后甩。

5-8 拍与 1-4 拍动作相同方向相反。

2-1-8 拍动作与 1-8 拍动作相同。

图示：Y（2-2-19-1 至 2-2-19-8）

图 2-2-19-1

图 2-2-19-2

图 2-2-19-3

图 2-2-19-4

图 2-2-19-5

图 2-2-19-6

图 2-2-19-7

图 2-2-19-8

注意：动作方向变化。

(6) 第六个动作（1 个 8 拍）

步伐：

1 拍右脚向右迈步。

2 拍左脚向右迈步，成前交叉。

3-4 拍右脚向右侧踩脚侧踢，勾脚。

5 拍右脚向左前迈步。

6 拍左脚向左迈步。

7-8 拍左脚并步踩脚前踢。

手臂：

1-4 拍双臂同时由左下向右上方摆动。

5-8 拍双臂由右上方，划圆，向左上方摆动。

图示：Y（2-2-20-1 至 2-2-20-8）

图 2-2-20-1

图 2-2-20-2

图 2-2-20-3

图 2-2-20-4

图 2-2-20-5

图 2-2-20-6

图 2-2-20-7

图 2-2-20-8

注意：动作节奏感要强。

重复以上动作到音乐结束

（四）男生班锅庄歌舞健身操高级成套动作二

1. 动作说明

本组合共由 7 个基本动作组成，组合共 36 个 8 拍，音乐节奏中速 4/4，运动强度较大，围圈行进过程中有方向变化，动作以撩步、靠步为主，多为转体动作，动作路线变化多样，总体动作难度较大，适宜有一定基础的学生学习。

2. 教学任务

（1）学习锅庄歌舞健身操基础步伐加转体的变化特征。

（2）学习锅庄歌舞健身操的屈伸的动作规律。

3. 教学要求

（1）掌握锅庄歌舞健身操的基本动作，体会其动作风格，建立锅庄歌舞健身操的节奏意识。

（2）正确掌握锅庄歌舞健身操的颤动律动的技术特点，以膝关节主动，髋关节随动，在自然松弛的状态下，自如地进入歌舞健身操状态。

4. 教学组织

全体同学围成一个圈，顺时针行进做动作。

5. 动作介绍与做法

前奏：两个八拍

（1）第一个动作（1 个 8 拍）

步伐：

1-4 拍身体向前倾，右脚起小碎步四次。

5-6 拍右腿前伸膝关节微屈，脚尖前点地。

7-8 拍左腿前伸膝关节微屈，脚尖前点地。

手臂：

1-4 拍双臂自然弯曲前交叉 2 次（两拍一动）。

5-6 拍右臂向后划立圆甩。

7-8 拍左臂向后划立圆甩。

图示：Y（2-2-21-1 至 2-2-21-6）

图 2-2-21-1

图 2-2-21-2

图 2-2-21-3

图 2-2-21-4

图 2-2-21-5

图 2-2-21-6

（2）第二个动作（2 个 8 拍）

步伐：

1 拍右脚向前上一步，身体向上抬头。

2 拍左脚向前跟进点地，身体向下自然弯曲。

3 拍左脚向后撤一步。

4 拍右脚向后撤一步，点地，同时向左转体 90 度。

5-8 拍与 1-4 拍动作相同。

2-1-8 拍重复以上动作一次。

手臂：

1-2 拍左臂在上右臂在下双臂屈肘上抬，至于胸上方。

3-4 拍双臂自然向下甩。

5-6 拍同 1-2 拍。

7-8 拍同 3-4 拍。

2-1-8 拍至 4-1-8 拍动作与 1-1-8 拍动作相同。

注意：这个动作每次要向左转 90 度，共转体 360 度，身体自然屈伸。

图示：Y（2-2-22-1 至 2-2-22-8）

图 2-2-22-1

图 2-2-22-2

图 2-2-22-3

图 2-2-22-4

图 2-2-22-5

图 2-2-22-6

图 2-2-22-7

图 2-2-22-8

（3）第三个动作（1 个 8 拍）

步伐：

1-2 拍以左脚为轴，右脚脚尖向前点地向左转体 180 度。

3 拍右脚向前迈一步。

4 拍左脚向前点地并上，同时向左转体 180 度。

5 拍左脚向前迈一步。

6 拍右脚再向前点地，身体向上抬头。

7 拍右脚向左侧迈一步。

8 拍左脚向左迈一步点地 身体向下自然弯曲。

手臂：

1-2 拍双臂头上云手。

3-4 拍右臂收于胸前，左臂收于身后自然弯曲。

5-6 拍双臂屈肘右臂在头上，左臂在胸前。

7-8 拍左臂向后上方甩，右臂向后下方甩，双臂甩直至左侧。

注意：做动作时身体要有节奏地屈伸，转体要快要准。

图示：Y（2-2-23-1 至 2-2-23-6）

图 2-2-23-1

图 2-2-23-2

图 2-2-23-3

图 2-2-23-4

图 2-2-23-5

图 2-2-23-6

（4）第四个动作（1 个 8 拍动作）

步伐：

1 拍左脚向后退一步。

2 拍右脚向后退一步与左腿交叉。

3 拍左脚继续向后退一步。

4 拍右脚回收点地。

5 拍右脚向前迈一步。

6 拍左脚向前迈一步。

7 拍右脚继续向前迈一步。

8 拍左脚收回点地。

手臂：

1-4 双臂两拍一动，先向左再向右甩成 8 字。

5-8 拍右臂弯曲左臂后摆到开手自然摆动。

注意：每拍动作要配合身体屈伸，手臂动作要放松、自然地甩。

图示：（2-2-24-1 至 2-2-24-4）

图 2-2-24-1

图 2-2-24-2

图 2-2-24-3

图 2-2-24-4

(5) 第五个动作（2 个 8 拍）

步伐：

1-4 拍身体向前倾，右脚起小碎步四次。

5-6 拍右腿前伸膝关节微屈，脚尖前点地。

7-8 拍左腿前伸膝关节微屈，脚尖前点地。

手臂：

1-4 拍双臂自然弯曲前交叉 2 次（两拍一动）。

5-6 拍右臂向后划立圆甩。

7-8 拍左臂向后划立圆甩。

图示：(2-2-25-1 至 2-2-25-6)

图 2-2-25-1

图 2-2-25-2

图 2-2-25-3

图 2-2-25-4

图 2-2-25-5

图 2-2-25-6

(6) 第六个动作（1 个 8 拍）

步伐：

1-2 拍右脚脚尖向前点地。
3-4 拍以左脚为轴向左转体 360 度，右脚点地。
5-6 拍右脚脚尖向前点地。
7-8 拍以左脚为轴向左转体 360 度，右脚点地落地 。
手臂：
1-2 拍双臂头上云手。
3-4 拍双臂自然弯曲向左下方甩。
5-6 拍双臂头上云手。
7-8 拍双臂自然弯曲向侧平开手打开。
注意：转体动作要准确，速度要快。
图示：(2-2-26-1 至 2-2-26-8)

图 2-2-26-1

图 2-2-26-2

图 2-2-26-3

图 2-2-26-4

图 2-2-26-5

图 2-2-26-6

图 2-2-26-7

图 2-2-26-8

(7) 第七个动作（1 个 8 拍）
步伐：
1-2 拍右腿向前勾脚抬腿，落地。
3-4 拍左脚向前勾脚抬腿，落地。
5-8 拍身体向前倾，右脚起小碎步四次。
手臂：
1-4 拍双臂两拍一动，先向右再向左甩成 8 字。
5-8 拍双臂前下方交叉。
图示：(2-2-27-1 至 2-2-27-4)

图 2-2-27-1

图 2-2-27-2

图 2-2-27-3

图 2-2-27-4

(8) 第八个动作（12 拍）
1-2 拍左脚脚尖向前点地。
3-4 拍以右脚为轴向右转 360 度，左脚点地。
5-6 拍左脚向前勾脚抬腿，落地。
7-8 拍右腿向前勾脚抬腿，落地。
2-1-4 拍以左脚为轴向左转 360 度。
手臂：
1-8 拍双臂头上云手，双臂自然弯曲向右下方甩。
2-1-4 拍双臂两拍一动，先向左再向右甩成 8 字。
注意：动作之间衔接要流畅，转体速度要快。
图示：(2-2-28-1 至 2-2-28-6)

图 2-2-28-1

图 2-2-28-2

图 2-2-28-3

图 2-2-28-4

图 2-2-28-5

图 2-2-28-6

提示：重复以上动作两次，到音乐结束。

(9) 第九个动作（1 个 8 拍）

步伐：

1-2 拍右腿前伸膝关节微屈，脚尖前点地。

3-4 拍左腿前伸膝关节微屈，脚尖前点地。

5-6 拍右脚脚尖向前点地。

7-8 拍以左脚为轴向左转体 360 度，右脚点地。

手臂：

2-1-4 拍右臂向后划立圆甩。

2-5-8 拍双臂头上云手，双臂自然弯曲向左下方甩。

图示：（2-2-29-1 至 2-2-29-7）

图 2-2-29-1

图 2-2-29-2

图 2-2-29-3

图 2-2-29-4

图 2-2-29-5

图 2-2-29-6

图 2-2-29-7

6. 注意事项

(1) 注意动作要在屈伸动律上完成。

(2) 动作衔接要流畅，上下支配要协调。

(3) 动作要准确配合音乐节奏。

第三章　维吾尔族麦西莱甫与萨玛歌舞健身操编排与教学

第一节　维吾尔族麦西莱甫歌舞健身操

维吾尔族麦西莱甫其起源可以追溯到古代的祭礼庆典活动。《魏书·高车传》称：“高宗时，五部高车合聚祭天，众至数万。大会，走马杀牲，游歌吟忻忻，其俗称自前世以来无盛于此。”这种男女弹唱歌吟的活动在新疆库车、吐鲁番的千佛洞壁画中均有反映。11 世纪成书的《突厥语辞典》中称之为“索尔丘克”和“苏合迪克”的晚会和冬日欢聚，或为麦西莱甫的雏形。麦西莱甫的内容大致包括音乐、歌舞健身操、歌唱、联句对歌、讲故事、说笑话、做游戏、即兴吟诵等。由于麦西莱甫内容丰富多彩，为人民群众喜爱。长期以来，它对维吾尔族的文学艺术起着组织和推动作用。

麦西莱甫一般由各家轮流主持，并准备适当饭菜招待客人。上世纪 50 年代以来，麦西莱甫活动更加活跃，民间嫁娶及节日期间多有举办者。它已成为普及和提高群众文学艺术水平、开展群众文化娱乐活动的最好形式。人们通过麦西莱甫的各种活动抒发自己的感情，歌颂美好的现实生活，表达自己内心的喜悦。麦西莱甫是歌舞健身、各种民间娱乐和风俗相结合的一种歌舞健身操形式。它不仅丰富了人们的精神生活，而且具有传播艺术和道德风尚的社会作用。麦西莱甫分为节日、野游、婚娶、轮流举办等多种形式。内容一般分为三部分：乐曲歌舞健身操、娱乐游戏和惩罚行为不端者。麦西莱甫有其惯例及准则，破坏者要受惩罚或被禁止参加。因此它又是对青年进行道德教育、传统习俗教育、文化教育、集体主义精神教育的一种手段。

麦西莱甫歌舞健身操是新疆人民十分喜爱的群众性歌舞健身形式。通常先由小乐队演奏一段选自“十二木卡姆”的乐曲，然后开始跳歌舞健身操。此刻，人人皆可上场，整个歌舞健身操场上欢歌笑语，热闹非凡。其歌舞健身操的动作形象地表现出维吾尔人民在旷野里举行歌舞健身、狩猎、狂欢的场面，歌舞健身操逐渐由平稳转为激烈，忽而旋转，忽而滑冲，忽而微颤，舞姿富于变化。本节主要介绍麦西莱甫的基本动作、组合以及成套动作，动作编排从简到难，循序渐进，组合动作主要来源于当地步伐，成套动作通过适当改编后以适应于教学。

一、麦西莱甫歌舞健身操基本手型与动作

(一) 基本手位

1. 斜下方手

双臂分别自然置于体侧斜下方，立腕。

2. 平开手

双臂自然打开平开手，立腕。

3. 顶手

双手托于头上，掌心向上。

4. 前手位

手抬于体前立腕。

5. 脱帽手

双（单）手托于耳后。

6. 胸前交叉手

双手交叉于胸前，掌心向外，立腕。

7. 夏克（右手为例）

右顶手，左手在右肩前。

8. 遮阳托腮手（以右手为例）

右手于斜上方屈臂，掌心向下，左手于颌下，掌心向下，架肘。

9. 点肩手（以右手为例）

右臂屈肘扶肩，中指点肩。

10. 双推腕

双手在头顶，双手分开与肩同宽，手背相对，左手推手腕带动肩微微向左摆，双臂反弹。

11. 猫洗脸

十指交叉，双手提起于下颌，提右腕，顺右耳上提，经过额头压右腕顺左耳下绕脸一周。

（二）基本动作

1. 抬踏步

Da 右脚抬颤。

1 拍右脚向前八字位落地。

Da 左脚抬颤。

2 拍左脚向前八字位落地。

注意：动作可以向后。

2. 踏点横垫步

1 拍右脚略勾脚，向右横移一小步，脚跟着地，左踮脚，重心在两脚之间。

2 拍右脚掌落地，左脚掌快速向右横移至右脚跟后，双膝随之顿颤一次。

注意：勾脚时间长，落地时间短。

3. 三步一抬

（1）前后三步一抬（以右脚为例）

Da 右脚抬颤。

1 拍右脚向前上步。

Da 左脚踮步向前上一大步。

2 拍右脚向前上步成左后踏步。

(2) 横移三步一抬(以右脚为例)

Da 右脚抬颤。

1 拍右脚落地左脚前。

Da 左踮步向左横移一大步。

2 右脚向左横移成左后踏步。

(3) 转体三步一抬

Da 右脚抬颤。

1 拍右脚落地左脚前。

Da 左踮步向左横移一大步。

身体对 2 点，右脚上步至左后踏步。

(4) 转身三步一抬

Da 右脚抬颤。

1 拍向右转身向 4 点上步，脚跟着地。

Da 左踮步向 5 点上步。

2 拍身体对 8 点，右脚上步成左后踏步。

注意：转身要留头。

4. 进退步

(1) 前后进退步

Da 右膝微屈，借右脚掌推地前之力，左脚大步迈向前。

1 拍右踮步向左前上步。

Da 左踮步向前移半步。

2 拍右踮脚向左脚后撤步。

Da 左踮步向前移半步。

注意：步伐要平稳，此动作也可以左右横向做。

(2) 交叉进退步

Da 左脚踮步向前上一大步。

1 拍右脚跟至交叉点部位。

Da 左脚踮步前移半步。

2 拍右踮脚向左后撤步。

5. 跳蹭步

Da 双膝微屈，左脚向前上一步跳，同时右腿前吸。

1 拍挪右脚双膝微屈，左脚跟至右脚前，脚掌点地。

Da 左脚向前迈步，脚掌点地。

2 拍右脚向前上步。

Da 保持双膝微屈，右脚向前蹭一步，左吸腿。

二、麦西莱甫歌舞健身操练习组合

（一）麦西莱甫歌舞健身操练习组合一

1. 动作说明

本组合主要由三步一抬动作组成，音乐4/4，组合共24拍，音乐节奏慢，运动强度小，没有队形变化，简单易学，适宜初学者学习。

2. 教学任务

（1）学习维吾尔族麦西莱甫三步一抬步伐，了解其大概的动作特征。

（2）学习维吾尔族麦西莱甫三步一抬动作与节奏配合的规律。

3. 教学要求

（1）掌握维吾尔族麦西莱甫的基本动作，体会其动作风格，建立麦西莱甫的节奏意识。

（2）正确掌握维吾尔族麦西莱甫的技术特点，在自然体态下，自如地进行歌舞健身操锻炼。

4. 教学组织

男女各一半，相对。

5. 动作介绍与做法

（1）第一个动作（2个8拍）

步伐：

1-3拍右脚起向右走三步。

4拍左脚勾脚向后抬脚。

5-7拍左脚向左走三步。

8拍右脚勾脚向后抬。

2-1-8拍动作与1-8相同。

手臂：

1-3拍双手在右侧平托起。

4拍五位手（右手在上，左手在侧）翻手腕。

5-7拍双手在左侧平托起。

8拍五位手（左手在上，右手在侧）翻手腕。

2-1-8拍的动作同1-8。

（2）第二个动作（2个8拍）

步伐：

1-3拍右脚向后退三步，脚后跟立起来。

4拍左脚抬起。

5-7拍左脚向后退三步，脚后跟立起来。

8拍右脚抬起。

2-1-8拍动作与1-8拍的动作相同。

手臂：

1-3 拍双臂从两侧打开向左上抬起。
4 拍四位手（左臂在上，右臂在左侧腰前）翻腕。
5-7 拍双臂从两侧打开向右上抬起。
8 拍四位手（右臂在上，左臂在右侧腰前）翻腕。
2-1-8 拍动作与 1-8 拍动作相同。
（3）第三个动作（2 个 8 拍）
步伐：
1-3 拍右脚起向右走三步。
4 拍左脚勾脚向后抬脚。
5-7 拍左脚向左走三步。
8 拍右脚勾脚向后抬。
2-1-8 拍动作与 1-8 相同。
手臂：
1-3 拍双手在右侧平托起。
4 拍五位手（右手在上，左手在侧）翻手腕。
5-6 拍双手在左侧平托起。
8 拍五位手（左手在上，右手在侧）翻手腕。
2-1-8 的动作同 1-8。
（4）第四个动作（2 个 8 拍）
步伐：
1-3 拍右脚向后退三步，脚后跟立起来。
4 拍左脚抬起。
5-7 拍左脚向后退三步，脚后跟立起来。
8 拍右脚抬起。
2-1-8 拍动作与 1-8 拍的动作相同。
手臂：
1-3 拍左臂叉腰，右手从胸前摊手伸直，向后打开，左肩膀向前，身体侧过来。
4 拍右手翻腕。
5-7 拍右臂叉腰，左手从胸前摊手伸直，向后打开，右肩膀向前，身体侧过来。
8 拍右手翻腕。
2-1-8 拍动作与 1-8 拍的动作相同。
（5）第五个动作（2 个 8 拍）
步伐：
1 拍右脚向左侧迈步。
2 拍左脚向后迈步，同时向右转身 90 度。
3-4 拍右脚原地踏步。
5 拍左脚向后迈步。
6 拍右脚原地踏步，同时向左转身 90 度。

7-8 拍左脚原地踏步。

2-1-8 拍动作与上相同。

手臂：

1-4 拍双手向前推出去打开，侧平举立手掌。

5-8 拍与 1-4 拍动作相同。

2-1-8 拍动作与上相同。

（6）第六个动作（1 个 8 拍）。

步伐：

1 拍右脚向后迈步。

2 拍左脚向后右后转身迈步。

3-4 拍右脚迈向前方蹲下来，左脚在后，脚尖点地。

5-8 拍与 1-4 拍动作相同方向相反。

2-1-8 拍重复 1-8 拍。

手臂：

1-3 拍双臂平开手。

4 拍左臂在上，右臂在侧，五位手翻腕。

5-6 拍双臂平开手。

8 拍右臂在上，左臂在侧，五位手翻腕。

（7）第七个动作（2 个 8 拍）

步伐：

1-3 拍右脚起向右走三步。

4 拍左脚勾脚向后抬脚。

5-7 拍左脚向左走三步。

8 拍右脚勾脚向后抬。

2-1-8 拍动作与 1-8 相同。

手臂：

1-4 拍双臂向侧下微微抬起，翻腕。

5-8 拍动作与 1-4 拍相同。

2-1-8 拍双臂头上推手。

（8）第八个动作（1 个 8 拍）

步伐：

1-4 拍左脚向前迈步，右脚向前交叉转身，立踵。

5-8 拍右脚向前迈步，左腿跪地。

手臂：

1-4 拍双臂向上抬起，成侧上举，掌心相对。

5-8 拍左手叉腰，右手向前摊手向后摆至头后方，翻腕。

（二）麦西莱甫歌舞健身操练习组合二

1. 动作说明

本组合主要由踮步动作组成，音乐 4/4，组合共 24 拍，音乐节奏慢，运动强度小，没有队形变化，简单易学，适宜初学者学习。

2. 教学任务

（1）学习维吾尔族麦西莱甫踮步步伐，了解其大概的动作特征。

（2）学习维吾尔族麦西莱甫踮步动作与节奏配合的规律。

3. 教学要求

（1）掌握维吾尔族麦西莱甫的基本动作，体会其动作风格，建立麦西莱甫歌舞健身操的节奏意识。

（2）正确掌握维吾尔族麦西莱甫踮步的技术特点，在自然体态下，自如地进入歌舞健身操状态。

4. 教学组织

男女各一半，相对。

5. 动作介绍与做法

（1）第一个动作（2 个 8 拍）

步伐：

1 拍右脚向前勾脚点地。

2 拍左脚脚尖点地，蹲。

3-4 拍同 1-2 拍动作。

5-8 拍动作同 1-4 拍动作。

2-1-8 拍动作与 1-8 拍动作相同方向相反。

手臂：

1-8 拍左手在胸前，掌心向外，右手在头上，掌心向上。

2-8 拍右手在胸前，掌心向外，左手在头上，掌心向上。

（2）第二个动作（2 个 8 拍）

步伐：

1 拍右脚向前勾脚点地。

2 拍左脚脚尖点地，蹲。

3-4 拍同 1-2 拍动作。

5-8 拍动作同 1-4 拍动作。

2-1-8 拍动作与 1-8 拍动作相同方向相反。

手臂：

1-8 拍左手在头上掌心向上，右手在左侧腰前，掌心向前。

2-8 拍右手在头上掌心向上，左手在左侧腰前，掌心向前。

（3）第三个动作（2 个 8 拍）

步伐：

1 拍右脚向前勾脚点地。

2 拍左脚脚尖点地，蹲。

3-4 拍同 1-2 拍动作。

5-8 拍动作同 1-4 拍动作。

2-1-8 拍动作与 1-8 拍动作相同方向相反。

手臂：手臂三位手推手。

（4）第四个动作（2 个 8 拍）

步伐：

1-2 拍左脚向后退一步。

3-4 拍右脚向后退一步。

5-8 拍右脚起向后退三步。

2-1-8 拍动作与 1-8 拍相同。

手臂：

1-4 拍右臂在胸前，左手背到后面，身体微微向后仰。

5-8 拍右手在上，左手在侧，成五位手。

2-1-8 拍动作与 1-8 拍相同方向相反。

（5）第五个动作（2 个 8 拍）

步伐：

1-8 拍右脚向左前踮步走四步。

2-8 拍左脚向右前踮步走四步。

3-8 拍向左转身，屈膝微蹲，抬头眼睛看上面。

手臂：

1-8 拍左手抱头，右臂向前手臂前伸，立腕向前推出去。

2-8 拍右手抱头，左臂向前手臂前伸，立腕向前推出去。

3-8 拍双臂弯曲，左手在胸前，右臂在侧立腕。

（6）第六个动作

步伐：

1 拍右脚向左前迈步。

Da 左脚跟进点地。

2 拍右脚向前迈一大步，成弓箭步。

3-4 拍动作与 1-2 拍相同方向相反。

5-8 拍重复 1-4 拍动作。

手臂：

1-2 拍双手向里划圈，分别向两边肩上翻腕打开，双手掌心向上在胸前交叉。

3-4 拍双手向外划圈，手背相对，从胸前窜出去。

5-8 拍动作与 1-4 拍动作相同。

（7）第七个动作（2 个 8 拍）

步伐：

1-8 拍右脚在前做勾脚踮步，动作路线向前。

2-8 拍右脚在前做勾脚踮步，动作路线向左后转一周。

手臂：右手半握拳在头上微屈，左手叉腰，右手向外推做软手的动律。

（8）第八个动作（2 个 8 拍）

步伐：

1-8 拍左脚在前做勾脚踮步，动作路线向右。

2-8 拍右脚在前做勾脚踮步，动作路线向左。

手臂：

1-8 拍做猫洗脸手（十指交叉，双手提起于下颌，提左腕，顺左耳上提，经过额头压左腕顺右耳下绕脸一周）。

2-8 拍做猫洗脸手（从右向左）。

（9）第九个动作（2 个 8 拍）

步伐：1-8 拍左脚在前勾脚做踮步，右脚向后，身体稍向后仰，立踵。动作路线向右。

手臂：脱帽手向上（右手翻腕在头上，左手翻腕掌心向上靠近左脸侧）。

（三）麦西莱甫歌舞健身操练习组合三

1. 动作说明

本组合主要由切克德曼动作组成，音乐 4/4，组合共 24 拍，音乐节奏慢，运动强度小，没有队形变化，简单易学，适宜初学者学习。

2. 教学任务

（1）学习维吾尔族麦西莱甫切克德曼步伐，了解其大概的动作特征。

（2）学习维吾尔族麦西莱甫切克德曼动作与节奏配合的规律。

3. 教学要求

（1）掌握维吾尔族麦西莱甫的基本动作，体会其动作风格，建立麦西莱甫歌舞健身操的节奏意识。

（2）正确掌握维吾尔族麦西莱甫切克德曼的技术特点，在自然体态下，自如地进入歌舞健身操状态。

4. 教学组织

男女各一半，相对。

5. 动作介绍与做法

（1）第一个动作（2 个 8 拍）

步伐：

1-2 拍右脚向前迈步，身体向右倾斜。

3-4 拍左脚向前迈步。

5-8 拍经过一个半蹲，右脚跺脚一次。

2-1-2 拍转向左侧，左脚向前迈步，身体向左倾斜。

2-3-4 拍右脚向前迈步。

2-5-8 拍经过一个半蹲，左脚跺脚一次。

手臂：双手叉腰。

（2）第二个动作（2 个 8 拍）

步伐：

1-2 拍右脚向 2 点迈脚。

3-4 拍上左脚。
5-8 拍右脚跺脚一次。
2-1-2 拍左脚迈向 8 点。
2-3-4 拍上右脚。
2-5-8 拍左脚跺脚一次。
手臂：
1-2 拍左手打开向上推手，掌心向上，眼睛看着手。
3-8 拍眼睛转向 2 点。
2-1-8 拍动作与 1-8 拍相同方向相反。
(3) 第三个动作（2 个 8 拍）
步伐：
1-2 拍右脚向后迈步转身
3-4 拍上左脚交叉，转身向前。
5-8 拍右脚收回跺脚。
2-1-8 拍动作与 1-8 拍动作相同方向相反。
手臂：
1-4 拍双臂肘关节微屈上提架肘，手微微半握拳，翻腕掌心向外，眼睛向专设方向后看。
5-8 拍左手在右胯前，右手在背后，掌心向上。
2-1-8 拍动作与 1-8 拍动作相同方向相反。
(4) 第四个动作（2 个 8 拍）
步伐：
1-2 拍右脚向前迈步。
3-4 拍上左脚。
5 拍右脚跺脚。
6 拍左脚快速向左侧迈步打开。
7-8 拍右脚向前迈步蹲住，膝关节微屈。
2-1-2 拍左脚跺脚。
2-3-4 拍右脚向侧迈步。
2-5-6 拍左脚向前迈步蹲住，膝关节微屈。
2-7-8 拍收右脚站立。
手臂：
1-4 拍右臂屈肘掌心向上，向前下伸，由下面慢慢地提起来，手臂垂直向上提，指尖向上。
5-6 拍左手向左摆。
7-8 拍左臂向右摆。
2-1-4 拍双手经过胸前向里翻腕摊手。
2-5-8 拍双臂收回放在体侧。

（5）第五个动作（2个8拍）

步伐：

1-4拍右脚向后迈步，左脚上步转身。

5-8拍右脚跺脚。

2-1-8拍动作与1-8拍相同方向相反。

手臂：

1-2拍双手从两侧抬起成三位手。

3-4拍右手在左肩前点肩，左手在体侧，同时低头行礼。

2-1-8拍动作与1-8拍相同方向相反。

（6）第六个动作

步伐：

1-4拍右脚向前迈步作两个平转。

5-8拍双脚并住。

手臂：

1-4双臂叉腰。

5-8拍双臂打开向外绕至胸前平屈掌心向上，低头做行礼。

三、麦西莱甫歌舞健身操成套动作

1. 动作说明

本组合主要由基本动作组成，音乐4/4，组合共24拍，音乐节奏慢，运动强度小，有两次队形变化，简单易学，适宜初学者学习。

2. 教学任务

（1）学习维吾尔族麦西莱甫基本步伐，了解其大概的动作特征。

（2）学习维吾尔族麦西莱甫动作与节奏配合的规律。

3. 教学要求

（1）掌握维吾尔族麦西莱甫的基本动作，体会其动作风格，建立麦西莱甫歌舞健身操的节奏意识。

（2）正确掌握维吾尔族麦西莱甫的技术特点，在自然体态下，自如地进入歌舞健身操状态。

4. 教学组织

男女各一半，相对。

5. 动作介绍与做法

准备：侧身面对前方，女方在右，男方在左。

注意：前十四个动作由女生完成，第十五个动作开始男女生配合完成。

（1）第一个动作（2个8拍）

步伐：

1-4拍左脚起向后退四步。

5-8拍与1-4相同。

2-1-8 拍重复 1-8 拍的动作。

手臂：右臂伸直，立掌，左臂放置于体侧保持不变。

图示：(3-1-1-1 至 3-1-1-2)

图 3-1-1-1

图 3-1-1-2

注意：眼睛看手。

(2) 第二个动作（4 个 8 拍）

步伐：

1-2 拍右脚向前迈步。

3-4 拍左脚向侧迈步，右脚点地，同时屈膝微蹲。

5-8 拍动作与 1-4 拍动作相同方向相反。

2-1-8、3-1-8、4-1-8 拍动作与 1-8 拍相同。

手臂：

1-2 双臂屈肘点肩。

3-4 拍双臂向外翻腕向右推出，立掌。

5-8 拍动作与 1-4 拍动作相同方向相反。

2-1-8、3-1-8、4-1-8 拍动作与 1-8 拍相同。

图示：(3-1-2-1 至 3-1-2-2)

图 3-1-2-1

图 3-1-2-2

注意：注意面部表情同时眼睛看手。

(3) 第三个动作（3 个 8 拍）

步伐：

1-2 拍右脚向前迈步。

3-4 拍左脚向侧迈步，右脚点地，同时屈膝微蹲。

5-8 拍动作与 1-4 拍动作相同方向相反。

2-1-8、3-1-8 拍动作与 1-8 拍相同。

手臂：

1-4 拍双臂置于头顶，手背相对与肩同宽，向左双推手。

5-8 拍动作与 1-2 拍动作相同方向相反。

2-1-8、3-1-8 拍动作与 1-8 拍相同。

图示：(3-1-3-1 至 3-1-3-3)

图 3-1-3-1

图 3-1-3-2

图 3-1-3-3

注意：手臂动作节奏。

(4) 第四个动作（3 个 8 拍）

步伐：

1-4 拍左脚起向后三步一抬。

5-8 拍向左后转圈，向前三步一抬。

2-1-8 拍向左转继续做向前三步一抬。

3-1-8 拍动作与 2-1-8 拍相同。

手臂：双臂从下向上翻腕，右臂侧方（手拉裙子），左臂上方，掌心向外，随节奏做软手。

图示：(3-1-4-1 至 3-1-4-3)

图 3-1-4-1

图 3-1-4-2

图 3-1-4-3

注意：动作节奏；动作路线为圆形。

(5) 第五个动作（2 个 8 拍）

步伐：

1-8 拍左脚起小碎步。

2-1-4 拍右腿屈膝向后撤步，左脚向右后撤步。

2-5-8 拍左脚屈膝向前上步，右脚向前迈步，置于左腿后方。

手臂：

1-4 拍双臂胸前交叉，立掌向外推。

5-8 拍双手做软手动作。

2-1-4 拍双臂伸直体前交叉，翻腕向上，仰头，做脱帽手。

2-5-8 拍双脱帽手打开，两侧放下，再抬臂屈肘托于下肩。

图示：（3-1-5-1 至 3-1-5-7）

图 3-1-5-1

图 3-1-5-2

图 3-1-5-3

图 3-1-5-4

图 3-1-5-5

图 3-1-5-6

图 3-1-5-7

注意：动作细节要准确

（6）第六个动作（1 个 8 拍）

步伐：

双腿屈膝，左脚在前，右脚在后，以左脚为轴，右脚点地转体 360 度。

手臂：双臂托于腰旁，左手在上，右手再向下。

图示：（3-1-6-1）

注意：转体动作要平稳。

（7）第七个动作（3 个 8 拍）

步伐：

1-8 拍左脚在前右脚在后屈膝下蹲。

2-1-8 拍站起。

3-1-8 拍以右脚为轴，左脚点地，转体 360 度。

图 3-1-6-1

手臂：

1-8 拍右托帽手，左手向下。

2-1-8 拍双臂从下向上，左手脱帽手，眼睛看手臂。

图示：(3-1-7-1 至 3-1-7-5)

图 3-1-7-1

图 3-1-7-2

图 3-1-7-3

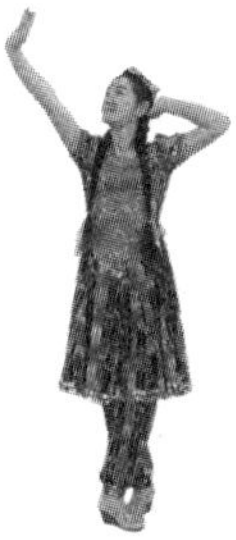
图 3-1-7-4

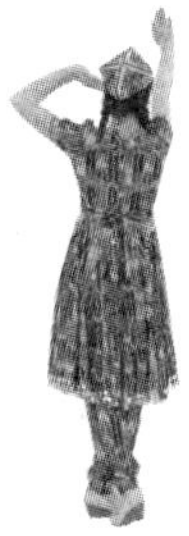
图 3-1-7-5

注意：面部表情要柔和优美。

(8) 第八个动作（ 4 个 8 拍）

步伐：

1-2 拍面向后方，向右转身后，右脚迈一大步，左脚迈一小步。

3-4 拍右腿屈膝向左迈步，左脚迈一小步。

5-8 拍动作与 1-4 拍动作相同方向相反。

2-1-8 至 4-1-8 拍动作与 1-8 拍相同，动作幅度越来越小。

手臂：

1-2 拍双臂头上和掌。

3-4 拍双臂打开，左臂向下，右臂向上，同时身体右转。

5-8 拍动作与 1-4 拍动作相同方向相反。

2-1-8 至 4-1-8 动作与 1-8 拍相同。

图示：(2-1-8-1 至 2-1-8-4)

图 3-1-8-1

图 3-1-8-2

图 3-1-8-3

图 3-1-8-4

注意：动作路线向后。

(9) 第九个动作（1 个 8 拍）

步伐：

1-2 右脚向前迈步。

3-4 拍左脚向前迈步。

5-8 拍右脚起向前走四步。

手臂：

1-4 拍双臂同时向右向左摆，两拍一动，眼睛先向右下看，再向上看。

图示：(3-1-9-1 至 3-1-9-2)

图 3-1-9-1

图 3-1-9-2

注意：眼睛随动作的变化而变化。

(10) 第十个动作（1 个 8 拍）

步伐：

1 拍左脚向左侧迈步。

2 拍右脚向左后撤步。

3-4 拍左脚原地抬踏。

5-8 拍动作与 1-4 拍动作相同，方向相反。

手臂：

1-4 拍右臂点肩，外翻腕向前推出，同时眼睛看手。

5-8 拍动作与 1-4 拍动作相同，方向相反。

图示：(3-1-10-1 至 3-1-10-4)

图 3-1-10-1

图 3-1-10-2

图 3-1-10-3

图 3-1-10-4

注意：向外推手时身体向后仰。

（11）第十一个动作（1 个 8 拍）

步伐：右脚在前踮步。

手臂：顶手翻腕向下。

图示：（3-1-11-1 至 3-1-11-2）

图 3-1-11-1

图 3-1-11-2

注意：配合头的动律。

（12）第十二个动作（ 2 个 8 拍）

步伐：

1-4 拍左脚起向左前走四步。

5-8 拍原地踏步。

2-1-4 拍原地踏步。

2-5-8 拍右脚向右后撤步，左腿向右腿后方撤步，膝关节微屈微蹲。

手臂：

1-4 拍腋下掏手。

5-8 拍双手翻腕推出，同时身体向右转身，眼睛向下看（害羞状）。

2-1-4 拍腋下掏手。

2-5-8 拍右臂肩前手（右手指尖触肩，架肘）。

图示：（3-1-12-1 至 3-1-12-5）

图 3-1-12-1

图 3-1-12-2

图 3-1-12-3

图 3-1-12-4

图 3-1-12-5

注意：动作要有表现力。

(13) 第十三个动作（1 个 8 拍）

步伐：

1 拍左脚向后迈步，脚尖点地。

2-4 拍转体 360 度。

5-6 拍下蹲。

7-8 拍站立。

手臂：

1 拍双臂向右摆。

2-4 拍右臂胸前屈，掌心向外，左臂伸直向后，手拉裙角。

5-6 拍双臂扶腿。

7-8 拍双臂向上 ，掌心向外。

图示：(3-1-13-1 至 3-1-13-7)

图 3-1-13-1

图 3-1-13-2

图 3-1-13-3

图 3-1-13-4

图 3-1-13-5

图 3-1-13-6

图 3-1-13-7

注意：转体的稳定性。

(14) 第十四个动作 (2 个 8 拍)

步伐：

1-2 拍左脚向右后撤半步，双腿微屈外开位蹲，同时身体向左倾。

3-4 拍左脚向左后撤一大步，左腿伸直，右腿不变，身体向右倾。

5-8 拍向后退四步。

手臂：

1-2 拍双臂胸前环抱，左臂上，右臂下屈。

3-4 拍双臂开手，掌心向前。

5 拍右手点肩。

6 拍右臂放下。

7 拍左手点肩。

8 拍左手放下。

图示：(3-1-14-1 至 3-1-14-6)

图 3-1-14-1

图 3-1-14-2

图 3-1-14-3

图 3-1-14-4

图 3-1-14-5

图 3-1-14-6

(15) 第十五个动作 (2 个 8 拍)

准备：两人相对。

步伐：三步一抬向前走。

手臂：脱帽手 (女生右脱帽手，左手软手；男生左脱帽手，右手叉腰)。

图示：(3-1-15-1 至 3-1-15-2)

图 3-1-15-1

图 3-1-15-2

注意：男女生并排向前走。

（16）第十六个动作（2 个 8 拍）

步伐：三步一抬。

手臂：

1-8 拍双臂胸前交叉，平开手，翻腕。

2-1-4 拍右臂腹前屈，左臂后背，同时身体前倾（行礼）。

2-5-8 拍双臂胸前交叉，平开手。

图示：（3-1-16-1 至 3-1-16-4）

图 3-1-16-1

图 3-1-16-2

图 3-1-16-3

图 3-1-16-4

注意：男女生从同时向前变为相对。

（17）第十七个动作（1 个 8 拍）

步伐：

1-2 拍右脚向左迈步，身体同时右转。

3-4 拍左脚左迈步，右脚踏步。

5-8 拍动作与 1-4 相同方向相反。

2-1-4 拍右脚起向右转走，男女生换位置。

2-5-8 拍先向后撤步，再向前上步。

手臂：

1-4 拍（女生）右臂前抬立掌；左右臂自然摆动（男生）。

5-8 拍动作与 1-4 相同方向相反。

1-4 拍女生右臂前抬，男生左右自然摆臂。

5-8 拍胸前平开手。

图示：（3-1-17-1 至 3-1-17-6）

图 3-1-17-1

图 3-1-17-2

图 3-1-17-3

图 3-1-17-4

图 3-1-17-5

图 3-1-17-6

注意：动作的协调性以及面部表情。

(18) 第十八个动作（2 个 8 拍）

步伐：

1-2 拍右脚向左迈步，身体同时右转。

3-4 拍左脚左迈步，右脚踏步。

5-8 拍动作与 1-4 相同方向相反。

2-1-4 拍右脚起向右转走，男女生再换位置。

2-5-8 拍先向后撤步，再向前上步。

手臂：

1-4 拍（女生）右臂前抬立掌；（男生）左右臂自然摆动。

5-8 拍动作与 1-4 相同方向相反。

1-4 拍女生右臂前抬，男生左右自然摆臂。

5-8 拍胸前平开手。

图示：(3-1-18-1 至 3-1-18-5)

图 3-1-18-1

图 3-1-18-2

图 3-1-18-3

图 3-1-18-4

图 3-1-18-5

注意：男生女生做动作时，要有表情交流。

(19) 第十九个动作（4 个 8 拍）

步伐：

1-2 拍右脚向前迈步。

3-4 拍左脚向前迈步，右脚踏步。

5-8 拍左脚向前躲脚，右脚向前迈步。

2-1-8 拍右脚前后点地。

手臂：

1-2 拍右直臂掌心向上，由前下方向后上方划立圆。

3-4 拍右臂在头上方翻腕，后摆。

5-8 拍双臂由下向上摆，翻腕；男生左臂后背，右直臂掌心向上，由前下方向后上方划立圆。

2-1-8 拍女生推手；男生单臂脱帽手（左右交替）。

3-1-8 拍动作与 1-8 拍动作相同。

4-1-8 拍动作与 2-1-8 拍动作相同。

图示：(3-1-19-1 至 3-1-19-6)

图 3-1-19-1

图 3-1-19-2

图 3-1-19-3

图 3-1-19-4

图 3-1-19-5

图 3-1-19-6

注意：男女生动作的变化。

(20) 第二十个动作（3 个 8 拍）

步伐：

1-4 拍女生单脚向右跳，男生向左跳。

5-8 拍男生单脚向右跳，女生向左跳。

2-1-8 拍、3-1-8 拍动作与 1-8 拍动作相同。

手臂：

1-4 拍女生右手托腮，左直臂右摆；男生左臂单脱帽手，右臂腰后背手，掌心向外。

5-8 拍与 1-4 拍动作相同方向相反。

2-1-8 拍、3-1-8 拍动作与 1-8 拍动作相同。

图示：(3-1-20-1 至 3-1-20-2)

图 3-1-20-1

图 3-1-20-2

注意：队形变化，女生在前，男生在后；动作路线向后。

(21) 第二十一个动作（2 个 8 拍）

步伐：向前三步一抬。

手臂：女生右臂拉裙角，左手胸前掌心向外；男生右臂扶女生腰，左臂脱帽手。

图示：(3-1-21-1 至 3-1-21-2)

图 3-1-21-1

图 3-1-21-2

注意：男生女生动作配合要协调。

(22) 第二十二个动作（2 个 8 拍）

步伐：

男生单跪下蹲；女生围绕男生走，男生站起。

手臂：

男生双手扶腿；女生右手拉裙角，左手胸前屈，掌心向外。

图示：(3-1-22-1 至 3-1-22-6)

图 3-1-22-1

图 3-1-22-2

图 3-1-22-3

图 3-1-22-4

图 3-1-22-5

图 3-1-22-6

(23) 第二十三个动作（3 个 8 拍）

步伐：

1-2 拍右脚向前迈步，左脚原地踏步。

3-4 拍右脚向后迈步，左脚原地踏步。

5-8 拍动作与 1-4 拍相同。

2-1-8、3-1-8 拍动作与 1-8 拍动作相同。

手臂：

1-2 拍双臂向右下摆。

3-4 拍双臂向左下摆。

5-6 拍双臂向右上方推手（男生自然向右上摆）。

7-8 拍双臂向左上方推手（男生自然向左上摆）。

2-1-8、3-1-8 拍动作与 1-8 拍动作相同。

图示：(3-1-23-1 至 3-1-23-4)

图 3-1-23-1

图 3-1-23-2

图 3-1-23-3

图 3-1-23-4

注意：向前迈步时身体向前倾，向后时身体直立。

（24）第二十四个动作（24 拍）

步伐：

1 2 拍右脚向左迈步，身体同时左转。

3-4 拍左脚向右脚并步。

5-8 拍动作与 1-4 相同方向相反。

9-12 拍右脚向前迈，收回。

13-24 拍重复 1-12 拍的动作。

手臂：

1-4 拍女生右臂向前摆，左臂向后摆。

5-8 拍左臂向前摆，右臂向后摆。

9-12 拍双臂从肩慢慢向下。

13-24 拍重复 1-12 拍的动作。

图示：（3-1-24-1 至 3-1-24-4）

图 3-1-24-1

图 3-1-24-2

图 3-1-24-3

图 3-1-24-4

（25）第二十五个动作（2 个 8 拍）

步伐：向后退三步一抬。

手臂：女生左臂腰后，右臂胸前屈，掌心向前；男生右手扶左臂，左手伸直立掌，掌心向前。

图示：（3-1-25-1）

图 3-1-25-1

注意：动作之间的配合。

（26）第二十六个动作（1 个 8 拍）

步伐：

1-4 拍向前走四步。

5-8 拍向右转体，女生左腿在前右腿在后脚尖点地，双腿屈膝，男生双腿分开大于肩宽。

手臂：

1-4 拍双手交叉扶肩，双臂平开手。

5-8 拍女生夏克手，男生右臂扶胸，左臂背于腰后。

图示：（3-1-26-1 至 3-1-26-6）

图 3-1-26-1

图 3-1-26-2

图 3-1-26-3

注意：转体动作要快、要稳。

第二节 维吾尔族萨玛歌舞健身操

“萨玛”本是一种原始宗教的名称，古代维吾尔族曾信仰过此教。当时由于生产力的滞后，人们在专职的司祭者——“萨玛”的组织下，用歌、鼓、歌舞健身操的形式，向自然界的多种神灵祈求狩猎和农业的丰收。早前，萨玛歌舞健身操的参加者都是男性，不受年龄的限制，也不受人数的限制，而女性一般不跳这种歌舞健身操，在某种意义上来说，这是维吾尔族男子的歌舞健身操。据《中国少数民族歌舞健身操史》一书中说，萨玛歌舞健身操与亚洲北方游牧民族普遍信仰的原始宗教萨满教有一定关系。11 世纪，喀拉汗王朝著名长诗《真理的入门》中也有记载。该书译者加注说：“萨玛，此处为歌舞健身操名称，来源应属于萨满教跳神作法的歌舞健身操。”2010 年 5 月 18 日，中国文化部公布的第三批国家级非物质文化遗产名录推荐项目名单中即有维吾尔族“萨玛歌舞”。

“萨玛歌舞”是维吾尔族劳动人民在年节时集体欢跳的一种民间歌舞，动作朴实有力。它主要流行在南疆喀什、莎车一带。随着生产力的发展和经济生活的改变，逐渐从祭祀礼仪演变为劳动群众年节时的集体娱乐活动，后又发展成为独特的民间歌舞健身操形式。“萨玛歌舞健身操”的动作，不同于维吾尔族的其他歌舞健身操，它具有明显的个性，开始时单脚跳起，双手举起，紧接着双脚向左、向右迈出用力踏地，左手朝前，右手朝后，身体微微前躬，双手甩起，旋转 180 度或 360 度，动作根据鼓点的不同，脚步有些变化。在做各种动作时，嘴里有节奏地呼喊出：“嘿依”、“嘿依”增强了歌舞健身操的壮观和男子那种阳刚的气质。参加跳萨玛的大都是男性，无论大人小孩都可以参加，有时也有妇女参加，但都是妇女们自己在一起跳。萨玛歌舞健身操的节奏性很强，其动作按纳合拉鼓点进行，萨玛歌舞健身操的动作和鼓的节奏配合紧密。“咚”的时候多是全脚着地，稳而有力，不生硬又不马上抬起，有附点音符的效果。动力腿抬起时，主力腿的膝部有明显的屈伸，身体的起伏也较大。手多是自然形态的半握拳，向下甩打开和弯曲收回，都有明显的悠劲。身体随着手的悠摆，有左右微晃的感觉，单步擦地跳起接空转、单步跳转等是萨玛中常见的技巧动作。萨玛歌舞健身操脚步平稳扎实，充满了劳动生活气息。新疆维吾尔自治区喀什市申报的“萨玛舞”作为传统舞蹈项目被列入第三批国家级非物质文化遗产名录。本章节主要介绍萨玛歌舞健身操的基本动作与成套组合，动作编排从简到难，循序渐进，动作主要来源于当地步伐，遵循健身科学原则，进行适当改编以适合教学。

一、萨玛歌舞健身操基本步伐与手臂动作介绍

（一）基本步伐

1. 单步跳转（以右脚为例）

1 拍右脚向左前迈步跺脚，同时左转身，侧对前方。

2 拍左脚原地踏步。

3-4 拍左腿支撑抬左腿跳起同时右转 90 度/180 度/360 度。

2. 分腿蹲跳

1-2 拍双腿分开，大于肩宽，屈膝蹲跳，两次，屈髋，身体前倾。

3-4 拍动作与 1-2 拍相同，但跳起同时身体直立。

3. 踮步（以右脚为例）

1-2 拍右脚屈膝向前迈步跳起两次，同时左腿屈腿后抬，身体前倾，低头。

3-4 拍左脚后落地跳起两次，同时右腿吸腿跳，身体后扬，抬头。

4. 迈步吸腿跳（以右脚为例）

（1）一步一跳

1 拍右脚向前或侧迈步。

2 拍左脚吸腿跳。

3 拍左脚向前或侧迈步。

4 拍右脚吸腿跳。

（2）三步一跳

1-3 拍右脚起向前或后走三步。

4 拍左腿吸腿跳。

5-7 拍左脚向前或后走三步。

8 拍右腿吸腿跳。

（二）手臂动作

1. 横手位：双臂抬于肩平，压腕立掌。

2. 围腰手：左手（右手）扶于左（右）胯前，右手（左手）背于腰后。

3. 斜上方手：双手伸直置于肩斜上方，掌心向内。

4. 托帽手：右手扶于头后右侧做脱帽状。

二、萨玛歌舞健身操成套动作

（一）萨玛歌舞健身操初级成套动作（男生）

1. 动作说明

本组合主要由萨玛歌舞健身操的吸腿跳、单步跳转基本动作组成，音乐 4/4，组合

共 24 拍，音乐节奏慢，运动强度小，没有队形变化，简单易学，适宜初学者学习。

2. 教学任务

（1）学习维吾尔族萨玛歌舞健身操，了解其大概的动作特征。

（2）学习维吾尔族萨玛歌舞健身操动作与节奏配合的规律。

3. 教学要求

（1）掌握维吾尔族萨玛歌舞健身操的基本动作，体会其动作风格，建立萨玛歌舞健身操的节奏意识。

（2）正确掌握维吾尔族萨玛歌舞健身操的技术特点，在自然体态下，自如地进入歌舞健身操状态。

4. 教学组织

（1）男生站两排 ，中间同学手搭肩，两边的同学一手搭肩，外侧手叉腰，两排人数相同。

（2）第一排在左边，第二排在右边。

5. 动作介绍与做法

（1）第一个动作（2 个 8 拍）

步伐：

1-2 拍右腿吸腿跳两次。

3-4 拍左腿向后抬起，屈腿跳两次，右腿落地支撑。

5-8 拍重复 1-4 拍的动作。

2-1-8 拍与 1-8 拍的动作相同。

手臂：双手后背，眼睛先向下看，再向上看。

图示：(3-2-1-1 至 3-2-1-2)

图 3-2-1-1

图 3-2-1-2

注意：吸腿跳时身体后仰，抬腿时前倾；队形变化，第一排动作向右，第二排动作向左，到动作结束两排对齐。

（2）第二个动作（2 个 8 拍）

步伐：

1 拍右脚向左前迈步跺脚，同时左转身，侧对前方。

2 拍左脚原地跺脚。

3 拍右脚跺脚。

4 拍右腿支撑抬左腿跳起同时右转 180 度。
5 拍左脚向右前迈步跺脚，同时向右转身，侧对前方。
6 拍右脚原地跺脚。
7-8 拍左脚向前上步，抬右腿转体 360 度。
2-1-8 拍动作与 1-8 拍动作相同。
手臂：
1-2 拍右臂前向下用力甩，左臂向后上方甩。
3-4 双臂微屈打开。
5-6 拍左臂前下用力甩，右臂向后上方甩。
7-8 拍双臂斜上方摆，手臂微屈。
2-1-8 拍动作与 1-8 拍动作相同方向相反。
图示：（3-2-2-1 至 3-2-2-6）

图 3-2-2-1

图 3-2-2-2

图 3-2-2-3

图 3-2-2-4

图 3-2-2-5

图 3-2-2-6

注意：转体的稳定性，手臂摆动要自然松弛。
（3）第三个动作（2 个 8 拍）
步伐：
1-2 拍右腿吸腿跳两次。
3-4 拍左腿向后抬起，屈腿跳两次，右腿落地支撑。
5-8 拍重复 1-4 拍的动作。
2-1-8 拍与 1-8 拍的动作相同。
手臂：

1-2 拍双臂屈臂于胸前，右臂在上，左臂在下，同时向上摆动。

3-4 拍保持 1-2 拍手臂动作，双手向下摆动。

5-8 拍重复 1-4 拍的动作。

2-1-8 拍与 1-8 拍的动作相同。

图示：(3-2-3-1 至 3-2-3-4)

图 3-2-2-1

图 3-2-2-2

图 3-2-2-3

图 3-2-2-4

注意：第一排同学在做第二个八拍时向后转身，与第二排同学相对，队形变为一个圆。

(4) 第四个动作（2 个 8 拍)。

步伐：两腿分开，屈膝蹲跳。

手臂：双臂同时向上摆，向下摆。

图示：(3-2-4-1 至 3-2-4-2)

图 3-2-4-1

图 3-2-4-2

注意：队伍中有一个同学做第二个动作，其他同学做第四个动作，同时围圈向右转，动作幅度要大，有气势。

(5) 第五个动作（2 个 8 拍)

步伐：双腿分开，大于肩宽，屈膝蹲跳，一拍一动。

手臂：

1-2 拍右臂向前摆，左臂后摆，眼睛看前方。

3-4 拍左臂向前摆，右臂后摆，眼睛看前方。

5-6 拍双臂向左上摆，身体向左转。

7-8 拍双臂向右上摆，身体向右转。

2-1-8 拍动作与 1-8 拍动作相同。

图示：(3-2-5-1 至 3-2-5-4)

图 3-2-5-1

图 3-2-5-2

图 3-2-5-3

图 3-2-5-4

注意：身体与手臂的协调。

(6) 第六个动作（2 个 8 拍）

步伐：吸腿跳 360 度（1-8 向右转 360 度，2-1-8 左转 360 度）。

手臂：自然侧摆大开再收回。

图示：(3-2-6-1 至 3-2-6-6)

图 3-2-6-1

图 3-2-6-2

图 3-2-6-3

图 3-2-6-4

图 3-2-6-5

图 3-2-6-6

注意：转体要快、要稳。

(7) 第七个动作（2 个 8 拍）

步伐：双腿分开，屈膝微蹲，身体向前微屈

手臂：

1-2 拍双臂屈肘后背，身体向右转，左肩在下，右肩在上。

3-4 拍双臂屈肘后背，身体向左转，右肩在下，左肩在上。

5-6 拍双臂向上甩，身体向后仰。

7-8 拍双臂向下甩，身体向前屈。

2-1-8 拍动作与 1-8 拍动作相同。

图示：（3-2-7-1 至 3-2-7-4）

图 3-2-7-1

图 3-2-7-2

图 3-2-7-3

图 3-2-7-4

注意：身体转动与手臂要协调。

（二）萨玛歌舞健身操中级成套动作（男生）

1. 动作说明

本组合主要由萨玛歌舞健身操的吸腿跳、单步跳转、分腿跳等基本动作组成，音乐 4/4，组合共 20 个 8 拍，音乐节奏适中，运动强度中等，适宜初学者学习。

2. 教学任务

（1）学习维吾尔族萨玛歌舞健身操，了解其大概的动作特征。

（2）学习维吾尔族萨玛歌舞健身操动作与节奏配合的规律。

3. 教学要求

（1）掌握维吾尔族萨玛歌舞健身操的基本动作，体会其动作风格，建立萨玛歌舞健身操的节奏意识。

（2）正确掌握维吾尔族萨玛歌舞健身操的技术特点，在自然体态下，自如地进入歌舞健身操状态。

4. 教学组织

男生站两排 ，两排人数相同。

5. 动作介绍与做法

（1）第一个动作（2 个 8 拍）

步伐：单腿跪。

手臂：双臂分开大于肩宽，五指手撑地，手臂向右再向左移动，一拍一动。

图示：（3-2-8-1 至 3-2-8-3）

图 3-2-8-1

图 3-2-8-2

图 3-2-8-3

注意：眼睛看 1 点。

(2) 第二个动作（2 个 8 拍）

步伐：单腿跪。

手臂：

1-2 拍左臂后摆，右臂前摆，身体右转，头向下。

3-4 拍左臂前摆，右臂后摆，身体左转，头向下。

5-8 拍双臂向左上摆，眼睛看手，身体向后仰。

2-1-8 拍动作与 1-8 拍动作相同方向相反 ，但注意 2-7-8 拍站起来。

图示：(3-2-9-1 至 3-2-9-3)

图 3-2-9-1

图 3-2-9-2

图 3-2-9-3

提示：重复第一个与第二个动作一次。

(3) 第三个动作（1 个 8 拍）

步伐：

1 拍右脚向前上步。

2 拍左腿吸腿跳向右转体 90 度。

3-4 左脚跺脚落地。

5-8 拍与 1-4 拍动作相同方向相反。

手臂：

1 拍右臂屈臂胸前，左臂后背。

2 拍双臂向右摆伸直。

3-4 拍左臂摆置胸前，右臂摆在身后。

5-8 拍与 1-4 拍动作相同方向相反。

图示：(3-2-10-1 至 3-2-10-6)

图 3-2-10-1

图 3-2-10-2

图 3-2-10-3

图 3-2-10-4

图 3-2-10-5

图 3-2-10-6

注意：跳起时要有幅度和气势。

(4) 第四个动作（1 个 8 拍）

步伐：左腿支撑，右脚吸腿跳 4 次，两拍一动。

手臂：右臂收于腹前，左臂后背。

图示：(3-2-11-1 至 3-2-11-2)

图 3-2-11-1

图 3-2-11-2

注意：身体侧对前方。

提示：重复第三个动作两次。

(5) 第五个动作（4 个 8 拍）

步伐：

1-2 拍右腿向前迈步，左腿后屈抬起，同时身体前屈，低头。

3-4 拍左脚落地，右腿屈腿前抬，同时身体向后仰，眼睛向上看手臂。
5-8 拍动作与 1-4 拍相同。
2-1-8 拍动作与 1-8 拍动作相同。
3-1-8、4 1-8 拍动作与 1-8 拍相同，动作路线向左转一圈。
手臂：
1-2 拍双臂伸直向下甩。
3-4 拍双臂向上摆。
5-8 拍动作与 1-4 拍相同。
2-1-8 拍动作与 1-8 拍动作相同。
3-1-8、4-1-8 拍动作与 1-8 拍相同。
图示：(3-2-12-1 至 3-2-12-8)。

图 3-2-12-1

图 3-2-12-2

图 3-2-12-3

图 3-2-12-4

图 3-2-12-5

图 3-2-12-6

图 3-2-12-7

图 3-2-12-8

(6) 第六个动作（4 个 8 拍）
步伐：
1-2 拍双腿分腿跳两次。
3-4 拍左腿吸腿跳右转 90 度。
5-6 拍双腿分腿跳两次。
7-8 拍左脚向回收一步跺脚，右脚在后。
2-1-2 拍单膝下蹲。
2-3-4 拍两腿分开，屈膝下蹲。
2-5-8 拍与 2-1-4 拍动作相同。
手臂：

1-8 拍双臂后背。

2-1-2 拍双臂伸直屈臂胸交叉前抱。

2-3-4 拍双臂平开抖肩两次。

2-5-8 拍与 2-1-4 拍动作相同。

图示：(3-2-13-1 至 3-2-13-6)。

图 3-2-13-1

图 3-2-13-2

图 3-2-13-3

图 3-2-13-4

图 3-2-13-5

图 3-2-13-6

（三）萨玛歌舞健身操高级成套动作（男生）

1. 动作说明

本组合主要由萨玛歌舞健身操的吸腿跳转体、单步跳转、分腿蹲跳基本动作组成，音乐 2/4，组合共 30 个 8 拍，音乐节奏适中，运动强度大等，动作具有一定难度，适宜有一定基础者学习。

2. 教学任务

(1) 学习维吾尔族萨玛歌舞健身操，了解其大概的动作特征。

(2) 学习维吾尔族萨玛歌舞健身操动作与节奏配合的规律。

3. 教学要求

(1) 掌握维吾尔族萨玛歌舞健身操的基本动作，体会其动作风格，建立萨玛歌舞健身操的节奏意识。

(2) 正确掌握维吾尔族萨玛歌舞健身操的技术特点，在自然体态下，自如地进入歌舞健身操状态。

4. 教学组织

男生站四排。

5. 动作介绍与做法

前奏：一个八拍。

准备动作：（一个八拍）

1-4 拍：双脚并拢站立，双臂平开，掌心向上。

5-8 拍：双臂胸前交叉再收于腰间，同时身体前屈致敬。

图示：（3-2-14-1 至 3-2-14-2）

图 3-2-14-1

图 3-2-14-2

（1）第一个动作（6 个 8 拍）

步伐：

1-2 拍右脚前迈步，同时身体左转 90 度（侧对正前方）。

3-4 拍右脚收回，左腿吸腿跳向左转体 180 度（侧对前方）。

5-6 拍左脚向前迈步。

7-8 拍左脚收回，右脚吸腿跳转体 270 度。

2-1-8 至 6-1-8 拍动作与 1-8 拍动作相同。

手臂：

1-2 拍右臂前摆，左臂后背。

3-4 拍双臂向侧甩开。

5-6 拍同 1-2 拍。

7-8 拍同 3-4。

2-1-8 拍至 6-1-8 拍动作与 1-8 拍动作相同。

图示：（3-2-15-1 至 3-2-15-7）

图 3-2-15-1

图 3-2-15-2

图 3-2-15-3

图 3-2-15-4

图 3-2-15-5

图 3-2-15-6

图 3-2-15-7

注意：手臂摆动要放松自然；吸腿跳转体度数要准确；最后一个八拍的最后两拍（6-7-8 拍）吸腿跳转体 270 度，面对 8 点。

（2）第二个动作（4 个 8 拍）。

步伐：

1 拍右脚向前迈步（面对 8 点，身体侧对前方）。

2 拍左脚向前迈步，同时右转体 180 度（面对 2 点）。

3-4 拍右脚迈步，左脚吸腿跳。

5-8 拍动作与 1-4 拍动作相同方向相反。

2-1-8 拍至 4-1-8 拍动作与 1-8 拍动作相同。

手臂：

1-2 拍双臂向前上方伸直，屈伸一次。

3-4 拍双臂自然向下摆。

5-8 拍动作与 1-4 拍动作相同方向相反。

2-1-8 拍动作与 1-8 拍动作相同。

3-1-2 拍左臂背在腰后，右臂前上方伸直，屈伸一次。

3-3-4 拍双臂自然下摆。

3-5-8 拍动作与 3-1-4 拍动作相同方向相反。

4-1-8 拍动作与 3-1-8 拍动作相同。

图示：（3-2-16-1 至 3-2-16-8）

图 3-2-16-1

图 3-2-16-2

图 3-2-16-3

图 3-2-16-4

图 3-2-16-5

图 3-2-16-6

图 3-2-16-7

图 3-2-16-8

(3) 第三个动作（2 个 8 拍）

步伐：

1-4 拍分腿屈膝蹲跳两次。

5-8 拍分腿屈膝蹲。

2-1-8 拍动作与 1-8 拍动作相同。

手臂：

1-2 拍右臂向前摆，同时低头右转，左臂向后摆。

3-4 拍左臂向前摆，同时头向左转，右臂后摆。

5-8 拍双臂左侧上方屈伸臂一次（5-6 拍屈臂收，7-8 拍伸直）。

2-1-8 拍动作与 1-8 拍动作相同方向相反。

3-1-8 至 4-1-8 拍动作重复 1-8、2-1-8 拍动作一次。

图示：（3-2-17-1 至 3-2-17-3）

图 3-2-17-1

图 3-2-17-2

图 3-2-17-3

(4) 第四个动作（4 个 8 拍）

步伐：

1-2 拍右腿向前迈步，左腿后屈抬起，同时身体前屈，低头。

3-4 拍左脚落地，右腿屈腿前抬，同时身体向后仰，眼睛向上看手臂。

5-8 拍动作与 1-4 拍相同。

2-1-8 拍动作与 1-8 拍动作相同。

3-1-8、4-1-8 拍动作与 1-8 拍相同，动作路线向左转一圈。

手臂：

1-2 拍双臂伸直向下甩。

3-4 拍双臂向上摆。
5-8 拍动作与 1-4 拍相同。
2-1-8 拍动作与 1-8 拍动作相同。
3-1-8、4-1-8 拍动作与 1-8 拍相同。
图示：(3-2-18-1 至 3-2-18-8)

图 3-2-18-1

图 3-2-18-2

图 3-2-18-3

图 3-2-18-4

图 3-2-18-5

图 3-2-18-6

图 3-2-18-7

图 3-2-18-8

(5) 第五个动作（2 个 8 拍）
步伐：
1 拍右脚向右侧屈膝迈步。
2 拍右腿支撑，左腿后摆跳起。
3-4 拍左腿与右腿并上，同时跺脚。
5-8 拍动作与 1-4 拍动作相同方向相反。
2-1-8 拍动作与 1-8 拍动作相同。
手臂：
1-2 拍双臂向两侧摆直。
3-4 拍左臂屈臂收于腹前，右臂背于腰后。
5-8 拍动作与 1-4 拍动作相同方向相反。
2-1-8 拍动作与 1-8 拍动作相同。
图示：(3-2-19-1 至 3-2-19-4)

图 3-2-19-1

图 3-2-19-2

图 3-2-19-3

图 3-2-19-4

(6) 第六个动作（4 个 8 拍）

步伐：

1-2 拍右脚前迈步，同时身体左转 90 度（侧对正前方）。

3-4 拍右脚收回，左腿吸腿跳向左转体 180 度（侧对前方）。

5-6 拍左脚向前迈步。

7-8 拍左脚收回，右脚吸腿跳转体 270 度。

2-1-8 至 4-1-8 拍动作与 1-8 拍动作相同。

手臂：

1-2 拍右臂前摆，左臂后背。

3-4 拍双臂侧开。

5-6 拍同 1-2 拍。

7-8 拍同 3-4。

2-1-8 至 4-1-8 拍动作与 1-8 拍动作相同。

图示：(3-2-20-1 至 3-2-20-7)

图 3-2-20-1

图 3-2-20-2

图 3-2-20-3

图 3-2-20-4

图 3-2-20-5

图 3-2-20-6

图 3-2-20-7

注意：手臂摆动要放松自然；吸腿跳转体度数要准确。

(7) 第七个动作（4 个 8 拍）

步伐：

1-2 拍右脚向后撤步，身体对 4 点。

3-4 拍左脚吸腿跳转体 360 度。

5-6 拍左脚向后撤步。

7-8 拍同 5-6 拍动作相同方向相反。

2-1-8 拍动作与 1-8 拍相同。

3-1-8 至 4-1-8 拍动作重复 1-8 拍的动作两次。

手臂：

1-2 拍双臂侧上，掌心相对。

3-4 拍左臂向侧，五指并拢掌心向前，右臂屈臂侧上，掌心向外。

5 拍双臂侧上举掌心向外。

6 拍双臂向下交叉。

7 拍同 5 拍。

8 拍同 6 拍。

图示：(3-2-21-1 至 3-2-21-8)

图 3-2-21-1

图 3-2-21-2

图 3-2-21-3

图 3-2-21-4

图 3-2-21-5

图 3-2-21-6

图 3-2-21-7

图 3-2-21-8

(8) 第八个动作（1 个 8 拍）

步伐：

1 拍左弓步跳。

2 拍右弓步跳。

3-4 拍左弓步跳，收回并腿。
5-6 拍右脚原地单脚跳，同时身体前倾。
7-8 拍左脚原地吸腿跳，同时身体后仰。
手臂：
1 拍右臂屈肘斜上后方，左臂斜下方。
2 拍双臂向侧。
3 拍左臂屈肘斜上后方，右臂斜下方。
4 拍双臂向侧。
5-6 拍双臂后上方摆。
7-8 拍双臂向侧摆。
图示：(3-2-22-1 至 3-2-22-6)

图 3-2-22-1

图 3-2-22-2

图 3-2-22-3

图 3-2-22-4

图 3-2-22-5

图 3-2-22-6

注意：手臂与步伐的协调配合。
(9) 第九个动作（1 个 8 拍）
步伐：
1 拍两腿分开站立。
2 拍双腿屈膝下蹲，面对 2 点，眼看 1 点。
3 拍左弓步，身体向前移。
4 拍左脚收回，两腿膝关节微屈外开下蹲。
5-8 拍与 1-4 拍动作相同方向相反。
手臂：
1 拍双臂侧平举，手握拳。

2 拍右臂前摆，左臂后摆
3 拍双臂侧平举。
4 拍右臂扶头后，左臂叉腰。
5-8 拍与 1-4 拍动作相同方向相反。
图示：（3-2-23-1 至 3-2-23-4）

图 3-2-23-1

图 3-2-23-2

图 3-2-23-3

图 3-2-23-4

第四章　壮族三人板鞋歌舞健身操编排与教学

板鞋歌舞健身操，是壮族群众性自娱自乐的集体歌舞健身操。这种歌舞健身操源于三人板鞋，又称“板鞋竞速”，起源于明代。三人穿板鞋接力是广西河池地区壮族民间传统竞技类体育项目，源于明代。据传，明代倭寇侵扰我国沿海，广西土官瓦氏夫人领旨率“俍兵”赴江浙抗倭。瓦夫人为让被称之为“俍兵”的壮族勇士步伐整齐，步调一致，令每三名勇士同穿一副木板鞋，“齐步”跑。长期训练，勇士素质大大提高，纪律严明，战斗力强，所向披靡，挫败倭寇，为国立了大功。后来，河池地区南丹县那地土州壮族民间效仿瓦氏夫人的“同步”练兵法，在田头地角、房前屋后开展三人穿板鞋竞速运动。当地人民开展以三人板鞋为主的竞技活动自娱自乐，相袭成俗，流传至今。板鞋歌舞健身操的最主要特色就是自娱自乐，随着人们物质生活和精神生活的不断提高，板鞋歌舞健身操成为壮族人民文化生活中喜闻乐见的自娱歌舞健身操，板鞋歌舞健身操通过“力度”“速度”和“幅度”体现出来的艺术升华和感情，使歌舞健身操者在歌舞健身操进行中得到自娱自乐和自我满足感。板鞋歌舞健身操动作健康、粗犷，是从生活中、劳动中创作、提炼而成的歌舞健身操，喜庆、开朗、风趣、富于韵味。本章主要结合当地板鞋歌舞健身操的动作进行改编，加入健美操、街歌舞健身操、啦啦操等歌舞健身操时尚元素，使板鞋歌舞健身操教学具有时代特色。在教学过程中也可以采用板鞋竞速与板鞋歌舞健身操的教学模式以提高学生学习兴趣。

第一节　三人板鞋歌舞健身操

健美操是一项深受广大群众喜爱的、普及性极强、融集体操、歌舞健身操、音乐、健身、娱乐于一体的体育项目。分为竞技健美操与大众健身操，这里介绍的是健身健美操也称大众健身操。基本步伐有踏步、并步、走步、V 字步、弓步、点地、吸腿跳、开合跳等。本节主要介绍一套既实用又具有表演性质的板鞋操，它是将健美操基本步伐与板鞋有机结合，动作风格既体现健身操的特点：动作简单，有力度控制，动作幅度大，节奏感强，身体姿态控制到标准位置，膝踝关节保持弹动；又要体现板鞋歌舞健身操跺脚、集体配合性。成套动作简单易学，动作丰富、多样，节奏鲜明、欢快，适于教学。

一、三人板鞋歌舞健身操基本动作

（一）基本步伐

1. 跺脚：一脚支撑，一脚踏步抬腿后用力跺脚落地。

2. 并步：一脚向侧迈步（一步或两步），另一脚随之跟进并上。

3. 摆髋：两腿分开，髋部左右摆动，膝关节微屈。

4. 吸腿：一腿支撑，一腿屈膝 90 度抬起。

5. 分腿跳：两腿同时跳起分开大于肩宽，屈膝落地缓冲。

(二) 手臂动作

1. 击掌：三人同时手在胸前击掌。

2. 侧平举：双臂向侧抬起，手臂伸直掌心向下。

3. 叉腰：双臂弯曲，手叉腰。

4. 侧上举：双臂向侧上抬起，手臂伸直，掌心向内。

5. 侧下举：双臂向侧下摆，手臂伸直，掌心向内。

二、三人板鞋歌舞健身操成套动作

1. 动作说明

成套动作是将健美操、板鞋歌舞健身操的基本动作进行有机结合，动作既体现健美操的健康、力度、活泼、动感，又表现了板鞋歌舞健身操合作与配合的效果，音乐 4/4 拍，成套共 36 拍，节奏感强，乐曲欢快，运动强度适中，整体动作简单，适宜初学者学习。

2. 教学任务

(1) 学习健美操、板鞋歌舞健身操基础步伐，掌握动作特征与变化规律。

(2) 学习板鞋健美操成套动作，正确掌握技术要领。

3. 教学要求

(1) 掌握健美操、板鞋歌舞健身操的基本动作，体会其动作风格与特点。

(2) 正确掌握板鞋健身操技术特点，表现其动作力度、健康的同时，建立积极向上的团队配合意识。

4. 教学组织

(1) 队形变化一：两排变四排。

(2) 队形变化二：四排变两列。

(3) 队形变化三：两列变两排。

5. 动作介绍与做法

(1) 第一个动作（1 个 8 拍）

步伐：

1-4 拍右脚起向前走三步，左脚跺脚。

5-8 拍左脚起向后退三步，右脚跺脚。（动作相同反方向相反）

2-1-8 拍动作与 1-8 拍动作相同。

手臂：双臂自然前后摆动，跺脚同时双臂胸前击掌。

图示：（4-1-1-1 至 4-1-1-2）

图 4-1-1-1

图 4-1-1-2

注意：跺脚要有力度。

(2) 第二个动作（2 个 8 拍）。

步伐：

1 拍右脚向右迈步。

2 拍左脚向左迈步。

3-6 拍先向右，再向左摆胯两次。

7 拍右脚收回跺脚。

8 拍左脚收回跺脚。

2-1-8 拍动作与 1-8 拍动作相同方向相反。

手臂：双臂叉腰。

图示：(4-1-2-1 至 4-1-2-2)

图 4-1-2-1

图 4-1-2-2

注意：摆胯动作要自然，有节奏感。

(3) 第三个动作（2 个 8 拍）

步伐：

1 拍右脚向右迈步。

2 拍左脚向右迈步并上右脚。

3-4 拍与 1-2 拍动作相同。

5-8 拍动作与 1-4 拍动作相同，方向相反。

2-1-8 拍动作与 1-8 拍动作相同。

手臂：

1 拍右臂胸前平屈。

2 拍右臂侧上举。
3-4 拍重复 1-2 拍的动作。
5-8 拍动作与 1-4 拍的动作相同方向相反。
2-1-8 拍动作与 1-8 拍动作相同。
图示：(4-1-3-1 至 4-1-3-4)

图 4-1-3-1

图 4-1-3-2

图 4-1-3-3

图 4-1-3-4

注意：手臂动作要有力度、节奏感。
(4) 第四个动作（2 个 8 拍）
步伐：
1-2 拍右脚向侧迈。
3-4 拍右脚收回跺脚两次。
5-6 拍左脚向侧迈步。
7-8 拍左脚收回跺脚两次。
2-1-8 拍动作与 1-8 拍动作相同。
手臂：
1-2 拍第一位双臂侧上举，第二位同学侧平举，第三位同学侧下举。
3-4 拍胸前击掌两次。
5-6 拍动作与 1-2 相同。
7-8 拍动作与 3-4 拍相同。
2-1-8 拍动作与 1-8 拍动作相同。
图示：(4-1-4-1 至 4-1-4-2)

图 4-1-4-1

图 4-1-4-2

(5) 第五个动作（2 个 8 拍）

步伐：
1 拍右脚向右前 45 度方向迈步。
2 拍左脚向左前 45 度方向迈步。
3 拍右脚向左后 45 度撤步。
4 拍左脚向左后 45 度撤步，双脚并上。
5 拍右脚向右后 45 度撤步。
6 拍左脚向左后 45 度撤步。
7 拍右脚向左前 45 度迈步。
8 拍左脚向右前 45 度迈步，双脚并上。
2-1-8 拍动作与 1-8 拍动作相同，但当收回时双脚并上同时跳一次。
手臂：
1 拍右臂侧上举。
2 拍左臂侧上举。
3-4 拍双臂胸前击掌两次。
5 拍右臂侧下举。
6 拍左臂侧下举。
7-8 拍双臂胸前击掌两次。
2-1-8 拍动作与 1-8 拍动作相同。
图示：（4-1-5-1 至 4-1-5-6）

图 4-1-5-1

图 4-1-5-2

图 4-1-5-3

图 4-1-5-4

图 4-1-5-5

图 4-1-5-6

注意：第一个八拍动作低冲击，第二个八拍高冲击。
（6）第六个动作（4 个 8 拍）

步伐：

1 拍右脚向右迈步。

2 拍左脚向右迈步并上右脚，同时右转 45 度。

3 拍右脚向右迈步。

4 拍左脚向右迈步并上右脚，同时右转 45 度。

5 拍右脚向前迈步，此时身体侧对观众。

6 拍左脚伸直向前踢腿。

7 拍左脚向后撤步。

8 拍右脚收回并上左脚。

2-1-8，3-1-8，4-1-8 拍动作与 1-8 拍动作相同。

手臂：

1-4 拍第一位同学双臂叉腰，后两位同学扶相面同学的肩膀。

5 拍双臂侧平举。

6 拍双臂头上击掌。

7 拍双臂侧平举。

8 拍双臂放下，分别至于体侧。

2-1-8，3-1-8，4-1-8 拍动作与 1-8 拍动作相同。

图示：(4-1-6-1 至 4-1-6-4)

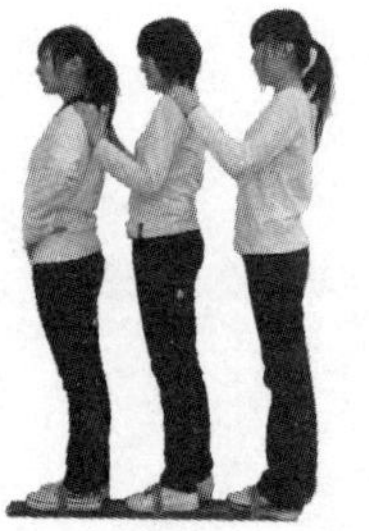

图 4-1-6-1

图 4-1-6-2

图 4-1-6-3

图 4-1-6-4

注意：每一个八拍动作都要准确向右转 90 度，四个八拍动作正好向右转一圈。

(7) 第七个动作 (2 个 8 拍)

步伐：

1-2 拍第一位同学屈膝微蹲，第二位同学身体侧身向左，第三位同学侧身向右

3-4 拍第一位同学侧身向左，和第二位同学侧身向右，第三位同学正对前方。

5-6 拍第一位同学屈膝微蹲，第二位同学侧身向左，第三位同学侧身向右。

7-8 拍第一位同学侧身向右，第二位同学正对前方，第三位同学侧身向左。

2-1-8 拍动作与 1-8 拍动作相同。

手臂：

1-2 拍第一位同学双臂扶膝，第二位同学侧身向左击掌两次，第三位同学向右侧身击掌两次。

3-4 拍第一位同学侧身向左击掌两次，第二位同学侧身向右击掌两次，第三位正对前方击掌两次。

5-6 拍第一位同学双臂扶膝，第二位同学侧身向左击掌两次，第三位同学向右侧身击掌两次。

7-8 拍第一位同学侧身向右击掌两次，第二位同学正对前方击掌两次，第三位同学侧身向左击掌两次。

图示：(4-1-7-1 至 4-1-7-4)

图 4-1-7-1

图 4-1-7-2

图 4-1-7-3

图 4-1-7-4

注意：三个人的协调配合。

(8) 第 8 个动作 (2 个 8 拍)

步伐：

1 拍右脚向右迈步。

2 拍左脚向右迈步并上右脚。

3 拍左脚向左迈步。

4 拍右脚向左迈步并上左脚。

5-8 拍动作与 1-4 拍动作相同方向相反。

2-1-2 拍右脚原地跺脚两次。

2-3-4 拍左脚原地跺脚两次。

2-5-6 拍动作与 2-1-2 拍动作相同。

2-7-8 拍动作与 2-3-4 拍动作相同。

手臂：

1 拍双臂胸前交叉。

2 拍双臂交叉打开，点肩。

3 拍双臂侧上举，掌心向内。

4 拍双臂放下，置于体侧。

5-8 拍动作与 1-4 拍动作相同。

2-1-2 拍第一位同学左臂在上，右臂在下托盘手；第二位同学双臂与肩平齐托盘手；第三位同学右臂在上，左臂在下托盘手。

2-3-4 拍第一位同学右臂在上，左臂在下托盘手；第二位同学双臂与肩平齐托盘手；第三位同学左臂在上，右臂在下托盘手。

2-5-6 拍动作与 2-1-2 拍动作相同。
2-7-8 拍动作与 2-3-4 拍动作相同。
图示：(4-1-8-1 至 4-1-8-6)

图 4-1-8-1

图 4-1-8-2

图 4-1-8-3

图 4-1-8-4

图 4-1-8-5

图 4-1-8-6

注意：三个人协调配合。
(9) 第九个动作（2 个 8 拍）
步伐：
1-2 拍右脚侧迈步。
3-4 拍左脚侧迈步。
5-6 左侧弓步。
7-8 拍右侧弓步。
2-1-2 拍两腿分开直立。
2-3-4 拍双腿并拢直立。
2-5-6 拍左脚吸腿。
2-7-8 拍右脚落地双脚并拢。
手臂：
1-2 拍右臂屈肘肩侧举。
3-4 拍左臂屈肘肩侧举。
5-6 拍双臂左侧肩上击掌两次。
7-8 拍双臂右侧肩上击掌两次。
2-1-4 拍右臂屈肘肩侧举，手成“八”字。
2-5-6 拍双手成“八”字向右胸前摆。

2-7-8 拍双臂放下。

图示：(4-1-9-1 至 4-1-9-8)

图 4-1-9-1

图 4-1-9-2

图 4-1-9-3

图 4-1-9-4

图 4-1-9-5

图 4-1-9-6

图 4-1-9-7

图 4-1-9-8

注意：上下肢协调配合

(10) 第十个动作 (2 个 8 拍)

步伐：直立与侧弓步交替。

手臂：

1-2 拍第一位同学向左斜下方击掌，第二位同学向右斜下方击掌，第三位同学头上击掌。

3-4 拍第一位同学左上方击掌，第二位同学左斜下方击掌，第三位同学左斜上方击掌。

5-6 拍第一、第三位同学左斜下方击掌，第二位同学右斜上方击掌。

7-8 拍双臂头上方击掌。

2-1-8 拍动作与 1-8 拍相同。

图示：(4-1-10-1 至 4-1-10-4)

图 4-1-10-1

图 4-1-10-2

图 4-1-10-3

图 4-1-10-4

注意：三人交错。

11. 第十一个动作（2 个 8 拍）

步伐：

1-8 拍左脚向前迈四步。

2-1-2 右脚向侧迈步。

2-3-4 拍双脚并拢。

2-5-6 左脚向侧迈步。

2-7-8 拍双脚并拢。

手臂：

1-2 拍右臂向上举握拳，左臂腰间握拳。

3-4 拍左臂向上举握拳，右臂腰间握拳。

5-6 拍右臂侧举握拳，左臂腰间握拳。

7-8 拍左臂侧举握拳，右臂腰间握拳。

2-1-2 拍双臂右侧上举握拳。

2-3-4 拍双臂收回。

2-5-6 拍双臂左侧上举握拳。

2-7-8 拍双臂收回。

图示：（4-1-11-1 至 4-1-11-8）

图 4-1-11-1

图 4-1-11-2

图 4-1-11-3

图 4-1-11-4

图 4-1-11-5

图 4-1-11-6

图 4-1-11-7

图 4-1-11-8

注意：动作要控制，有力度。

第二节　三人板鞋街舞健身操

街舞健身操是一种民间歌舞健身操，兴起于20世纪80年代的美国黑人青少年，是美国黑人“嘻哈文化”（Hip-Hop）的组成部分。由于这种歌舞健身操出现在街头、不拘于场地器械，所以称为街舞健身操，具有极强的参与性、表演性和竞赛性。以动作类型为标准，街舞健身操分两大类：Hip-Hop和Breaking。Breaking：属于技巧性较高的体育歌舞健身操，要求歌舞健身操者具有较高的力量、柔韧性和协调性，跳这种类型歌舞健身操的青少年叫做B-Boy/B-Girl。Hip-Hop：歌舞健身操型街舞健身操，有Poping、Locking、Electric、Turbo、House等多种风格。它们都不如Breaking那样需要较高的技巧，但更要求歌舞健身操者的动作协调性和歌舞健身操感，以及肢体灵活性和控制力。按照时间划分Old Shool和New Shool。Old Shool歌舞健身操又包括Locking（锁舞健身操）、Poping（机械舞健身操）、Breaking（霹雳舞健身操）、Wave（电流），而New Shool一般更“温和”，没有太大幅度的脚下移动，只增加了许多头部和手部动作，重视的是身体上半部的律动。同样的一段节奏内，New School显得更多变而流畅，更加崇尚自然流露，而Old Shool音乐节奏较密集。歌舞健身操型街舞健身操按它的动作由各种走、跑、跳组合而成，并通过头、颈、肩、上肢、躯干等关节的屈伸、转动、绕环、摆振、波浪形扭动等连贯组合而成，各个动作都有其特定的健身效果，既注意了上肢与下肢、腹部与背部、头部与躯干动作的协调，又注意了组成各环节各部分的独立运动。20世纪80年代传入中国，并逐渐作为健身活动传播开来。其动作技术包括up and down，身体的屈伸律动。本节主要介绍的是歌舞健身操型街舞健身操以Wave、Poping、Locking为主要动作进行编排，动作既体现了街舞健身操的动感时尚，又增加了板鞋歌舞健身操三人配合的趣味性，因此受到学生的热烈欢迎，使学生在教学中得到更多乐趣。

一、三人板鞋街舞健身操基本动作

（一）基本动作步伐

1. Poping（机械舞）：运用身体各部位的肌肉和关节，随着音乐的节拍，加上自己丰富的想象力，创造出令人惊讶的舞步。属于难度较高的街舞类型。

2. freestyle：这是一种出神入化的舞步，它将各种类型的舞蹈混合在一起，随心所欲地表现，没有舞蹈风格的限定，脱离一般舞蹈的规范，可以说是一种个性化的街舞。

3. house：随着house音乐，运用复杂而神奇的步伐表现的一种舞步，它可以加上拉丁舞的扭腰、武术的空翻、踢踏舞的基本步以及芭蕾的转圈，跳起来既可以十分优雅，也可以相当狂野。

4. Locking（锁舞）：双手放松向上、向下、向左或向右摆动制动，大部分是手的动作。有很多种style，并没有对错之分。

5. Wave（电流舞）：它有许多像传电导电的舞蹈动作及观念，wave要可以传到身体的每一部分才算练成。

(二) 手臂动作

1. Wave：手臂放松后随着身体每一个关节开始向上或向下、向左或向右传导。

2. freestyle：这是一种随意性的手臂，它将各种类型舞蹈常见手臂动作混合在一起，随心所欲地表现，没有限定，可以说是一种个性化的表现。

二、三人板鞋街舞健身操成套动作

1. 动作说明

成套动作是将街舞健身操、板鞋歌舞健身操的基本动作，进行有机结合，街舞健身操动作主要是 wave、locking、poping 等基本动作，既体现街舞健身操的自如、动感、时尚，又表现了板鞋歌舞健身操合作与配合的效果。音乐 4/4 拍，成套共 36 拍，节奏感强，运动强度适中，整体动作简单，适宜初学者学习。

2. 教学任务

(1) 学习街舞健身操、板鞋健身操基础步伐，了解其动作特点与风格。

(2) 学习板鞋街舞健身操成套动作，正确掌握其技术要领。

3. 教学要求

(1) 掌握板鞋街舞健身操的基本动作，体会其动作风格，建立板鞋街舞健身操律动意识。

(2) 正确掌握的板鞋街舞健身操技术特点，，主要表现其街舞健身操律动感的同时，建立积极向上的团队配合意识。

表现

4. 教学组织

(1) 队形变化一：两排变为方形

(2) 队形变化二：方变为三角形

(3) 队形变化三：三角变为两排

5. 动作介绍与做法

(1) 第一个动作（1 个 8 拍）

步伐：双脚并拢。

手臂：

1 拍第一位同学双手左侧胸前交叉。

2 拍第一位同学右手扶肩上，左臂胸前平屈，立掌。

3 拍第一位同学左臂不变，右臂伸直向前下，掌心向内。

4 拍第一位同学右臂不变，左臂向下摆，与右臂相同，掌心向内。

5 拍第一位同学双臂上抬，与肩平齐，掌心向内。

6 拍第一位同学双臂环绕在胸前，成一个方形。

7 拍第一位同学手臂不变，左肩上抬，右肩下压。

8 拍第一位同学左臂在上，右臂在下，向两边拉，双手指尖相扣。

图示：(4-2-1-1 至 4-2-1-8)

图 4-2-1-1

图 4-2-1-2

图 4-2-1-3

图 4-2-1-4

图 4-2-1-5

图 4-2-1-6

图 4-2-1-7

图 4-2-1-8

(2) 第二个动作（1 个 8 拍）

步伐：双脚并拢。

手臂：

1 拍双臂屈肘扶下颌。

2 拍双手分开，身体右侧移动，右手扶下颌。

3 拍手臂不变，右手向上抬，下颌向上抬起。

4 拍动作同上，身体向左转，肩侧对 1 点。

5 拍右手下压，同时收下颌。

6 拍左臂扶右肘，右臂屈肘向上拜摆，五指分开，同时身体向左探。

7 拍双臂重叠，身体向右后转。

8 拍手臂不变，身体向左转，面对一点，头向 2 点转，眼睛看右下方。

图示：(4-2-2-1 至 4-2-2-8)

图 4-2-2-1

图 4-2-2-2

图 4-2-2-3

图 4-2-2-4

图 4-2-2-5

图 4-2-2-6

图 4-2-2-7

图 4-2-2-8

(3) 第三个动作（1 个 8 拍）

步伐：

1-3 拍双脚并拢。

4 拍右腿前抬。

5 拍右腿落地，两腿分开。

6 拍第一位同学屈膝微蹲。

7-8 拍第一位同学完全下蹲。

手臂：

1 拍身体左侧平移，手臂屈肘向左，右臂上，左臂下，五指分开，掌心向前。

2 拍身体右移，正对 1 点，双臂伸直右摆至正前方，与肩平齐，五指分开掌心向外。

3 拍双手屈臂五指分开，扣胸。

4 拍双臂侧平举，掌心向内，五指分开。

5 拍身体右转，左臂屈臂微抬。

6 拍双臂屈肘上抬。

7-8 拍双臂收于胯前，下蹲，第二位同学双手侧下举。

图示：(4-2-3-1 至 4-2-3-7)

图 4-2-3-1

图 4-2-3-2

图 4-2-3-3

图 4-2-3-4

图 4-2-3-5

图 4-2-3-6

图 4-2-3-7

（4）第四个动作（1 个 8 拍）
步伐：
1-7 拍两腿分开，第一位同学右侧下蹲。
8 拍第二位同学左侧弓步。
手臂：
1 拍第二位同学双臂侧平举（肘关节微屈）。
2 拍双手握在下颌。
3 拍双手分开与肩同宽，立掌，掌心向前，五指并拢。
4 拍双臂屈肘上抬，掌心相对。
5 拍双手握拳，胸前平屈。
6 拍右臂向前伸直，左臂不变。
Da 拍左臂向前伸直，右臂不变。
7 拍右臂屈肘外摆，左臂不变。
8 拍身体左下屈，双臂扶左膝。
图示：（4-2-4-1 至 4-2-4-8）

图 4-2-4-1

图 4-2-4-2

图 4-2-4-3

图 4-2-4-4

图 4-2-4-5

图 4-2-4-6

图 4-2-4-7

图 4-2-4-8

（5）第五个动作（1 个 8 拍）
步伐：
1-7 拍两腿分开，第一位同学右侧下蹲，第二位同学左侧弓步。
8 拍第三位同学分腿下蹲。
手臂：
1 拍第三位同学左臂胸前平屈，同时身体右转。

2 拍右臂胸前平屈，同时身体左转，正对 1 点。
3 拍双臂侧下举。
4 拍双臂上举。
5 拍双臂交叉扶肩。
6 拍双臂交叉打开扶肩。
7 拍双臂侧开屈肘上抬，前臂向下。
8 拍手臂不变，屈膝下蹲。
图示：(4-2-5-1 至 4-2-5-8)

图 4-2-5-1

图 4-2-5-2

图 4-2-5-3

图 4-2-5-4

图 4-2-5-5

图 4-2-5-6

图 4-2-5-7

图 4-2-5-8

(6) 第六个动作（1 个 8 拍）
步伐：
1 拍第一位同学右侧下蹲，第二位同学左侧弓步，拍第三位同学分腿下蹲。
2-7 拍第一位、第二位同学动作不变，第三位同学站立。
8 拍拍第一位、第二位同学站立。
手臂：
1 拍第三位同学双手头上握。
2 拍双臂侧平举，立掌掌心向外。
3 拍双臂依次胸前平屈，手握拳，同时身体右转。
4 拍双臂依次前举，握拳。
5 拍双臂依次收回，做胸前平屈。
6 拍双臂上下绕一圈。
7 拍右臂侧平举。

8 拍右臂从右向左平摆收回，同时第一位\第二位同学站起。

图示：(4-2-6-1 至 4-2-6-8)

图 4-2-6-1

图 4-2-6-2

图 4-2-6-3

图 4-2-6-4

图 4-2-6-5

图 4-2-6-6

图 4-2-6-7

图 4-2-6-8

(7) 第七个动作 (1 个 8 拍)

步伐：

1-3 拍双腿并拢站立。

4 拍左脚向侧迈步，两腿屈膝微蹲。

5 拍右脚收，两腿伸直并拢。

6 拍右脚向侧迈步，两腿屈膝微蹲。

7-8 拍左脚收，两腿伸直并拢。

手臂：

1 拍第一位同学右手扶胸。

2 拍左手扶胸。

3 拍双臂伸直向前推，五指分开。

4 拍右臂屈臂向前推，胸前五指分开，同时身体向左转。

5 拍双臂体侧。

6 拍与 4 拍动作相同，方向相反。

7-8 拍双手体侧。

图示：(4-2-7-1 至 4-2-7-7)

图 4-2-7-1

图 4-2-7-2

图 4-2-7-3

图 4-2-7-4

图 4-2-7-5

图 4-2-7-6

图 4-2-7-7

(8) 第八个动作（1 个 8 拍）

步伐：

1-2 拍左脚向侧迈，成侧弓步。

3-4 拍右脚向侧迈，成侧弓步。

5 拍右脚前抬。

6 拍右脚下落。

7 拍双腿屈下蹲。

8 拍双腿伸直站立。

手臂：

1-2 右臂翻腕向肩上摆（锁舞健身操），左臂翻腕侧下摆。

3-4 拍双臂伸直，握拳，向下交叉。

5 拍双臂肩上摆。

6 拍双臂置于体侧。

7 拍屈髋，双臂屈肘下摆。

8 拍双臂下摆至体侧。

图示：（4-2-8-1 至 4-2-8-6）

图 4-2-8-1

图 4-2-8-2

图 4-2-8-3

图 4-2-8-4

图 4-2-8-5

图 4-2-8-6

(9) 第九个动作（1 个 8 拍）
步伐：
1 拍左脚向侧迈步，右脚屈膝侧抬。
2 拍右脚落地，两腿分开。
3 拍左脚屈膝侧抬。
4 拍左脚落地，两腿分开。
5 拍右脚向前吸腿。
6 拍右脚落地。
7 拍双腿屈膝下蹲。
8 拍双腿伸直分腿站立。
手臂：
1 拍右臂肩上屈肘，左手侧下举。
2 拍双手胸前交叉。
3 拍双臂肩上屈肘。
4 拍双臂翻腕向下。
5 拍双臂肩上屈肘。
6 拍双臂向下摆至两侧。
7 拍双臂肩下屈肘，身体前屈。
8 拍双手向下摆至两侧。
图示：(4-2-9-1 至 4-2-9-8)

图 4-2-9-1

图 4-2-9-2

图 4-2-9-3

图 4-2-9-4

图 4-2-9-5

图 4-2-9-6

图 4-2-9-7

图 4-2-9-8

（10）第十个动作（1 个 8 拍）

步伐：

1 拍右脚前抬。

2 拍右脚落地。

3 拍双腿屈膝下蹲。

4 拍双腿伸直站立。

5 拍右脚侧抬。

6 拍右脚向后迈步，两腿平齐，分腿站立 。

7-8 拍双腿跳起，向右移动，面对 2 点。

手臂：

1-2 拍双臂自然在体侧。

3 拍双臂屈肘上提。

4-8 拍双臂下摆至体侧。

图示：（4-2-10-1 至 4-2-10-7）

图 4-2-10-1

图 4-2-10-2

图 4-2-10-3

图 4-2-10-4

图 4-2-10-5

图 4-2-10-6

图 4-2-10-7

注意：这是一个过渡性动作，动作要稳，路线是斜线。

(11) 第十一个动作（1 个 8 拍）

步伐：

1 拍左腿屈膝前抬。

2 拍左脚落地。

3 拍右脚向侧迈步。

4 拍左脚向前上步。

5 拍右脚侧抬。

6 拍右脚落地，两腿分开。

7-8 拍保持两腿分开不变。

手臂：

1-6 拍手臂自然置于体侧。

7 拍第一位同学做 wave 侧平举，第二位 wave 侧上举，第三位 wave 侧下举。

8 拍作 wave 收回。

图示：(4-2-11-1 至 4-2-11-4)

图 4-2-11-1

图 4-2-11-2

图 4-2-11-3

图 4-2-11-4

(12) 第十二个动作（1 个 8 拍）

步伐：保持两腿分开不变。

手臂：

1 拍第一位同学右臂侧平举。

2 拍第二位右臂侧上举。

3 拍第三位同学右臂侧下举。

4-6 拍动作与 1-3 拍相同方向相反。

7-8 拍双臂向下。

图示：(4-2-12-1 至 4-2-12-7)

图 4-2-12-1

图 4-2-12-2

图 4-2-12-3

图 4-2-12-4

图 4-2-12-5

图 4-2-12-6

图 4-2-12-7

（13）第十三个动作（1 个 8 拍）

步伐：保持两腿分开不变

手臂：

1 拍第一位同学右臂屈肘提起，第二位同学右臂屈肘肩上，第三位同学侧平举。

2 拍动作与 1 拍动作相同方向相反。

3 拍第一位同学向右摆头。

4 拍第一位同学头摆向正前方。

5 拍右臂向下摆。

6 拍左臂向下摆。

7 拍第一位同学侧下举，第二位同学侧平举，第三位同学侧上举。

8 拍双臂收回。

图示：（4-2-13-1 至 4-2-13-8）

图 4-2-13-1

图 4-2-13-2

图 4-2-13-3

图 4-2-13-4

图 4-2-13-5

图 4-2-13-6

图 4-2-13-7

图 4-2-13-8

(14) 第十四个动作 (1 个 8 拍)

步伐：保持两腿分开不变。

手臂：

1 拍第一位同学身体向左移，双臂上举。

2 拍第二位同学身体向右移，双臂上举。

3 拍第三位同学双臂上举。

4 拍第三位同学手臂收回放下。

5 拍第二位同学手臂收回放下。

6 拍第三位同学手臂收回放下。

7-8 拍第一位同学手臂胸前做 wave。

图示：(4-2-14-1 至 4-2-14-6)

图 4-2-14-1

图 4-2-14-2

图 4-2-14-3

图 4-2-14-4

图 4-2-14-5

图 4-2-14-6

重复以上动作一次到音乐结束。

第三节　三人板鞋扇子歌舞健身操

扇子歌舞健身操是我国传统民间歌舞健身操之一。在不同民族与地区有不同的内容与形式。歌舞健身操者双手或单手持羽扇，动作舒展、优美、柔和，表现宁静、自由的农林生活。扇子歌舞健身操乃上古之歌舞健身操形式，而仿白鹇则为原始的拟兽歌舞健身操遗迹，说明此歌舞健身操渊源颇古老。

一、三人板鞋扇子歌舞健身操基本动作

（一）基本步法

1. 跺脚：一脚支撑，一脚踏步抬腿后用力跺脚落地。

2. 并步：一脚向侧迈步（一步或两步），另一脚随之跟进并上。

3. 摆髋：两腿分开，髋部左右摆动，膝关节微屈。

4. 吸腿：一腿支撑，一腿屈膝 90 度抬起。

（二）持扇动作

1. 扛扇：双臂伸直，先打左手掌心，再打右手掌心，后双手将扇扛于右肩停顿。

2. 开合扇：左手拉扇边并开扇，伸直手臂，身子略左倾，右手扶住扇边放于左臂后部；平举扇于面前，合扇右方向相反即可。

3. 搭肩：合扇，胸前拍手，后抬左手臂，翻腕，右手拿扇搭于右肩。另一方向相反即可。

4. 摇扇：开扇，背左手，右手拿扇倒开于脸前，胸前摇扇同时摇头。

二、三人板鞋扇子歌舞健身操成套动作

1. 动作说明

成套动作有机结合了扇子歌舞健身操、板鞋歌舞健身操基本动作，脚下以板鞋歌舞健身操跺脚、点地、摆跨、踢腿、吸腿动作为主，手臂结合扇子歌舞健身操常用的歌舞健身操姿斜上立扇、斜下立扇、扛扇等动作，成套动作既体现了扇子歌舞健身操的动感优美、含蓄，又体现出板鞋歌舞健身操的清晰、动感的节奏与团队合作精神。动作音乐 4/4，组合共 24 拍，音乐优美、欢快，运动强度适中，简单易学，适宜初学者学习。

2. 教学任务

（1）学习扇子歌舞健身操的基本动作，了解其动作特征。

（2）学习板鞋扇子歌舞健身操成套动作以及扇子与板鞋的配合规律。

3. 教学要求

（1）掌握板鞋扇子歌舞健身操的基本动作，体会其动作风格，建立团队合作意识。

（2）正确掌握板鞋扇子歌舞健身操的技术特点，在自然体态下，表现扇子歌舞健身操优美、板鞋歌舞健身操自如的状态。

4. 教学组织

（1）队形变化一：两排变三排。

（2）队形变化二：三排变三角形。

（3）队形变化三：三角形变四排。

5. 动作介绍与做法

（1）第一个动作（1 个 8 拍）

步伐：双脚并拢站立。

手臂：

1-7 拍双臂持扇由下向上举。

8 拍合扇双臂向下摆至胸前。

图示：(4-3-1-1 至 4-3-1-3)

图 4-3-1-1

图 4-3-1-2

图 4-3-1-3

注意：整个动作要连贯流畅。

(2) 第二个动作（1 个 8 拍)。

步伐：双脚并拢站立。

手臂：右开扇打开，合拢交替，一拍一动。

图示：(4-3-2-1 至 4-3-2-2)

图 4-3-2-1

图 4-3-2-2

注意：开扇、合扇的动作要有节奏，动作速度要快。

(3) 第三个动作（1 个 8 拍)

步伐：两腿分开，原地踏步。

手臂：两手持扇，胸前先右后左钟摆。

图示：(4-3-3-1 至 4-3-3-2)

图 4-3-3-1

图 4-3-3-2

注意：摆动时三人的一致性。

（4）第四个动作（1 个 8 拍）

步伐：两腿分开站立。

手臂：

1-2 拍第一位同学右臂持扇，右斜下方；第二位同学侧开；第三位同学斜上方。

3-4 拍第三位同学右臂持扇，右斜下方；第一位同学侧开；第二位同学斜上方 。

5-8 拍第三位同学右臂持扇，右斜下方；第二位同学侧开；第一位同学斜上方。

图示：（4-3-4-2 至 4-3-4-3）

图 4-3-4-2

图 4-3-4-3

注意：三位同学协调配合。

（5）第五个动作（1 个 8 拍）

步伐：膝关节屈，侧身下蹲。

手臂：左手头上遮阳，右手持扇在胸前。

图示：（4-3-5-1 至 4-3-5-2）

图 4-3-5-1

图 4-3-5-2

（6）第六个动作（2 个 8 拍）

步伐：膝关节屈，侧身下蹲。

手臂：

1-8 拍第一位同学双臂持扇在左侧；第二位同学在右，第三位同学在正上方。

2-1-8 拍第一、二位同学手臂向外打开，第三位同学动作不变。

图示：（4-3-6-1 至 4-3-6-2）

图 4-3-6-1

图 4-3-6-2

注意：动作缓慢，与音乐配合准确。

7. 第七个动作（1 个 8 拍）

步伐：由下蹲到分腿站立。

手臂：

1-6 拍右斜下方持扇，左斜下方立掌。

7-8 拍右斜上方双手收扇。

图示：（4-3-7-1 至 4-3-7-3）

图 4-3-7-1

图 4-3-7-2

图 4-3-7-3

注意：站起来时动作要稳。

（8）第八个动作（2 个 8 拍）

步伐：双腿分开站立。

手臂：

1-4 拍右侧开扇，遮住脸。

5 拍头向左侧探。

6-8 拍头向右还原。

2-1-2 拍与 5-6 拍相同。

2-3-4 拍收扇。

2-5-8 拍右侧探身，再还原。

图示：（4-3-8-1 至 4-3-8-4）

图 4-3-8-1

图 4-3-8-2

图 4-3-8-3

图 4-3-8-4

注意：探身速度要快。

(9) 第九个动作（2 个 8 拍）

步伐：向右走两步跺脚，再向左走两步跺脚。

手臂：第一、第二位同学右斜下方持扇 ，第三位同学左斜下方持扇 ，另一侧手斜下方立掌。

图示：(4-3-9-1 至 4-3-9-2)

图 4-3-9-1

图 4-3-9-2

注意：身体随脚下步伐左右晃动。

(10) 第十个动作（2 个 8 拍）

步伐：向前四步抬脚，向后退四步跺脚。

手臂：

1-8 拍左臂头上遮阳，右手胸前持扇。

2-1-4 拍双手持扇翻一下向上。

2-5-8 拍双臂持扇由头上向下至胸前。

图示：(4-3-10-1 至 4-3-10-3)

图 4-3-10-1

图 4-3-10-2

图 4-3-10-3

（11）第十一个动作（2 个 8 拍）

步伐：两腿并拢站立。

手臂：

1-8 拍第一位同学双臂持扇头上，第二、第三位同学向左、向右。

2-1-4 拍第一位同学动作不变，第二、第三位同学向上与第一位同学动作相同。

2-5-8 拍双臂持扇向下摆至胸前。

图示：（4-3-11-1 至 4-3-11-3）

图 4-3-11-1

图 4-3-11-2

图 4-3-11-3

注意：注意动作之间要配合协同。

第四节　三人板鞋爵士健身操

爵士歌舞健身操动作身体重心低，使下肢具有弹性，而上半身的各关节则可保持松弛状态，并可迅速做出节拍上需求的动作，使得在动作上获取多样性的变化。快速地移动重心，特别是水平移动姿势更是爵士歌舞健身操的技巧。让身体各个部位如头、肩、腰、臀、躯干做独立的动作，做出身体延伸、性感动作是爵士歌舞健身操的总体特点。

一、三人板鞋爵士健身操基本动作

（一）基本步伐

1. 踏步：一脚支撑，一脚踏步抬腿后落地。
2. 并步：一脚向侧迈步（一步或两步），另一脚随之跟进并上。
3. 摆髋：两腿分开，髋部左右摆动，膝关节微屈。
4. 踢腿：一腿支撑，一腿自然向内或向外踢腿，膝关节放松，动作要柔美。

（二）手臂动作

1. Wave：手臂放松后随着身体每一个关节开始向上或向下、向左或向右传导。

2. freestyle：这是一种随意性的手臂，它将各种类型舞蹈常见手臂动作混合在一起，性感有节奏地表现，没有限定。

（三）头部动作

1. 甩头：向不同的方向用力摆动。

三、三人板鞋爵士健身操成套动作

1. 动作说明

成套动作有机结合了爵士舞健身操、板鞋健身操基本动作，脚下以板鞋歌舞健身操跺脚、点地、摆跨、踢腿、吸腿动作为主，上体、手臂结合爵士操基本手型，与身体波浪等动作，既体现了爵士歌舞健身操的动感时尚，又体现出板鞋歌舞健身操的自如欢快的歌舞健身操风格。动作音乐 4/4，组合共 24 拍，音乐节奏欢快，运动强度适中，简单易学，适宜初学者学习。

2. 教学任务

（1）学习板鞋爵士健美操基本手臂动作。

（2）学习板鞋爵士健美操，掌握其动作特征与风格。

3. 教学要求

（1）掌握爵士健身操基本动作。

（2）正确掌握板鞋爵士健身操技术要领，表现其时尚、民族的独特的艺术风格。

4. 教学组织

（1）队形变化一：三排变三角。

（2）队形变化二：三角变两列。

（3）队形变化三：两列变一列。

（4）队形变化四：一列变四列。

（5）动作介绍与做法

前奏：四拍。

（1）第一个动作（12 拍）

步伐：分腿屈膝半蹲。

1-4 拍第一位同学与第三位同学向左做波浪，中间同学向右做波浪。

5-8 拍与 1-4 拍动作相反。

9-12 拍与 1-4 拍动作相同。

手臂：自然放于体侧。

图示：(4-4-1-1 至 4-4-1-3)

图 4-4-1-1

图 4-4-1-1

图 4-4-1-1

注意：身体作波浪时，带动头部协调甩动。

(2) 第二个动作（4 拍）

步伐：

1-3 拍左脚起向前走三步。

4 拍双腿跳，两腿分开。

手臂：

1-3 拍两臂前后自然摆动。

4 拍双臂打开，摆至侧下方。

图示：(4-4-2-1)

图 4-4-2-1

(3) 第三个动作（1 个 8 拍）

步伐：

1-8 拍两腿分开，右脚起原地踏八下，同时左右摆胯。

手臂：

1-7 拍双臂斜下方，五指并拢，掌心向前。

8 拍右臂屈肘外甩，同时头向左甩。

图示：(4-4-3-1 至 4-4-3-2)

图 4-4-3-1

图 4-4-3-2

注意：甩臂，甩头要有力度。

(4) 第四个动作（1 个 8 拍）

步伐：

1-7 拍两腿分开，右脚起原地踏七下。

8 拍双腿跳，并拢。

手臂：

1-7 拍右臂屈肘向上，右手成“八”字，左手胸前屈托于右肘下。

8 拍双臂打开，至侧下方。

图示：(4-4-4-1 至 4-4-4-3)

图 4-4-4-1

图 4-4-4-2

图 4-4-4-3

注意：双腿跳三人协调用力。

(5) 第五个动作（1 个 8 拍）

步伐：分腿跳开，两腿屈膝微微半蹲。

手臂：

1-4 拍两臂伸直，右臂胯前，左臂腰后，立掌，上下提压肩。

5-8 拍两臂伸直，左臂胯前，右臂腰后，立掌，上下提压肩。

图示：(4-4-5-1 至 4-4-5-2)

图 4-4-5-1

图 4-4-5-2

注意：身体侧对前方。

(6) 第六个动作（1 个 8 拍）

步伐：

1 拍两腿分开，右脚原地跺脚一次，同时向右摆胯。

2-3 拍两腿分开，膝关节微屈，摆胯两次（向左摆胯）。

4 拍双腿跳，并拢。

5 拍左脚向侧迈步。

6 拍左脚收回，与右脚并上。

7 拍右脚向侧迈步。

8 拍右脚收回，与左脚并上。

手臂：

1 拍左臂叉腰，右臂向侧上方摆。

2 拍左臂叉腰，右臂屈臂手扶头。

3 拍与 1 拍动作相同。

4 拍双臂用力下摆。
5 拍右臂相向侧。
6 拍右臂屈臂收。
7 拍右臂向上。
8 拍右臂放下。
图示：(4-4-6-1 至 4-4-6-7)

图 4-4-6-1

图 4-4-6-2

图 4-4-6-3

图 4-4-6-4

图 4-4-6-5

图 4-4-6-6

图 4-4-6-7

(7) 第七个动作 (1 个 8 拍)
步伐：
1-3 拍左脚起向左侧 45 度（8 点）前走三步。侧对前方。
4 拍原地不动。
5-8 身体作前波浪。
手臂：
1-3 拍手臂自然放于体侧。
4 拍右臂向侧抬起，五指张开向右拧成拳。
5-8 拍手臂自然放于体侧。
图示：(4-4-7-1 至 4-4-7-3)

图 4-4-7-1

图 4-4-7-2

图 4-4-7-3

(8) 第八个动作（1 个 8 拍）

步伐：

1-3 拍右脚起向 1 点走三步，正对 1 点。

4 拍左脚向侧迈步。

5 拍左脚收回跳起，同时右脚侧迈步。

6 拍右脚收回半步。

7-8 拍两腿自然分开，上体挺胸两次。

手臂：

1-3 拍双臂自然放于体侧。

4-6 拍双臂伸直，两手交叉置于胯前。

7-8 拍双臂自然置于体侧。

图示：(4-4-8-1 至 4-4-8-5)

图 4-4-8-1

图 4-4-8-2

图 4-4-8-3

图 4-4-8-4

图 4-4-8-5

(9) 第九个动作 (1 个 8 拍)

步伐：

1-4 拍面对 2 点，身体作侧波浪。

5-6 拍右脚向侧迈半步，同时右肩向前摆再收回。

7-8 拍左肩向前摆两次。

手臂：

1-4 拍双臂从头向下摸。

5-6 拍右肩向前摆动再收回手臂自然放在体侧。

7-8 左肩向前摆两次，手臂自然放在体侧。

图示：(4-4-9-1 至 4-4-9-6)

图 4-4-9-1

图 4-4-9-2

图 4-4-9-3

图 4-4-9-4

图 4-4-9-5

图 4-4-9-6

(10) 第十个动作 (1 个 8 拍)

步伐：

1-2 拍右脚收回并上左脚。

3-4 拍右脚向侧迈步。

5-7 拍双腿分开，膝关节微屈。

8 拍右脚收回双腿并上。

手臂：

1-2 拍双臂向左侧摆。

3-4 拍左臂叉腰，右臂屈肘由内向外翻，掌心向上。

5-8 拍左臂叉腰，右手扶头，甩头三次。

图示：(4-4-10-1 至 4-4-10-4)

图 4-4-10-1

图 4-4-10-2

图 4-4-10-3

图 4-4-10-4

(11) 第十一个动作 (1 个 8 拍)

步伐：

1 拍右脚向侧迈步。

2 拍右脚收回与左脚并拢。

3 拍双腿屈膝。

4 拍双腿伸直。

5-6 拍右腿前抬，落地。

7-8 拍左脚向前迈步。

手臂：

1-2 拍右臂向右侧摆，左臂屈臂向左拉。

3-4 拍双臂屈肘下摆。

5-6 拍双臂伸直向前并拢，含胸，双臂打开。

7 拍右臂向右前上摆。

8 拍左臂向左前上摆。

图示：(4-4-11-1 至 4-4-11-8)

图 4-4-11-1

图 4-4-11-2

图 4-4-11-3

图 4-4-11-4

图 4-4-11-5

图 4-4-11-6

图 4-4-11-7

图 4-4-11-8

（12）第十二个动作（1 个 8 怕）

步伐：

1-4 拍两腿分开屈膝颤动四次。

5 6 拍右腿侧抬，落下。

7-8 拍两腿分开屈膝，摆胯两次。

手臂：

1-4 拍左臂自然置于体侧，右手扶肩，含胸四次。

5-6 拍右臂向左侧伸直收回。

7-8 拍双臂屈，两手扶胯。

图示：（4-4-12-1 至 4-4-12-4）

图 4-4-12-1

图 4-4-12-2

图 4-4-12-3

图 4-4-12-4

（13）第十三个动作（1 个 8 拍）

步伐：

1-2 拍右脚向侧迈步收回。

3-4 拍左脚向侧迈步收回。

5-6 拍同 1-2 拍。

7-8 拍左脚向侧迈半步，第一位同学与第三位同学向左侧身，中间同学向右侧身。

手臂：

1-2 右臂头后绕一圈，放下。

3-4 拍左臂屈肘，手指向左指同时左摆头，眼睛看手指的方向。

5-6 拍右手由内向外翻上摆。

7 拍右手托于耳后，左臂叉腰。

8 拍收回。

图示：（4-4-13-1 至 4-4-13-6）

图 4-4-13-1

图 4-4-13-2

图 4-4-13-3

图 4-4-13-4

图 4-4-13-5

图 4-4-13-6

（14）第十四个动作（1 个 8 拍）
步伐：
1-4 拍左脚起向后撤四步，两腿分开。
5-8 拍双腿分开保持不动。
手臂：
1-4 拍双臂自然摆动。
5 拍双手屈臂拍左胯。
6 拍双手拍两胯。
7 拍双手拍右胯。
8 拍左手叉腰，右手伸直向上。
图示：（4-4-14-1 至 4-4-14-4）

图 4-4-14-1

图 4-4-14-2

图 4-4-14-3

图 4-4-14-4

（15）第十五个动作（1 个 8 拍）
步伐：
1-4 拍两腿分开，左右摆胯。
5-7 拍左右抬吸三次。
8 拍左脚落地双腿分开站立。
手臂：
1-4 拍双臂身后摆动。
5 拍左臂侧摆，右臂向右屈肘拉。
6 拍右臂侧摆，左臂向左屈肘拉。
7 拍同 5 拍。

8 拍双臂置于体侧。

图示：(4-4-15-1 至 4-4-15-8)

图 4-4-15-1

图 4-4-15-2

图 4-4-15-3

图 4-4-15-4

图 4-4-15-5

图 4-4-15-6

图 4-4-15-7

图 4-4-15-8

(16) 第十六个动作 (1 个 8 拍)

步伐：

1-4 拍两腿分开，左脚起原地踏步四次。

5-6 拍保持两腿分开的动作。

7 拍屈膝微蹲。

8 拍站立。

手臂：

1-4 拍右臂左臂依次向上摆四次。

5-6 拍双手五指分开掌心向前，胸前划圆两次。

7 拍双手向左下摆，身体微向左倾。

8 拍双臂握拳胸前交叉。

图示：(4-4-16-1 至 4-4-16-8)

图 4-4-16-1

图 4-4-16-2

图 4-4-16-3

图 4-4-16-4

图 4-4-16-5

图 4-4-16-6

图 4-4-16-7

图 4-4-16-8

（17）第十七个动作（1 个 8 拍）

步伐：

1-2 拍两腿分开。

3-4 拍左脚向左托步。

5-6 拍两腿分开。

7-8 拍右脚向右托步。

手臂：

1-2 拍双手胸前交错两次。

3-6 拍双臂伸直交叉打开。

7-8 拍左手向侧推手。

图示：（4-4-17-1 至 4-4-17-3）

图 4-4-17-1

图 4-4-17-2

图 4-4-17-3

（18）第十八个动作（1 个 8 拍）

步伐：两腿分开保持不动。

手臂：

1 拍双手屈臂拍左跨。

2 拍双手拍两胯。

3 拍双手拍右胯。

4 拍左手叉腰，右手伸直向上。

5-8 拍右手向上摆动四次。

图示：（4-4-18-1 至 4-4-18-4）

图 4-4-18-1

图 4-4-18-2

图 4-4-18-3

图 4-4-18-4

(19) 第十九个动作（1 个 8 拍）

步伐：两腿分开。

手臂：

1-2 拍第一位同学侧上举。

3-4 拍第二位同学侧平举。

5-6 拍第三位同学侧下举。

7-8 拍三位同学一起向下摆。

图示：(4-4-19-1 至 4-4-19-8)

图 4-4-19-1

图 4-4-19-2

图 4-4-19-3

图 4-4-19-4

图 4-4-19-5

图 4-4-19-6

图 4-4-19-7

图 4-4-19-8

(20) 第二十个动作

步伐：

1-4 拍右脚起向 2 点走三步（侧对前方）。

5-8 拍两腿分开微屈膝，挺胸含胸四次。

手臂：

1-4 拍双臂自然放于体侧。

5-8 拍双臂侧下方。

图示：(4-4-20-1 至 4-4-20-3)

图 4-4-20-1

图 4-4-20-2

图 4-4-20-3

(21) 第二十一个动作（1 个 8 拍）

步伐：

1-2 拍面对 2 点，两腿分开，第一位同学下蹲，后两位同学屈髋前倾。

3 拍第一位同学身体后仰，第二位同学向右倾斜，第三位同学向左倾。

4 拍还原。

5-8 拍做波浪站立。

手臂：

1-2 拍第一位同学右臂叉腰，左臂伸直向下，第二、第三位同学双臂向下。

3 拍第一位同学右臂伸直向后做支撑，后两位同学手臂随意。

4 拍还原。

5-8 拍双手叉腰。

图示：(4-4-21-1 至 4-4-21-5)

图 4-4-21-1

图 4-4-21-2

图 4-4-21-3

图 4-4-21-4

图 4-4-21-5

图 4-4-21-6

(22) 第二十二个动作（1 个 8 拍）

步伐：

1-2 拍向前走两步。

3-4 拍右脚向前迈步。

5-6 拍两腿分开。

7-8 拍双腿屈膝微蹲。

手臂：

1-2 双臂体侧。

3-4 拍右臂胸前平屈握拳肘关节上抬，左臂向后摆。

5-6 拍双臂侧上举。

7-8 拍双臂胸前平屈。

图示：(4-4-22-1 至 4-4-22-6)

图 4-4-22-1

图 4-4-22-2

图 4-4-22-3

图 4-4-22-4

图 4-4-22-5

图 4-4-22-6

(23) 第二十三个动作（1 个 8 拍）

步伐：双腿分开微蹲。

手臂：

1 拍第一位同学右臂屈肘向下。

2 拍第一位同学左臂屈肘向下。

3 拍第二位同学屈肘向上，掌心向上，五指并上。

4 拍第三位同学双臂曲肘向上高过第二位同学。

5 拍第一、第三位同学双臂打开身体向左侧倾，第二位同学向右侧倾。

6 拍三位同学还原。

7 拍朝 5 拍的反方向动作。
8 拍还原。
图示：(4-4-23-1 至 4-4-23-8)

图 4-4-23-1

图 4-4-23-2

图 4-4-23-3

图 4-4-23-4

图 4-4-23-5

图 4-4-23-6

图 4-4-23-7

图 4-4-23-8

(24) 第二十四个动作 (1 个 8 拍)
步伐：两腿分开站立，身体面向 2 点。
手臂：
1 拍三位同学同时右臂侧向上伸直，手握拳，眼睛看手。
2 拍左臂侧上方伸直，手握拳，眼睛看手。
3 拍双臂屈肘向下摆，手握拳。
4 拍双臂屈肘向上摆，手握拳。
5 拍动作与 3 拍动作相同。
6 拍双臂侧平举，挺胸后仰头。
7-8 拍右臂扶头。
图示：(4-4-24-1 至 4-4-24-7)

图 4-4-24-1

图 4-4-24-2

图 4-4-24-3

图 4-4-24-4

图 4-4-24-5

图 4-4-24-6

图 4-4-24-7

（25）第二十五个动作（1 个 8 拍）
步伐：
1-2 拍向右侧走两步，面对 2 点。
3-6 拍左侧弓步。
7-8 拍向左走两步，面对 1 点，两腿分开直立。
手臂：
1-2 拍右臂扶腿。
3-4 拍左臂屈肘向侧，眼睛看手。
5 拍右臂上举。
6 拍右臂托于耳后，左手叉腰。
7-8 拍双臂自然置于体侧。
图示：（4-4-25-1 至 4-4-25-5）

图 4-4-25-1

图 4-4-25-2

图 4-4-25-3

图 4-4-25-4

图 4-4-25-5

(26) 第二十六个动作 (4 拍)

步伐：双腿分开，直立。

手臂：

1 拍双臂拍左胯，身体向左转。

2 拍双臂拍两胯，身体正对 1 点。

3 拍双臂拍右胯，身体向右转。

4 拍第一位同学身体向左侧倾，左臂侧上举握拳；第二位同学身体右侧倾，右臂侧上举握拳，第三位同学右臂上指。

图示：(4-4-26-1 至 4-4-26-4)

图 4-4-26-1

图 4-4-26-2

图 4-4-26-3

图 4-4-26-4

第五节　三人板鞋啦啦操

啦啦操运动是在音乐的衬托下，通过队员身体动作的完美完成及高超的技能展示，集中体现青春活力和健康向上的团队精神，并追求团队荣誉的最高境界。啦啦队运动始创于 1880 年的美国校园，最早出现的形式是观众为本队加油呐喊。今天，啦啦操这项运动已经迅速得到了发展，具有较高的健身价值，影响力也越来越广泛。啦啦操的分类，以展示歌舞健身操技巧并体现团队精神，以健身为目的的，称为歌舞健身操啦啦队。歌舞健身操啦啦队中又包括彩球、高踢腿、爵士、道具。结合技巧、体操、歌舞健身操动作的表演进行的比赛，称为技巧啦啦队。本书介绍的是歌舞健身啦啦操与板鞋动作的结合。

一、三人板鞋啦啦操基本动作

(一) 基本动作

1. 跺脚：一脚支撑，一脚踏步抬腿后用力跺脚落地。
2. 并步：一脚向侧迈步（一步或两步），另一脚随之跟进并上。
3. 摆髋：两腿分开，髋部左右摆动，膝关节微屈。
4. 吸腿：一腿支撑，一腿屈膝 90 度抬起。
5. 分腿跳：两腿同时跳起分开大于肩宽，屈膝落地缓冲。

(二) 手臂动作

1. 拍手：两手臂胸前击掌，双手位置略低于脸。拍手时应注意稳、准、狠，集体练习时节奏应高度一致。

2. 高 V 字动作：手臂侧上举（略前倾）举成 V 字，手臂伸直用力，注意手腕平直，是手臂的延长线。

3. 倒 V 字动作：同高 V 字动作，但方向向下。

4. T 字动作：两臂侧平举（略前倾），手臂伸直、手腕平直，大拇指向前。

5. 断 T 字动作：由 T 字动作屈肘，大小手臂在一个水平面上。

6. 冲举动作：一只手臂上举（小拇指向前），伸直并靠向头，另一只手臂放于腰间。

二、三人板鞋啦啦操成套动作

1. 动作说明

成套动作有机结合了啦啦操、板鞋歌舞健身操基本动作，脚下以板鞋歌舞健身操跺脚、点地、摆胯、踢腿、吸腿动作为主，手臂结合啦啦操基本手臂 V 型手臂、L 型手臂、击掌等动作，成套动作既体现了啦啦操的动感时尚，又体现出板鞋歌舞健身操的自如欢快的歌舞健身操风格。动作音乐 4/4，组合共 24 拍，音乐节奏欢快，运动强度适中，简单易学，适宜初学者学习。

2. 教学任务

（1）学习板鞋啦啦操基本手臂动作。

（2）学习板鞋啦啦操，掌握其动作特征与风格。

3. 教学要求

（1）掌握啦啦操基本手臂动作。

（2）正确掌握板鞋啦啦操技术要领，表现其时尚、民族的独特的艺术风格。

4. 教学组织

（1）队形变化一：三排变两排。

（2）队形变化二：两排变两列。

（3）队形变化三：两列变一列。

（4）队形变化四：一列变两排。

5. 动作介绍与做法

准备动作：面对 2 点。

（1）第一个动作（1 个 8 拍）

步伐：

1-4 拍保持不动。

5-8 拍左脚起走四步，面对 1 点。

手臂：

1 拍双手持手花向前，同时身体向前屈。

2 拍双手持手花向后，同时身体后仰。

3 拍的动作与 1 拍动作相同。

4 拍动作与 2 拍的动作相同。

5-8 拍双手自然摆。

图示：（4-5-1-1 至 4-5-1-3）

图 4-5-1-1

图 4-5-1-2

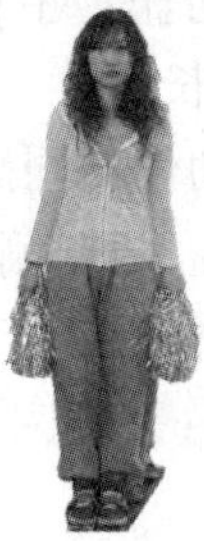
图 4-5-1-3

(2) 第二个动作（1 个 8 拍）

步伐：

1 拍左脚向左迈步。

2 拍右脚向左迈步。

3 拍右脚向右迈步。

4 拍左脚向右迈步。

5-6 拍双脚并拢跳。

7 拍左脚向前迈步。

8 拍右脚向前迈步。

手臂：

1 拍双臂侧平举。

2 拍双臂弯曲收于腰间。

3 拍与 1 拍相同。

4 拍与 2 拍相同。

5 拍双手上举。

6 拍双臂经侧向下。

7-8 拍双手胸前向左划圆两次，收于胸前。

图示：(4-5-2-1 至 4-5-2-8)

图 4-5-2-1

图 4-5-2-2

图 4-5-2-3

图 4-5-2-4

图 4-5-2-5

图 4-5-2-6

图 4-5-2-7

图 4-5-2-8

(3) 第三个动作（1 个 8 拍）

步伐：

1 拍左脚向侧迈步。

2 拍左脚收回。

3-4 拍左脚、右脚原地踏步。

5 拍左脚向左迈步。

6 拍左脚收回。

7 拍右脚向侧迈步。

8 拍右脚收回。

手臂：

1 拍双臂向左侧摆。

2 拍双臂向右。

3-4 拍双手自然放于体侧。

5-6 拍双臂向左划圆。

7-8 拍双臂向右划圆。

图示：(4-5-3-1 至 4-5-3-5)

图 4-5-3-1

图 4-5-3-2

图 4-5-3-3

图 4-5-3-4

图 4-5-3-5

(4) 第四个动作（1个8拍）

步伐：

1-2拍双脚起跳，两腿分开。

3-4双腿屈伸一次。

5-6拍左脚右脚原地踏步一次。

7-8拍保持两腿分开的动作。

手臂：

1-2拍双手V型手臂，屈伸一次。

3拍双臂收于胸前，同时含胸低头。

4拍双臂V型手臂。

5-6拍双臂体侧。

7拍手臂不变，头向后摆。

8拍头摆回，面对1点。

图示：(4-5-4-1至4-5-4-3)

图4-5-4-1

图4-5-4-2

图4-5-4-3

(5) 第五个动作（1个8拍）

步伐：

1-4拍两腿分开，摆胯四次。

5-8拍右脚踩脚四次。

手臂：

1-4拍双臂L型手臂向右向左摆四次

5-8拍双臂交替下摆四次

图示：(4-5-5-1至4-5-5-4)

图4-5-5-1

图4-5-5-2

图4-5-5-3

图4-5-5-4

（6）第六个动作（1 个 8 拍）

步伐：

1-2 拍左脚向前迈步。

3-4 拍左脚收回。

5-6 拍左脚向侧迈步，收回。

7-8 拍右脚向侧迈步，收回。

手臂：

1 拍双臂上举。

2 拍左臂下摆至腹前，右臂上举。

3 拍双臂下摆至左腹前。

4 拍双手收在体侧。

5-6 拍左臂侧下举。

7-8 拍右臂侧下举。

图示：（4-5-6-1 至 4-5-6-8）

图 4-5-6-1

图 4-5-6-2

图 4-5-6-3

图 4-5-6-4

图 4-5-6-5

图 4-5-6-6

图 4-5-6-7

图 4-5-6-8

（7）第七个动作（1 个 8 拍）

步伐：

1 拍左脚向左迈步。

2 拍右脚向左迈步与左脚并上。

3 拍左脚向左摆。

4 拍左脚落地。

5-8 拍与 1-4 拍动作相同方向相反。

手臂：

1 拍左臂侧平举，右臂胸前平屈。

2 拍右臂侧平举，左臂胸前平屈。

3 拍动作与 1 拍动作相同。

4 拍双手放下。

5-8 拍与 1-4 拍动作相同方向相反。

图示：(4-5-7-1 至 4-5-7-8)

图 4-5-7-1

图 4-5-7-2

图 4-5-7-3

图 4-5-7-4

图 4-5-7-5

图 4-5-7-6

图 4-5-7-7

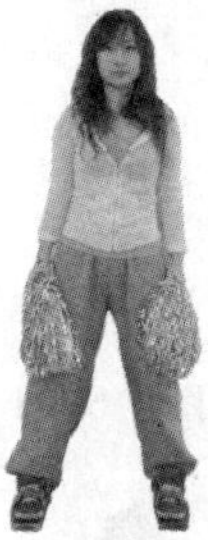

图 4-5-7-8

(8) 第八个动作 (1 个 8 拍)

步伐：

1-7 拍保持双腿分开的动作。

8 拍左脚收回，两脚并拢。

手臂：

1 拍右臂前向下摆，左手扶胯。

2 拍左臂侧下摆，右臂屈肘上摆。

3 拍右臂侧下摆，右臂屈肘上摆。

4 拍同 2 拍动作。

5 拍双臂屈肘上摆。

6 拍双臂屈肘下摆。

7-8 拍双臂向左划圆，收于胸前。

图示：(4-5-8-1 至 4-5-8-8)

图 4-5-8-1

图 4-5-8-2

图 4-5-8-3

图 4-5-8-4

图 4-5-8-5

图 4-5-8-6

图 4-5-8-7

图 4-5-8-8

(9) 第九个动作（1 个 8 拍）

步伐：

1 拍分腿。

2 拍屈膝分腿蹲，上体向左侧探身。

3-4 拍下肢保持不变。

5-8 拍双腿分腿跳四次。

手臂：

1 拍双臂侧平举。

2 拍左臂侧平举，右臂向下摆。

3 拍双臂侧平举。

4 拍双臂收于胸前。

5-8 拍双臂胸前绕圈。

图示：(4-5-9-1 至 4-5-9-4)

图 4-5-9-1

图 4-5-9-2

图 4-5-9-3

图 4-5-9-4

(10) 第十个动作（1 个 8 拍）

步伐：

1 拍两腿分开。

2 拍双腿屈膝微蹲。

3 拍膝关节伸直。

4 拍双腿跳并拢。

5 拍左脚向左迈步。

6 拍左脚收回。

7 拍右脚向右迈步。

8 拍右脚收回。

手臂：

1 拍“V”型手臂。

2 拍双臂收于胸前。

3 拍与 1 拍动作相同。

4 拍与 2 拍动作相同。

5-6 拍侧下举，放下。

7-8 拍侧下举，放下。

图示：(4-5-10-1 至 4-5-10-8)

图 4-5-10-1

图 4-5-10-2

图 4-5-10-3

图 4-5-10-4

图 4-5-10-5

图 4-5-10-6

图 4-5-10-7

图 4-5-10-8

(11) 第十一个动作（1 个 8 拍）

步伐：

1 拍左脚侧迈步，两腿分开，同时上体左转。

2-8 拍保持两腿分开的动作。

手臂：

1 拍左臂侧下举，右臂上举向后摆。

2 拍左臂不动，右臂经前划弧向后下摆。

3-4 拍左臂不动，右臂上举向后摆两次。

5 拍与 2 拍动作相同。

6 拍与 1 拍动作相同。

7-8 拍左臂保持不变，右臂向后上方划圆，放下。

图示：(4-5-11-1 至 4-5-11-8)

图 4-5-11-1

图 4-5-11-2

图 4-5-11-3

图 4-5-11-4

图 4-5-11-5

图 4-5-11-6

图 4-5-11-7

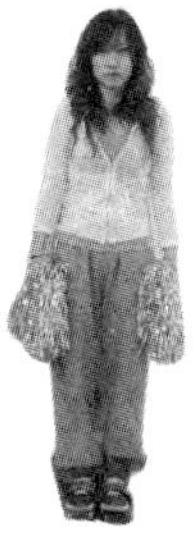

图 4-5-11-8

(12) 第十二个动作 (1 个 8 拍)

步伐：

1-4 拍踏四步，两腿并上。

5-8 拍保持并腿的动作。

手臂：

1-4 拍双臂击掌四次。

5 拍第一位同学上举。

6 拍第二位同学侧举。

7 拍第三位同学侧下举。

8 拍三位同学手臂收于胸前。

图示：(4-1-12-1 至 4-5-12-4)

图 4-5-12-1

图 4-5-12-2

图 4-5-12-3

图 4-5-12-4

（13）第十三个动作（1 个 8 拍）

步伐：

1-4 拍保持双脚并上的动作。

5-6 拍右脚侧迈步，收回。

7-8 拍左脚侧迈步，收回。

手臂：

1 拍右手上举。

2 拍左手上举。

3 拍右手侧举。

4 拍左手侧举。

5-6 拍左臂上举，右臂左下摆。

7-8 拍与 5-6 拍动作相同方向相反，收于胸前。

图示：（4-5-13-1 至 4-5-13-8）

图 4-5-13-1

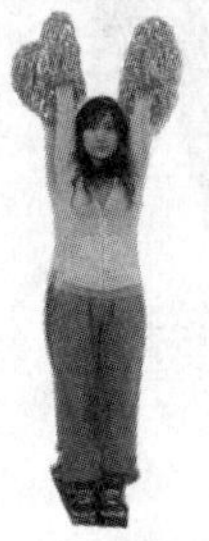
图 4-5-13-2

图 4-5-13-3

图 4-5-13-4

图 4-5-13-5

图 4-5-13-6

图 4-5-13-7

图 4-5-11-8

(14) 第十四个动作（1个8拍）

步伐：

1-3拍右脚起向前走三步。

4拍双脚分腿跳。

5-6拍保持分腿动作。

7-8拍双腿跳并拢。

手臂：

1-3拍双手自然前后摆动。

4拍双手胸前平屈向左摆。

5-6拍双手胸前平屈向右摆。

7-8拍双臂伸直由左向右划平圆。

图示：(4-5-14-1至4-5-14-4)

图4-5-14-1

图4-5-14-2

图4-5-14-3

图4-5-14-4

(15) 第十五个动作（1个8拍）

步伐：

1-6拍双腿并拢。

7-8拍左脚向侧迈步，两腿分开。

手臂：

1-2拍第一、第三位同学双臂上举向左摆两次，第二位同学方向相反。

3-4拍第一、第三位同学双臂上举向右摆两次，第二位同学方向相反。

5-6拍与1-4拍动作相同，但是少做一次摆动。

7拍双臂胸前交叉划圆打开成侧平举，同时第一、第三位同学身体向左倾，中间同学向右倾。

8拍双手收于胸前。

图示：(4-5-15-1至4-5-15-4)

图 4-5-15-1

图 4-5-15-2

图 4-5-15-3

图 4-5-15-4

（16）第十六个动作（1 个 8 拍）

步伐：

1-2 拍左脚收回，双脚并拢。

3-8 拍双脚保持并拢不动。

手臂：

1 拍双臂由内向外划弧成侧平举。

2 拍双臂收于胸前。

3 拍第一位同学双臂侧上举，第二位同学侧平举，第三位同学侧下举。

4 拍双臂侧平举。

5 拍第一、第三位同学右臂侧平举，左臂侧下举，第二位同学左臂侧上举，右臂侧下举。

6-7 拍第一、第三位同学右臂向上，左臂向下，第二位同学左臂向上，右臂向下。

8 拍双臂收于胸前。

图示：（4-5-16-1 至 4-5-16-8）

图 4-5-16-1

图 4-5-16-2

图 4-5-16-3

图 4-5-16-4

图 4-5-16-5

图 4-5-16-6

图 4-5-16-7

图 4-5-16-8

(17) 第十七个动作 (1 个 8 拍)

步伐:

1 拍右脚侧迈步。

2 拍右脚收回。

3 拍左脚侧迈步。

4 拍左脚收回。

5-8 拍保持双腿并拢的动作。

手臂:

1-2 拍双臂侧下举，收回。

3-4 拍双臂侧下举，收回。

5-6 拍第一位、第三位同学双臂向左下方摆，中间同学双臂向右下摆，身体自然向下弯。

7-8 拍身体、手臂还原。

图示:(4-5-17-1 至 4-5-17-6)

图 4-5-17-1

图 4-5-17-2

图 4-5-17-3

图 4-5-17-4

图 4-5-17-5

图 4-5-17-6

(18) 第十八个动作 (1 个 8 拍)

步伐:

1-4 拍左脚起向前走四步，双脚并上。

5-8 拍保持脚下不变。

手臂:

1 拍双臂屈臂胸前举。

2 拍双臂侧平举。

3 拍双臂上举。

4 拍双臂向下，胸前举。

5 拍第一位同学左臂侧上举，右臂侧下举，第二位同学、第三位同学见图示。

6 拍第一位同学右臂侧上举，左臂侧下举，第二位同学、第三位同学见图示。

7 拍第一位同学双臂侧平举，第二位同学、第三位同学见图示。

图示：(4-1-18-1 至 4-5-18-8)

图 4-5-18-1

图 4-5-18-2

图 4-5-18-3

图 4-5-18-4

图 4-5-18-5

图 4-5-18-6

图 4-5-18-7

图 4-5-18-8

(19) 第十九个动作 (1 个 8 拍)

步伐：

1-2 拍右脚向侧迈步。

3-8 拍双脚保持分腿的动作。

手臂：

1-2 拍第一位、第二位同学右臂侧上举，第三位同学左臂上举，侧身面对 1 点，手握拳。

3-4 拍双臂胸前平屈，肘关节先向下再向上摆三次。

5 拍双臂侧平举，第一位同学与第三位同学上体向左后仰，中间同学向右后扬。

6-8 拍从后到前三位同学依次收回。

图示：(4-5-19-1 至 4-5-19-8)

图 4-5-19-1

图 4-5-19-2

图 4-5-19-3

图 4-5-19-4

图 4-5-19-5

图 4-5-19-6

图 4-5-19-7

图 4-5-19-8

(20) 第二十个动作(1 个 8 拍)
步伐：保持两腿分开的动作。
手臂：
1 拍第一、第三位同学左臂侧举，右臂上举，中间同学相反。
2 拍左臂不动，右臂经前划弧向后下摆，中间同学相反。
3-4 拍左臂不动，右臂上举向后摆两次，中间同学相反。
5 拍与 2 拍动作相同。
6 拍与 1 拍动作相同。
7-8 拍左臂保持不变，右臂向后上方划圆，中间同学侧平举，手臂收回。
图示：(4-5-20-1 至 4-5-20-3)

图 4-5-20-1

图 4-5-20-2

图 4-5-20-3

(21) 第二十一个动作(1 个 8 拍)
步伐：
1 拍右脚向侧迈步。

2 拍左脚向右迈步。

3 拍右脚向右迈步。

4 拍左脚吸腿跳。

5-8 拍动作与 1-4 拍动作相同方向相反。

手臂：

1 拍右臂屈臂上摆，左臂屈臂下摆。

2 拍左臂屈臂下摆，右臂屈臂上摆。

3 拍与 1 拍动作相同。

4 拍双手胸前击掌。

5-8 拍动作与 1-4 拍动作相同方向相反。

图示：（4-5-21-1 至 4-5-21-4）

图 4-5-21-1

图 4-5-21-2

图 4-5-21-3

图 4-5-21-4

（22）第二十二个动作（1 个 8 拍）

步伐：双腿保持分腿。

手臂：

1 拍第一位同学左臂侧上举。

2 拍第一位同学右臂侧举。

3 拍第二位同学右臂侧上举。

4 拍第二位同学左臂侧举。

5 拍第三位同学左臂侧下举。

6 拍第三位同学右臂侧下举。

7 拍双臂收回，下蹲，含胸低头。

8 拍成造型（见图示）。

图示：（4-5-22-1 至 4-5-22-8）

图 4-5-22-1

图 4-5-22-2

图 4-5-22-3

图 4-5-22-4

图 4-5-22-5

图 4-5-22-6

图 4-5-22-7

图 4-5-22-8

第五章　摆手歌舞与安代歌舞健身操编排与教学

第一节　摆手歌舞健身操

摆手歌舞健身操流行于湖南永顺、龙山、保靖以及湖北、重庆交界的土家族聚居地区。它是春节期间在土王庙前举行的仪式性集体歌舞健身操，唐末五代时已流行，初与祭祀有关，后演变为风俗。是土家族最有影响的大型歌舞健身操，带有浓烈的祭祀色彩。歌随歌舞健身操而生，歌舞健身操随歌得名。摆手歌舞健身操又名“社巴”，整个活动以祭典歌舞健身操、唱歌等为表演形式，以讲述人类起源、民族迁徙、英雄事迹为内容。祭礼仪式毕，由“梯玛”或掌坛师带领众人，进摆手堂或摆手坪跳摆手歌舞健身操，唱摆手歌。土人作战前跳此歌舞健身操以助长士气。摆手歌舞健身操，是土家族的一种大型歌舞健身操。按其活动规模分为“大摆手”、“小摆手”两种；按其歌舞健身操形式分为“单摆”、“双摆”、“回旋摆”等；按其举行的时间分为“正月堂”、“二月堂”、“三月堂”、“五月堂”、“六月堂”等。摆手活动规模庞大，以祭“八部大神”为主，表演人类起源、民族迁徙、抵御外患和农事活动等；小摆手活动规模较小，以祭祀彭公爵主、向老官人、田好汉和各地土王为主，表演部分农事活动。因此摆手歌舞健身操动作朴实、大方、优美，被誉为当地的“华尔兹”。跳摆手歌舞健身操击大鼓、鸣大锣，气势宏伟壮阔，动人心魄。做歌舞健身操时双手呈同边摆动，踢脚摆手，翩跹进退，成双成对，意境生动。摆手歌舞健身操是民间一种娱乐和健身性质的体育活动。

本章节主要介绍摆手歌舞健身操的基本动作交叉摆手、单摆手、双摆手、回旋摆等，教学练习组合以基本动作为主，主要提高学生摆手协调性，为成套动作学习奠定基础。成套动作编排从简到难，循序渐进适宜教学参考与应用。分为初级与高级。初级动作简单易学，成套动作是摆手歌舞健身操动作的基础性动作。高级成套动作内容较难，动作节奏快，运动量较大，对学生身体素质与协调性要求较高，因此适合有一定基础的学生学习。

一、摆手歌舞健身操基本动作

（一）常用手臂

1. 交叉摆手：双手自认弯曲，在腹部区域进行交叉摆动。
2. 同边摆手：双臂自然向左或向右同时摆动。
3. 8 字摆：双臂自然向右或左边划横 8 字摆动。
4. 回旋摆：单臂由后向前回旋摆动。
5. 单臂摆：一只手臂伸直保持不动，另一只手臂向内向外摆动。
6. 双手合十：双手五指并拢，在胸前向前合十，在背后向后合十。

二、摆手歌舞健身操练习组合

(一) 组合一 (男女动作相同)

1. 动作说明

本组合由 2 个基本动作组成，音乐 3/4，组合共 24 拍，音乐节奏较慢，运动强度小，围圈行进过程中没有变化，简单易学，适宜初学者学习。

2. 教学任务

(1) 学习土家族摆手歌舞健身操基础步伐，了解其大概的动作特征。

(2) 学习摆手歌舞健身操左右摆手动作与节奏配合的规律。

3. 教学要求

(1) 掌握土家族摆手歌舞健身操的基本动作，体会其动作风格，建立摆手歌舞健身操的节奏意识。

(2) 正确掌握摆手技术特点，在自然体态下，表现摆手歌舞健身操自如优美的歌舞健身操状态。

4. 教学组织

队形一：男女间隔围成一个圆，逆时针向右行进做动作（前三个动作）。

队形二：向圆心运动（第四个动作）。

5. 动作介绍与做法

(1) 第一个动作（6 拍）

动作描述："慢三步"，合十。

步伐：

1-3 拍右脚向前迈步，左脚跟进，右脚原地点地。

4-6 拍左脚向后退步，右脚跟进，左脚原地点地。

手臂：

1-3 拍双手从两侧抬起，在头上合十。

4-6 拍双手合十从头部落于胸前。

注意：向前迈步时需要抬脚跟。

(2) 第二个动作

动作描述："慢三步"，同向左右摆。

步伐：

1-3 拍左脚向前迈步，右脚跟进，左脚原地点地。

4-6 拍原地保持不动。

手臂：

1-3 拍双臂自然弯曲从右侧向左侧摆。

4-6 拍双臂自然弯曲从左侧向右侧摆。

注意：摆动的节奏与音乐配合要协调。

(二) 组合二 (男女动作相同)

1. 动作说明

本组合由 4 个基本动作组成，音乐 4/4，组合共 24 拍，音乐节奏快，运动强度大，围圈行进过程中有两次反向变化，简单易学，适宜初学者学习。

2. 教学任务

（1）学习土家族摆手歌舞健身操基础步伐，了解其大概的动作特征。

（2）学习摆手歌舞健身操交叉摆手、单臂摆手动作与节奏配合的规律。

3. 教学要求

（1）掌握土家族摆手歌舞健身操的基本动作，体会其动作风格，建立摆手歌舞健身操的节奏意识。

（2）正确掌握摆手技术特点，在自然体态下，表现摆手歌舞健身操自如优美的歌舞健身操状态。

4. 教学组织

队形一：男女间隔围成一个圆，逆时针向右行进做动作（前三个动作）。

队形二：向圆心运动（第四个动作）。

5. 动作介绍与做法

（1）第一个动作（2 个 8 拍）

动作描述：走步，交叉摆手。

步伐：

1-4 拍右脚起向前走四步。

5 拍右脚向右迈步。

6 拍左脚向右迈步并步点地。

7 拍左脚向左迈步。

8 拍右脚向左迈步并步点地。

2-1-8 重复 1-8 动作。

手臂：

1-4 拍手臂向后合十，指尖向下。

5-8 拍双手前交叉摆两次。

注意：手臂摆动要有节奏，交叉向外摆身体先圆心向外倾，再向内倾。

（2）第二个动作（2 个 8 拍）。

动作描述：走步，单臂摆。

步伐：

1-8 拍左脚起向前走八步（逆时针）。

2-1-8 重复 1-8 拍的动作。

手臂：左臂伸直侧举，右臂自然弯曲向外向内摆一拍一动。

注意：做这个动作时身体向左侧倾斜（面向 45 度）。

（3）第三个动作（2 个 8 拍）

动作描述：双脚并拢提脚跟，同向摆手。

步伐：

1-8 拍双脚并拢原地提脚跟，向右向左摆一拍一动（面向圆心）。

2-1-8 拍与 1-8 拍动作相同。

手臂：双臂自然弯曲向右再向左摆动，一拍一动。

注意：身体随着摆手的方向而摆动。

三、摆手歌舞健身操成套动作

(一) 摆手歌舞健身操初级成套动作（男女动作相同）

1. 动作说明

本组合由 16 个基本动作组成，音乐 4/4，组合共 36 拍，音乐节奏较慢，运动强度较小，围圈行进过程中没有变化，简单易学，适宜初学者学习。

2. 教学任务

(1) 学习土家族摆手歌舞健身操基础步伐，了解其大概的动作特征。

(2) 学习摆手歌舞健身操左右摆手动作与节奏配合的规律。

3. 教学要求

(1) 掌握土家族摆手歌舞健身操的基本动作，体会其动作风格，建立摆手歌舞健身操的节奏意识。

(2) 正确掌握摆手技术特点，在自然体态下，表现摆手歌舞健身操自如优美的歌舞健身操状态。

4. 教学组织

队形一：男女间隔围成一个圆，逆时针向右行进做动作（前三个动作）。

队形二：向圆心运动（第四个动作）。

5. 动作介绍与做法

(1) 第一个动作（1 个 8 拍）

步伐：

1-3 拍向前跑三步。

4 拍双脚并拢提踵立。

5-8 拍双脚跟落地，屈膝半蹲，身体前倾。

手臂：

1-3 拍左臂侧举，右臂上举，五指自然分开，掌心向外挥手三次。

4 拍双手经体侧向上举，手心向前。

5-8 双手经前向下甩臂。

图示：(5-1-1-1 至 5-1-1-3)

图 5-1-1-1

图 5-1-1-2

图 5-1-1-3

注意：上下肢要协调。

(2) 第二个动作（1个8拍）

步伐：双脚并拢，身体前倾，身体随着手臂摆动。

手臂：双臂手从后向前甩手臂，一拍一动。

图示：(5-1-2-1)

注意：甩手臂时要用力，有节奏。

图 5-1-2-1

(3) 第三个动作（1个8拍）

步伐：

1-5 拍右脚起向右圆形走五步，回到起点。

6-8 拍左脚向侧迈步，成侧弓步，右腿伸直脚尖点地。

手臂：

1-5 拍右臂伸直前举，掌心向上，五指并拢，左臂胸前平屈，五指并拢掌心向下。

6-8 拍双臂经侧打开在侧下方，手腕抬起，掌心向下。

图示：(5-1-3-1 至 5-1-3-7)

图 5-1-3-1

图 5-1-3-2

图 5-1-3-3

图 5-1-3-4

图 5-1-3-5

图 5-1-3-6

图 5-1-3-7

注意：动作路线为圆，转体动作要流畅，最后造型保持稳定。

注意：手臂摆动，身体随之向上。

(4) 第四个动作

步伐：

1-6 拍右脚向侧迈三步。

7-8 拍右脚不动，左脚慢慢收回，膝关节向前微屈半蹲。

手臂：

1-6 拍左臂向上外绕，右臂向下内绕。

7-8 拍双臂自然收于体侧。

图示：(5-1-4-1 至 5-1-4-4)

图 5-1-4-1

图 5-1-4-2

图 5-1-4-3

图 5-1-4-4

注意：手臂要与步伐相协调。

(5) 第五个动作 (1 个 8 拍)

步伐：

1-4 拍左脚向左侧迈两步。

5-8 拍右脚向右侧迈一步，左脚并上脚尖点地。

手臂：

1-4 拍双臂经侧向上抬起，成侧下举，五指并拢，掌心向下，手腕微上翘与地面平行，镶嵌绕圈两次。

5-8 拍双臂向上慢慢抬起。

图示：(5-1-5-1 至 5-1-5-2)

图 5-1-5-1

图 5-1-5-2

注意：手臂与音乐的配合。

(6) 第六个动作 (2 个 8 拍)

步伐：

1-2 拍左脚向侧迈步，两腿分开大于肩宽，双膝由微屈变伸直，右脚脚尖点地，身体自然向左侧倾斜。

3-4 拍与 1-2 拍动作相同方向相反，身体自然向右侧倾斜。

5-8 拍与 1-2 拍动作相同节奏放慢一倍，身体向左侧倾斜。

2-1-8 拍与 1-8 拍动作相同方向相反。

手臂：

1-2 拍双手从右侧向左侧甩手臂，五指并拢，掌心向下。

3-4 拍双手从左侧向右侧甩手臂。

5-8 拍动作与 1-2 拍相同节奏放慢一倍。

2-1-8 拍动作与 1-8 拍相同方向相反。

图示：(5-1-6-1 至 5-1-6-5)

图 5-1-6-1

图 5-1-6-2

图 5-1-6-3

图 5-1-6-4

图 5-1-6-5

(7) 第七个动作

步伐：

1-2 拍左脚向左迈步，右脚并拢脚尖点地。

3-4 拍右脚向右迈步，左脚并拢脚尖点地。

5-6 拍动作与 1-2 拍相同。

7-8 拍以左脚为轴右脚点地向左转体 360 度。

手臂：

1-6 拍手臂侧下举，手腕微上翘，掌心向下，向前划圆两拍一动。

7-8 拍双臂保持侧下举的动作不变。

图示：(5-1-7-1 至 5-1-7-6)

图 5-1-7-1

图 5-1-7-2

图 5-1-7-3

图 5-1-7-4

图 5-1-7-5

图 5-1-7-6

注意：摆手的节奏，转体的稳定性。

（8）第八个动作（2 个 8 拍）

步伐：

1-8 拍小碎步后退，最后一拍双脚并拢提踵。

2-1-2 拍左脚上步。

2-3-4 拍左腿伸直，右腿屈膝，重心后移。

2-5-8 拍左脚向前迈步，向右转身 90 度。

手臂：

1-8 拍双臂交叉打开，右臂上举，左臂侧举。

2-1-6 拍右挥手摆动，掌心向前，左臂保持不变。

2-1-2 拍双臂向上。

2-3-4 拍双臂向下。

2-5-8 拍由内向外掏手臂，手臂放在下颚处。

图示：（5-1-8-1 至 5-1-8-5）

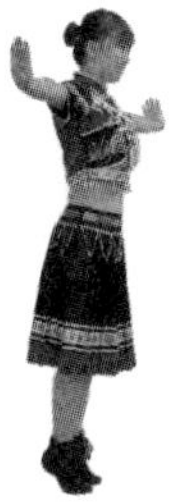

图 5-1-8-1

图 5-1-8-2

图 5-1-8-3

图 5-1-8-4

图 5-1-8-5

注意：小碎步要流畅，身体侧对前方。

(9) 第九个动作（2 个 8 拍）

步伐：

1 拍左脚收回，同时向前小踢腿，落地。

2 拍右脚向前小踢腿，落地。

3-8 拍重复 1-2 拍动作。

2-1-8 拍左脚起，向前走八步。

手臂：

1-8 拍双手在下颚处由内向外划小立圆。

2-1-8 拍双臂伸直斜下方向上划大立圆。

图示：(5-1-9-1 至 5-1-9-4)

图 5-1-9-1

图 5-1-9-2

图 5-1-9-3

图 5-1-9-4

注意：手臂摆动与节奏配合要协调一致。

(10) 第十个动作（2 个 8 拍）。

步伐：

1-2 拍左脚起向前抬膝跳，落地。

3-4 拍右脚抬膝跳，落地。

5-8 拍重复 1-4 拍的动作。

2-1-8 拍与 1-8 拍的动作相同。

手臂：

1-8 拍双臂伸直由左侧向右侧甩 8 字。

2-18 拍动作与上相同。

图示：(5-1-10-1 至 5-1-10-7)

图 5-1-10-1

图 5-1-10-2

图 5-1-10-3

图 5-1-10-4

图 5-1-10-5

图 5-1-10-6

图 5-1-10-7

注意：1-8 拍动作路线是顺时针走圆形，2-1-8 动作在原地。

(11) 第十一个动作（1 个 8 拍）

步伐：

1 拍右脚脚尖点地。

2 拍左脚脚尖点地。

3-8 拍与 1-2 拍动作相同。

手臂：

1 拍右臂前向下摆，左臂向侧摆。

2 拍左臂屈肘向上，右臂侧摆。

3-8 拍与 1-2 拍动作相同。

图示：(5-1-11-1 至 5-1-11-2)

图 5-1-11-1

图 5-1-11-2

注意：节奏与动作的协调配合。

(12) 第十二个动作

步伐：左脚起小碎步向后退。

手臂：双臂前交叉慢慢打开放下。

图示：(5-1-12-1 至 5-1-12-2)

图 5-1-12-1

图 5-1-12-2

(13) 第十三个动作（4 个 8 拍）。

步伐：

1-2 拍左脚起前迈步并步跳。

3-4 拍右脚向后迈步并步跳。

5-8 拍以左脚为轴右腿向前向后点地。

2-1-4 拍右脚向前迈步，左脚向前向后点地。

2-5-8 拍右脚不动，左脚向后脚尖点地迈步成交叉，屈膝颤动。

3-1-8 拍动作与 1-8 拍相同，方向相反。

4-1-8 拍动作与 2-1-8 拍相同，方向相反。

手臂：

1-4 拍双臂由下方向胸前甩臂，两拍一动。

5 拍右臂弯曲向前甩，左臂弯曲向后甩。

6 拍左臂弯曲向前甩，右臂弯曲向后甩。

7-8 拍重复 5-6 拍动作。

2-1 右臂向前弯曲甩手臂。

2-2 拍左臂向上甩手臂。

2-3 拍左臂向下甩，右臂向上甩。

2-4 拍右臂向下甩，左臂向上甩。

2-5 拍右臂向上甩至前额，左臂向下甩。

2-6-8 拍保持 2-5 拍动作不变。

3-1-8 拍动作与 1-8 拍相同，方向相反。

4-1-8 拍动作与 2-1-8 拍相同，方向相反。

图示：(5-1-13-1 至 5-1-13-6)

图 5-1-13-1

图 5-1-13-2

图 5-1-13-3

图 5-1-13-4

图 5-1-13-5

图 5-1-13-6

注意：手臂甩动的节奏变化。

（二）摆手歌舞健身操高级成套动作（男女动作相同）

1. 动作说明

本组合由 2 个基本动作组成，音乐 3/4，组合共 24 拍，音乐节奏较快，运动强度较大，围圈行进过程中有方向的变化，动作较难，适宜有一定基础的学生学习。

2. 教学任务

（1）学习土家族摆手歌舞健身操基础步伐，了解其大概的动作特征。

（2）学习摆手歌舞健身操左右摆手动作与节奏配合的规律。

3. 教学要求

（1）掌握土家族摆手歌舞健身操的基本动作，体会其动作风格，建立摆手歌舞健身操的节奏意识。

（2）正确掌握摆手技术特点，在自然体态下，表现摆手歌舞健身操自如优美的歌舞健身操状态。

4. 教学组织

队形一：男女间隔围成一个圆，逆时针向右行进做动作（前三个动作）。

队形二：向圆心运动（第四个动作）。

5. 动作介绍与做法

（1）第一个动作（3 个 8 拍）

步伐：

1-2 拍左脚向侧迈一步。

3-4 拍双腿分开，屈伸一次。

5-6 拍右脚向左迈步，左脚向左迈步。

7-8 拍右脚向左迈步再收回。

手臂：

1-2 拍左臂向上侧举。

3-4 拍右臂屈肘向内绕一圈。

5-8 拍双臂前交叉摆两次。

2-1-8 拍与 3-1-8 拍动作与 1-8 拍动作相同。

图示（5-1-14-1 至 5-1-14-4）

图 5-1-14-1

图 5-1-14-2

图 5-1-14-3

图 5-1-14-4

注意：手臂摆动要有力度。

（2）第二个动作（2 个 8 拍）

步伐：

1-4 拍左脚向前走四步，双脚并上。

5-6 拍双脚并拢跳两次。

7-8 拍左脚向前点地，跳起收回，双脚并拢着地。

手臂：

1-4 拍左臂起向前摆四次。

5-6 拍双手交叉，在胸前打开。

7-8 拍双手交叉，再打开。

2-1-8 拍动作与 1-8 相同。

图示：（5-1-15-1 至 5-1-15-3）

图 5-1-15-1

图 5-1-15-2

图 5-1-15-3

注意：该动作是顺边，手臂摆动要与步伐相协调。

（3）第三个动作（4 个 8 拍）

步伐：

1-4 拍先向右再向左侧弓步跳。

5-8 拍双脚并拢，左膝先向内屈，右膝再向内屈。

2-1-2 拍左脚向侧迈步，成侧弓步。

2-3-4 拍向右转身。

2-5-6 拍左脚跺脚两次。

2-7-8 拍右脚跺脚两次。

3-8 拍动作与 1-8 拍相同。

4-8 拍动作与 2-8 拍相同。

手臂：

1-4 拍向前甩左臂，右臂在侧；再向前甩右臂，左臂在侧。

5-8 拍双臂向右甩，再向左甩。

2-1-2 拍左手臂由内向外扬。

2-3-4 拍右臂左臂依次向上抡手臂。

2-5-6 拍双臂向左摆两次。

2-7-8 拍双臂向右摆两次。

3-8 拍动作与 1-8 拍相同。

4-8 拍动作与 2-8 拍相同。

图示：（5-1-16-1 至 5-1-16-7）

图 5-1-16-1

图 5-1-16-2

图 5-1-16-3

图 5-1-16-4

图 5-1-16-5

图 5-1-16-6

注意：手臂摆动方向要准确，转体动作要稳健。

(2) 第四个动作（1 个 8 拍）

步伐：

1-2 拍左脚向侧迈步，右脚点地。

3-4 拍左脚原地点地，右脚收回半步跺脚。

5-6 拍双脚起跳，右脚向侧迈。

7-8 拍左脚向侧迈。

手臂：

1-2 拍左臂由内向外摆。

3-4 拍双臂向上向外摆。

5-6 拍向上向右下方摆。

7-8 拍双臂回旋向左下方摆。

图示：（5-1-17-1 至 5-1-17-4）

图 5-1-17-1

图 5-1-17-2

图 5-1-17-3

图 5-1-17-4

注意：手臂摆动节奏。

(5) 第五个动作（1 个 8 拍）

步伐：

1-4 拍右脚向前点地三次。

5-8 拍向右转身。

手臂：

1-4 拍左臂胸前平屈，右臂向外摆 3 次。

5-8 拍双臂头上击掌，向上摆。

图示：（5-1-18-1 至 5-1-18-3）

图 5-1-18-1

图 5-1-18-2

图 5-1-18-3

注意：转体动作要快、要稳。

（6）第六个动作（1 个 8 拍）

步伐：

1-4 拍右脚向前走四步。

5-6 拍双腿分开屈膝蹲。

7-8 拍左脚撑地，右脚向侧右后抬腿。

2-1-2 拍右脚向前迈步。

2-3-6 拍右脚向侧迈两步。

2-7-8 拍双脚并上小碎步三次。

手臂：

1-4 拍右臂起向前摆臂。

5-6 双臂在胸前屈，掌心向外。

7-8 拍左臂不变，右臂向前推。

2-1-2 拍手臂动作不变。

2-3-6 拍右臂由内向外打开。

2-7-8 拍双臂侧平举，立腕，上下小幅度摆动。

图示：（5-1-19-1 至 5-1-19-6）

图 5-1-19-1

图 5-1-19-2

图 5-1-19-3

图 5-1-19-4

图 5-1-19-5

图 5-1-19-6

注意：上下肢要协调。

（7）第七个动作（1 个 8 拍）

步伐：

1-2 拍右脚向前迈一小步，左脚向前迈一大步。

3-6 拍以右脚为轴，左脚向左后转身迈一步。
7-8 拍以左脚为轴，右脚向右前转身迈步。
手臂：
1-2 拍左臂由胸前由内向外向下摆，右臂由内向外向上摆。
3-6 拍左臂由胸前由内向外向下摆，右臂由内向外向上摆，动作要慢。
7-8 拍双臂向右摆，再向左摆。
图示：（5-1-20-1 至 5-1-20-5）

图 5-1-20-1

图 5-1-20-2

图 5-1-20-3

图 5-1-20-4

图 5-1-20-5

注意：手臂摆动的节奏。
（8）第八个动作（1 个 8 拍）
步伐：
1-2 拍右脚向右侧迈步，左脚并步。
3-4 拍动作与 1-2 拍相同。
5-8 拍动作与 1-2 拍相同，动作节奏放慢一倍。
手臂：
1-2 拍左臂向内下方摆，右臂向左上方摆。
3-4 拍动作与 1-2 拍相同。
5-8 拍动作与 1-2 拍相同，动作节奏放慢一倍。
图示：（5-1-21-1）
注意：动作的节奏。
（9）第九个动作（1 个 8 拍）
步伐：
1-2 拍右脚向右侧迈步，左脚并步。

图 5-1-21-1

3-4 拍右脚收回 。

5-8 拍同 1-4 拍。

手臂：

1-2 拍左臂向下，右臂向下摆。

3-4 拍左臂向右侧脸庞上摆，顺脸下滑至下腭。

5-8 拍同 1-4 拍。

图示：（5-1-22-1 至 5-1-22-2）

图 5-1-22-1

图 5-1-22-2

注意：动作细节要把握清楚。

（10）第十个动作（3 个 8 拍）

步伐：

1-2 拍双脚并上，膝关节微屈，左右摆。

3-4 拍右脚向后迈步，左脚向后迈步。

5-8 拍右脚向后迈四小步。

2-8 拍原地小碎步。

3-8 拍动作与 2-8 拍动作相同。

手臂：

1-2 拍左臂屈臂在下颚，掌心向下 ，右臂在右侧划大 8 字。

3-4 拍左臂保持不变，右臂在右侧划小 8 字。

5-8 拍双臂屈臂在下腭，双手指尖并上，掌心向下。

2-8 拍手臂在下腭处划小立圆。

3-8 拍动作与 2-8 拍相同但注意方向由上向下。

图示：（5-1-23-1 至 5-1-23-6）

图 5-1-23-1

图 5-1-23-2

图 5-1-23-3

图 5-1-23-4

图 5-1-23-5

图 5-1-23-6

注意：手臂摆动的幅度变化。

（11）第十一个动作（5 个 8 拍）

步伐：

1-2 拍左脚向前踢脚迈两步。

3-4 拍左脚右脚依次向前踢腿。

5-8 拍动作与 1-4 拍的动作相同。

2-8、3-8、4-8、5-8 拍动作与上相同。

手臂：

1-2 拍双臂从胸前向后上方甩手臂，手臂伸直。

3-4 拍双臂从胸前向后上方甩至左手臂扶左边两颊，右手向上。

5-8 拍动作与 1-4 拍的动作相同。

2-8、3-8、4-8、5-8 拍动作与上相同。

图示：（5-1-24-1 至 5-1-24-4）

图 5-1-24-1

图 5-1-24-2

图 5-1-24-3

图 5-1-24-4

注意：手臂向后上方摆动幅度要大。

（12）第十二个动作（1 个 8 拍）

步伐：

1-2 拍右脚向右迈步，左脚并上。

3-4 拍与 1-2 拍动作相同。

5-8 拍动作与 1-4 拍动作相同。

手臂：
1-2 拍双臂在两侧下方，手心向下，手臂向前划小平圆。
3-4 拍与 1-2 拍动作相同。
5-8 拍动作与 1-4 拍动作相同。
图示：(5-1-25-1)

图 5-1-25-1

注意：身体要向前倾，头随着手臂的摆动左右摆。
(13) 第十三个动作 (2 个 8 拍)
步伐：
1-2 拍左脚向前迈步，右腿向后屈抬起。
3-4 拍右脚向前勾脚点地。
5-8 拍右脚向后退四步。
2-8 拍动作与 1-8 拍动作相同方向相反。
手臂：
1-2 拍双臂向上摆，至侧上方。
3-4 拍双臂向下摆，至侧下方。
5-8 拍双臂在体侧划小平圆。
2-8 拍动作与 1-8 拍动作相同方向相反。
图示：(5-1-26-1 至 5-1-26-4)

图 5-1-26-1

图 5-1-26-2

图 5-1-26-3

图 5-1-26-4

注意：身体与步伐的协调。
(14) 第十四个动作 (2 个 8 拍)
步伐：

1-2 拍左脚向左迈步，成左弓步。
3-4 拍右脚向右迈步，成右弓步。
5-8 拍向左向右移，成弓步。
2-8 拍动作与 1-8 拍的动作相同。
手臂：
1-2 拍左臂摆至下腭，右臂向上摆至斜上方。
3-4 拍右臂摆至下腭，左臂向上摆至斜上方。
5-8 拍与 1-4 拍的动作相同节奏快一倍。
2-8 拍动作与 1-8 拍的动作相同。
图示：(5-1-27-1 至 5-1-27-2)

图 5-1-27-1

图 5-1-27-2

注意：手臂动作节奏。
(15) 第十五个动作（ 1 个 8 拍）
步伐：
1-4 拍右脚起向前迈四步。
5-8 拍双脚并上立踵。
7-8 屈膝下蹲。
手臂：
1-4 右臂屈臂在下腭，掌心向下；左臂在上，掌心向上。
5-6 拍双臂上举。
7-8 拍双臂下交叉向上摆至侧上举。
图示：(5-1-28-1 至 5-1-28-3)

图 5-1-28-1

图 5-1-28-2

图 5-1-28-3

注意：身体重心的起伏。

(16) 第十六个动作（2 个 8 拍）

步伐：

1-8 拍左脚向侧伸直，右腿下蹲支撑。

2-8 拍右脚向侧伸直，左腿下蹲支撑。

手臂：

双臂由侧上方向下甩交叉摆。

图示：(5-1-29-1 至 5-1-29-2)

图 5-1-29-1

图 5-1-29-2

注意：下蹲注意身体的稳定性。

(17) 第十七个动作（2 个 8 拍）

步伐：

1-6 拍左脚向侧点地，右腿屈膝支撑重心，膝关节屈伸两拍一动。

7-8 拍左腿向后抬起。

2-1-6 拍右脚起向前迈两步。

2-7-8 拍右腿向后抬起。

3-1-2 右脚起向前迈两步。

3-3-8 拍双腿屈膝屈伸，两拍一动。

手臂：

1-6 拍双臂屈臂向左侧摆动。

7-8 拍左臂向前摆，右臂向后摆。

2-1-6 双臂侧平举，同时向上摆动。

2-7-8 拍双臂从胸前向下甩开。

3-1-2 双臂屈臂经胸前向上甩。

3-3-8 拍双臂向下向上甩，两拍一动。

图示：(5-1-30-1 至 5-1-30-8)

图 5-1-30-1

图 5-1-30-2

图 5-1-30-3

图 5-1-30-4

图 5-1-30-5

图 5-1-30-6

图 5-1-30-7

图 5-1-30-8

注意：手臂与步伐的配合要协调。

（18）第十八个动作（2 个 8 拍）

步伐：

1-4 拍向左转体 360 度。

5-8 拍右脚勾脚点地收回，左脚向前点地收回。

2-1-2 拍左脚向侧迈步。

2-3-4 拍右脚向左前迈步，成交叉。

2-5-6 拍左脚原地抬踏。

2-7-8 拍右脚原地抬踏。

手臂：

1-4 拍右臂在侧上左臂在右前下腹部由右下方向左上方甩臂。

5-6 拍右臂立掌向外摆。

7-8 拍左臂立掌向外摆。

2-8 拍双臂向左向右摆。

图示：（5-1-31-1 至 5-1-31-4）

图 5-1-31-1

图 5-1-31-2

图 5-1-31-3

图 5-1-31-4

注意：动作节奏的变化。

(19) 第十九个动作（1 个 8 拍）

步伐：

1-3 拍两腿分开。

4-6 拍向右后转体 720 度。

7-8 拍左脚下蹲。

手臂：

1-3 拍双臂由右向左摆向右摆。

4-6 拍双臂侧上举，掌心相对，向下摆（做两次）。

7-8 拍双臂收于体侧。

图示：(5-1-32-1 至 5-1-32-4)

图 5-1-32-1

图 5-1-32-2

图 5-1-32-3

图 5-1-32-4

注意：转体动作速度要快。

(20) 第二十个动作（1 个 8 拍）

步伐：

1-6 拍左脚在前下蹲。

7-8 拍站立。

手臂：

1-6 拍左臂向前摆，右臂向后摆交替摆动。

7-8 拍双臂收于体侧。

图示：(5-1-33-1 至 5-1-33-3)

图 5-1-33-1

图 5-1-33-2

图 5-1-33-3

注意：下蹲在摆手臂的时候有起伏。

(21) 第二十一个动作（1 个 8 拍）

步伐：

1-2 拍左脚支撑，右腿伸直侧摆。

3-4 拍右脚落地同时左转，右腿支撑，左腿屈膝后抬腿。

5-8 帕左脚落地。

手臂：

1-2 拍双臂平开手，身体倾斜。

3 拍双臂右下方摆。

4 拍左臂向前，右臂向侧。

5-6 拍双臂向左卜摆。

7-8 拍双臂向右下方摆。

图示：(5-1-34-1 至 5-1-34-5)

图 5-1-34-1

图 5-1-34-2

图 5-1-34-3

图 5-1-34-4

图 5-1-34-5

注意：单腿站立时要平稳。

(22) 第二十二个动作（1 个 8 拍）

步伐：

1-4 右脚左前，左脚右后，交叉站立，身体面对 3 点。

5-8 拍右脚脚尖点地，身体面对 1 点。

手臂：

1-4 拍双臂向右，再向左摆。

5-6 拍双臂摆至斜上方。

7-8 拍双臂收于体侧，同时身向右摆胯。

图示：(5-1-35-1 至 5-1-35-4)

图 5-1-35-1

图 5-1-35-2

图 5-1-35-3

图 5-1-35-4

注意：上下肢配合要协调，点地时注意蹦脚尖。

第二节 安代歌舞健身操

被称为蒙古族歌舞健身操活化石的安代歌舞健身操，是流传于内蒙古通辽市周边地区的一种原生态歌舞健身操。安代歌舞健身操发源于库伦旗，据考证约形成于明末清初。当时库伦体制是“政教合一”，寺庙林立，僧侣众多。清朝中期，各地闯关东的移民大量涌入草原，不同部落、不同地域的文化风俗相糅合铸就了库伦蒙古族文化，孕育了具有广泛群众性的安代歌舞健身操。安代歌舞健身操的动作，舒缓和节奏融为一体，踏步、跺脚、甩巾、原地踏脚摆绸或向旁轻移；前倾身甩绸立起后向前小踢步迈动；边绕圈奔跑边甩绸；连续做吸腿跳步并用力向两旁甩绸及自定围圈是安代歌舞健身操通常使用的基本步伐，姿态雄伟，简单古朴，优美大方，跳到高潮时使人们朝气大发。本章节重点介绍安代歌舞健身操基本动作以及成套动作，动作简单，适于教学实践。

一、安代歌舞健身操基本姿态与动作

（一）基本姿态

1. 自然站位：双脚脚尖外开自然站立。
2. 丁字步站立：右脚或左脚在另一只脚弓处。
3. 大八字站位：两腿自然分开，与肩同宽，脚尖向外。
4. 屈膝前点步位：左脚（右脚）站小八字步，右脚（左脚）在左脚（右脚）前方脚掌侧点地，双腿微屈。
5. 交叉点地位：以右脚为例，右脚在前，两腿交叉，双脚平行。

（二）常用手臂

1. 胯前按手：掌形，掌心向下，双手胯前一掌距离，按手。
2. 胸前按手：掌形，掌心向下，双手于胸前按手，双肘架起。
3. 勒马式：(以左手为例)右手拇指冲叉腰，左手握空心拳伸于体前。沉肘，压腕。
4. 点肩位：自然张开手，手指点肩，双肘架起。
5. 斜下手：掌形，双手至体前或体后斜下方。
6. 甩巾：单手或双手持巾向上或下、左或右用力甩出。

（三）基本动作

1. 踏步：一脚自然抬起，原地落地，一脚支撑，腿自然伸直。
2. 跺脚：抬起脚，用力向下跺脚。
3. 横移：向左或向右移动一步或两步。
4. 吸腿跳：一条腿支撑，另一条腿抬膝到约90度，同时跳起，再落地。
5. 小踢腿：一腿支撑，另一腿向前踢出，膝关节伸直。
6. 跑步：自然向前或向后跑动。

二、安代歌舞健身操练习组合

（一）动作组合一（男女生动作相同）

1. 动作说明

本组合主要以原地踢腿、踏步、横移、吸腿四个基本动作为主，音乐4/4，组合共20个8拍，音乐节奏慢，运动强度小，围圈行进过程中没有队形变化，简单易学，适宜初学者学习。

2. 教学任务

（1）学习安代歌舞健身操基本步伐，了解其大概的动作特征。

（2）学习安代歌舞健身操动作与节奏配合的规律。

3. 教学要求

（1）掌握安代歌舞健身操的基本动作，体会其动作风格，建立其节奏意识。

（2）正确掌握安代歌舞健身操的技术特点，在自然体态下，自如地进入歌舞健身操状态。

4. 教学组织

男女围成一个圆，逆时针向右行进做动作。

5. 动作介绍与做法

（1）第一个动作（2个8拍）

步伐：

1-2拍右腿向前踢腿，同时身体向前自然弯曲，右腿落地。

3-4拍左脚向前踢腿，身体自然直立，左腿落地。

5-8拍与1-4拍的动作相同。

2-1-8重复1-8拍的动作。

手臂：

1-2拍左手叉腰，右手屈肘向左胯甩巾。

3-4拍左手叉腰，右手伸直向右上方摆动，翻腕。

5-8拍与1-4拍的动作相同。

2-1-8重复1-8拍的动作。

注意：甩巾要用力，踢腿时身体协调配合。

（2）第二个动作（2个8拍）

步伐：

1-2 拍右腿向前踢腿，同时身体向前自然弯曲，右腿落地。

3-4 拍左脚向前踢腿，身体自然直立，左腿落地。

5-8 拍与 1-4 拍的动作相同。

2-1-8 重复 1-8 拍的动作。

手臂：

1-2 拍双手屈肘向前交叉甩巾。

3-4 拍右臂伸直向斜上方摆动，左臂向左下方摆动，翻腕甩巾。

5-8 拍与 1-4 拍的动作相同。

2-1-8 重复 1-8 拍的动作。

注意：甩巾要用力，踢腿时身体协调配合。

（3）第三个动作（2 个 8 拍）

步伐：

1-2 拍右腿向左前迈步，左脚原地踏步。

3-4 拍右脚向右后方迈步，左脚原地踏步。

5-8 拍与 1-4 拍的动作相同。

2-1-8 重复 1-8 拍的动作。

手臂：

1-2 拍左臂叉腰，右臂屈臂经左肩向外伸直打开

3-4 拍左臂叉腰，右臂伸直向斜上方摆动，翻腕甩巾。

5-8 拍与 1-4 拍的动作相同。

2-1-8 重复 1-8 拍的动作。

注意：甩巾要用力，手臂与步伐的协调配合。

（4）第四个动作（2 个 8 拍）

步伐：

1-2 拍右腿向前迈步，左脚吸腿跳。

3-4 拍左脚向前迈步，右腿吸腿跳。

5-6 拍右腿向后撤步，左脚吸腿跳。

7-8 拍左脚向后撤步，右腿吸腿跳。

2-1-8 重复 1-8 拍的动作。

手臂：

1-4 拍双臂自然弯曲向前交叉甩巾，做两次。

5-8 拍双臂向上摆在头前方甩巾。

2-1-8 重复 1-8 拍的动作。

注意：甩巾要用力，手臂与步伐的协调配合。

（5）第五个动作（2 个 8 拍）

步伐：

1 拍右脚向右横移一步。

2 拍左脚向右迈步，并上右脚。

3 拍右脚再向右横移一步。
4 拍左脚吸腿跳
5-8 拍动作与 1-4 拍相同方向相反。
2-1-8 拍动作与 1-8 拍动作相同。
手臂：
1 拍左臂在左侧体后摆，右臂向右侧上摆，双臂自然弯曲。
2 拍左臂向左侧上方摆，右臂向体后侧下方摆，双臂自然弯曲。
3-4 拍重复 1-2 拍的动作。
5-8 拍动作与 1-4 拍相同方向相反。
2-1-8 拍动作与 1-8 拍动作相同。
注意：手臂摆动要自然协调。
重复以上动作一次到音乐结束。

（二）动作组合二（男女生动作相同）

1. 动作说明

本组合主要以原地踏步、走步、吸腿跳三个基本动作为主，音乐 4/4，组合共 12 个 8 拍，音乐节奏慢，运动强度小，围圈行进过程中没有队形变化，简单易学，适宜初学者学习。

2. 教学任务

（1）学习安代歌舞健身操基本步伐，了解其大概的动作特征。
（2）学习安代歌舞健身操动作与节奏配合的规律。

3. 教学要求

（1）掌握安代歌舞健身操的基本动作，体会其动作风格，建立其节奏意识。
（2）正确掌握安代歌舞健身操的技术特点，在自然体态下，自如地进入歌舞健身操状态。

4. 教学组织

男女围成一个圆，逆时针向右行进做动作。

5. 动作介绍与做法

（1）第一个动作（2 个 8 拍）
步伐：
1 拍右脚向左前方迈步，双腿成交叉。
2 拍左脚原地小踏步。
3 拍右腿向右迈步。
4 拍左脚原地小踏步。
5-8 拍与 1-4 拍动作相同。
2-1-8 拍与 1-8 拍动作相同。
手臂：
1-4 拍左臂自然置于体侧，右臂屈臂由左下方向右上方划圆甩巾。
5-8 拍与 1-4 拍动作相同。
2-1-8 拍与 1-8 拍动作相同。

注意：手臂节奏与步伐节奏的协调。

(2) 第二个动作（2 个 8 拍）

步伐：

1-2 拍右脚向前迈步，左脚原地踏步。

3-4 拍右脚向后撤步，左脚原地踏步。

5-8 拍与 1-4 拍动作相同。

2-1-8 拍动作与 1-8 拍动作相同。

手臂：

1-2 双臂向前甩巾。

3-4 双臂向侧打开甩巾。

5-8 拍与 1-4 拍动作相同。

2-1-8 拍动作与 1-8 拍动作相同。

注意：甩巾要用力，有节奏。

(3) 第三个动作（2 个 8 拍）

步伐：

1-2 拍右脚迈步，左脚向前吸腿跳，右腿支撑。

3-4 拍左脚落地，右脚向前吸腿跳。

5-8 拍右脚落地于左脚前，交叉，微蹲。

2-1-8 拍动作与 1-8 拍动作相同。

手臂：

1-2 拍双臂经体侧打开，左臂向体后甩巾，右臂向左前甩巾。

3-4 拍与 1-2 拍动作相同方向相反。

5 拍双臂腿上击打一下。

6 拍双臂点肩。

7-8 拍双臂伸直侧上方甩巾。

2-1-8 拍动作与 1-8 拍动作相同。

注意：动作要干脆有力。

重复以上动作一次到音乐结束。

三、安代歌舞健身操成套动作

（一）初级成套动作

1. 动作说明

本组合主要以原地踢腿、踏步、横移、吸腿四个基本动作为主，音乐 4/4，组合共 12 个 8 拍，音乐节奏慢，运动强度小，围圈行进过程中没有队形变化，简单易学，适宜初学者学习。

2. 教学任务

(1) 学习安代歌舞健身操基础步伐，了解其大概的动作特征。

(2) 学习安代歌舞健身操动作与节奏配合的规律。

3. 教学要求

(1) 掌握安代歌舞健身操的基本动作，体会其动作风格，建立其节奏意识。

(2) 正确掌握安代歌舞健身操的技术特点，在自然体态下，自如地进入歌舞健身操状态。

4. 教学组织

男女围成一个圆，逆时针向右行进做动作。

5. 动作介绍与做法

(1) 第一个动作（1 个 8 拍）

步伐：

1-4 拍右脚起向前走四步。

5-8 拍原地不动。

手臂：

1-4 拍双手持巾，从下向上甩。

5-8 拍双臂向两侧划圆打开向下。

图示：(5-2-1-1 至 5-2-1-4)

图 5-2-1-1

图 5-2-1-2

图 5-2-1-3

图 5-2-1-4

(2) 第二个动作（5 个 8 拍）

步伐：

1-2 拍右脚向左前方，踢腿，同时低头，身体前倾。

3-4 拍左脚向右前方，踢腿，抬头，身体直立。

5-8 拍重复 1-4 拍的动作。

2-1-8、3-1-8、4-1-8、5-1-8 拍动作与 1-8 拍动作相同。

手臂：

1-2 拍左臂叉腰，右臂持巾，向左前下方摆，同时身体前屈。

3-4 拍左臂不变，右臂持巾，向右上方摆同时翻腕，身体直立。

5-8 拍重复 1-4 拍的动作。

2-1-8、3-1-8、4-1-8、5-1-8 拍动作与 1-8 拍动作相同。

图示：(5-2-2-1 至 5-2-2-2)

图 5-2-2-1

图 5-2-2-2

注意：身体与手臂动作的协调。

(3) 第三个动作（5 个 8 拍）

步伐：

1-2 拍右脚向左前方踢腿，同时低头，身体前倾。

3-4 拍左脚向右前方踢腿，抬头，身体直立。

5-8 拍重复 1-4 拍的动作。

2-1-8、3-1-8、4-1-8、5-1-8 拍动作与 1-8 拍动作相同。

手臂：

1-2 拍双臂伸直提前交叉，同时身体向前弯曲。

3-4 拍双臂打开，右臂在上，左臂在下，翻腕，同时身体直立。

5-8 拍重复 1-4 拍的动作。

2-1-8、3-1-8、4-1-8、5-1-8 拍动作与 1-8 拍动作相同。

图示：(5-2-3-1 至 5-2-3-2)

图 5-2-3-1

图 5-2-3-2

注意：手臂摆动与步伐协调。

(4) 第四个动作（2 个 8 拍）

步伐：

1-2 拍右脚向前迈步，左脚原地踏步。

3-4 拍右脚向后撤步，左脚原地踏步。

5-8 拍重复 1-4 拍的动作。

2-1-8 拍动作与 1-8 拍动作相同。

手臂：

1-4 拍左臂叉腰，右臂伸直从左前向右上摆 ，翻腕。

5-8 拍重复 1-4 拍的动作。
2-1-8 拍动作与 1-8 拍动作相同。
图示：(5-2-4-1 至 5-2-4-2)

图 5-2-4-1

图 5-2-4-2

注意：脚下动作与手臂动作协调。
(5) 第五个动作 (2 个 8 拍)
步伐：
1-4 拍左脚起向左横移两步。
5-8 拍右脚起向右横移两步。
2-1-8 拍动作与 1-8 拍动作相同。
手臂：
1-2 拍左、右臂屈肘依次向左划圆。
3-4 拍重复 1-2 拍的动作。
5-6 拍右、左臂屈肘依次向右划圆。
7-8 拍重复 5-6 拍的动作。
2-1-8 拍动作与 1-8 拍动作相同。
图示：(5-2-5-1 至 5-2-5-4)

图 5-2-5-1

图 5-2-5-2

图 5-2-5-3

图 5-2-5-4

(6) 第六个动作 (2 个 8 拍)
步伐：
1-2 右脚向前迈步，左脚原地踏步。
3-4 拍右脚向后撤步，左脚原地踏步。
5-8 拍重复 1-4 拍的动作。

2-1-8 拍动作与 1-8 拍动作相同。

手臂：

1-2 拍双臂自然弯曲向右上抬臂。

3-4 拍向左上方抬臂。

5-8 拍双臂自然伸直由右向左横向抹。

2-1-8 拍动作与 1-8 拍动作相同。

图示：(5-2-6-1 至 5-2-6-2)

图 5-2-6-1

图 5-2-6-2

(7) 第七个动作 (2 个 8 拍)

步伐：

1-2 拍左脚向后迈步，右脚原地踏步，同时低头，身体前屈。

3-4 拍左脚向前上步，左脚原地踏步，身体直立。

5-8 拍重复 1-4 拍的动作。

2-1-8 拍动作与 1-8 拍动作相同。

手臂：

1-4 拍双臂伸直向前。

5-8 拍双臂伸直向侧上方。

2-1-8 拍动作与 1-8 拍动作相同。

图示：(5-2-7-1 至 5-2-7-2)

图 5-2-7-1

图 5-2-7-2

(8) 第八个动作 (2 个 8 拍)

步伐：

1-2 拍右脚向侧走两步。

3-4 拍右脚踏地，左脚吸腿跳。

5-8 拍动作与 1-2 相反。
2-1-8 拍动作与 1-8 拍动作相同。
手臂：
1-3 拍手臂在体后左右摆动。
4 拍左臂叉腰，右臂上摆。
5-8 拍动作与 1-4 拍动作相同方向相反。
2-1-8 拍动作与 1-8 拍动作相同。
图示：（5-2-8-1 至 5-2-8-8）

图 5-2-8-1

图 5-2-8-2

图 5-2-8-3

图 5-2-8-4

图 5-2-8-5

图 5-2-8-6

图 5-2-8-7

图 5-2-8-8

注意：手臂摆动要协调。
（9）第九个动作（2 个 8 拍）
步伐：
1-2 拍左脚吸腿跳。
3-4 拍左脚落于右脚前。
5-8 拍与 1-4 拍动作相同方向相反。
2-1-8 拍动作与 1-8 拍动作相同。
手臂：
1-2 拍双臂平开手。
3-4 拍右臂胸前平屈，左臂侧。
5-8 拍与 1-4 拍动作相同方向相反。
2-1-8 拍动作与 1-8 拍动作相同。
图示：（5-2-9-1 至 5-2-9-2）

图 5-2-9-1

图 5-2-9-2

(10) 第十个动作（1 个 8 拍）

步伐：

1-4 拍左脚丁字步站立。

5-8 拍小碎步后退，身体前倾，低头。

手臂：

1-4 拍双臂屈肘置于两肩旁，向侧上方甩丝巾。

5-8 拍双臂向前摆，低头含胸。

图示：(5-2-10-1 至 5-2-10-3)

图 5-2-10-1

图 5-2-10-2

图 5-2-10-3

(11) 第十一个动作（2 个 8 拍）

步伐：

1-2 拍右脚向前迈步，左脚吸腿跳。

3-4 拍左脚落于右脚前。

5-8 拍重复 1-4 拍的动作。

2-1-2 拍动作半蹲，身体前倾。

2-3-4 拍直立，身体后仰。

2-5-8 拍与 2-1-4 拍动作相同。

手臂：

1-2 拍左臂胸前屈，右臂向侧。

3-4 拍右臂前屈，左臂向侧。

5-8 拍重复 1-4 拍的动作。

2-1-8 拍双臂叉腰抖肩。

图示：(5-2-11-1 至 5-2-11-4)

图 5-2-11-1

图 5-2-11-2

图 5-2-11-3

图 5-2-11-4

(12) 第十二个动作（2 个 8 拍）

步伐：

1-2 拍左脚撤步，右脚吸腿跳。

3-4 拍与 1-2 拍方向相反。

5-8 拍右脚吸腿跳两次。

2-1-8 拍动作与 1-8 拍动作相同。

手臂：

1-2 拍双手点肩，侧上伸直甩丝巾。

3-4 拍与 1-2 拍方向相反。

5 拍双臂向左摆。

6 拍双臂向右摆。

7-8 拍与 5-6 拍相同。

2-1-8 拍动作与 1-8 拍动作相同。

图示：(5-2-12-1 至 5-2-12-8)

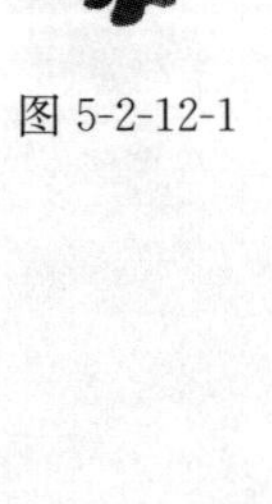
图 5-2-12-1

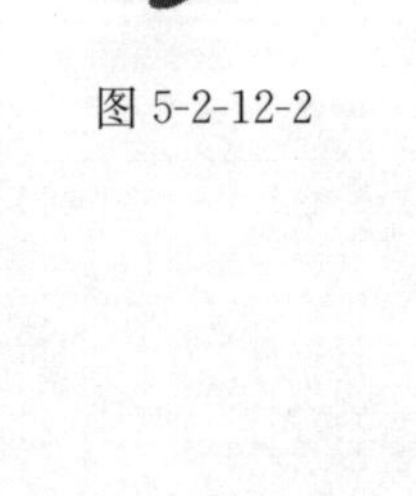
图 5-2-12-2

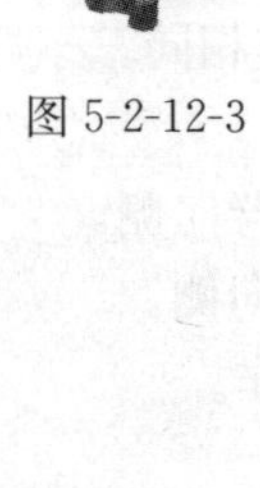
图 5-2-12-3

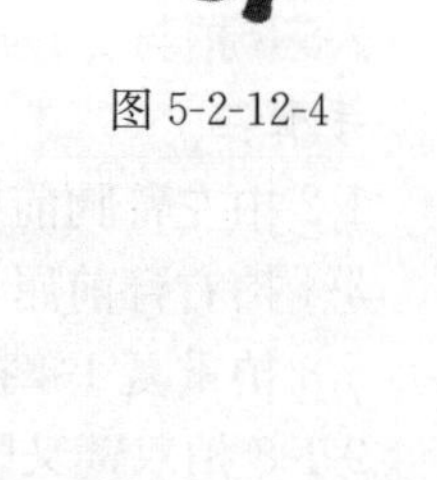
图 5-2-12-4

图 5-2-12-5

图 5-2-12-6

图 5-2-12-7

图 5-2-12-8

注意：动作路线先向前，再向左，再向右。

重复以上动作到音乐结束。

(二) 高级成套动作

1. 动作说明

本组合主要以原地踢腿、踏步、横移、吸腿、转体动作为主，组合共 24 个 8 拍，音乐节奏慢，运动强度较大，围圈行进过程中没有队形变化，动作变化多样，适宜有一定基础的学生学习。

2. 教学任务

(1) 学习安代歌舞健身操基础步伐与主要动作变化，了解其大概的动作特征。

(2) 学习安代歌舞健身操动作与节奏配合的规律。

3. 教学要求

(1) 掌握安代歌舞健身操的基本动作，体会其动作风格，建立其节奏意识。

(2) 正确掌握安代歌舞健身操的技术特点，在自然体态下，自如地进入歌舞健身操状态。

4. 教学组织

男女围成一个圆，逆时针向右行进做动作。

5. 动作介绍与做法

前奏四拍：右脚在左脚前成交叉微蹲。

(1) 第一个动作 (20 拍)

步伐：

1-4 拍左脚起向前走四步。

5-10 拍右脚向前迈向左前交叉下蹲，身体起伏四次。

手臂：

1 拍左臂在体后，右臂屈肘摆在左胯前。

2 拍双臂向体侧摆动，甩巾。

3 拍右臂摆至体后，左臂屈肘摆至右胯前。

4 拍双臂向体侧摆动，甩巾。

5-10 拍双臂摆至体侧，随着身体微动，一拍一动。

11-20 拍重复 1-10 拍的动作。

图示：(5-2-13-1-至 5-2-13-6)

图 5-2-13-1

图 5-2-13-2

图 5-2-13-3

图 5-2-13-4

图 5-2-13-5

图 5-2-13-6

注意：手臂摆动的节奏。

（2）第二个动作（10 拍）

步伐：

1 拍左脚向右迈步，双腿交叉

2 拍右脚向右迈步

3 拍左脚向右后方迈步，双腿交叉

4 拍右脚向右边迈步

5 拍左脚向左后方迈步，同时身体左转 360 度

6-8 拍右脚左转弯向左后方走三步

9-10 拍左脚向右后方迈步，双腿成交叉

手臂：

1-2 拍双臂经体侧向后甩巾。

3-4 拍双臂向上摆至肩部，向前用力甩巾。

5 拍左臂在斜上方，右臂在侧，抖腕。

6-8 拍保持 5 拍的动作。

9-10 拍双臂右腋下掏出至头上方，向前用力甩巾。

图示：（5-2-14-1 至 5-2-14-5）

图 5-2-14-1

图 5-2-14-2

图 5-2-14-3

图 5-2-14-4

图 5-2-14-5

注意：动作路线向左后方走半圆。

(3) 第三个动作（10 拍）

步伐：

1-2 拍左脚起向前走一步，两拍一动。

3-4 拍右脚起向前走两步。

5 拍右脚向右转迈步。

6 拍向右转左脚在前靠上右脚，成交叉。

7-10 拍双腿屈膝蹲两次。

手臂：

1-4 拍右臂斜上方，左臂向侧甩巾两次，两拍一动。

5-6 拍双臂屈肘从右向左绕圆甩巾，至左胯前。

7-8 拍双臂从左胯前向上，提压腕甩巾一次。

9-10 拍双臂经下绕半圆，在右侧，提压腕甩巾一次。

图示：(5-2-15-1 至 5-2-15-2)

图 5-2-15-1

图 5-2-15-2

注意：动作路线向右走半圆。

(4）第四个动作（2 个 8 拍）

步伐：

1-3 拍左脚起向左走三步，同时身体左转。

4 拍右脚向左侧小踢腿。

5-7 拍右脚起向右走三步，同时身体右转。

8 拍左脚向右侧小踢腿。

2-1-8 拍动作与 1-8 拍的动作相同。

手臂：双臂在体侧划小立圆，一拍一动。

图示：(5-2-16-1 至 5-2-16-6)

图 5-2-16-1

图 5-2-16-2

图 5-2-16-3

图 5-2-16-4

图 5-2-16-5

图 5-2-16-6

注意：手臂与步伐的协调。

(5）第五个动作（2 个 8 拍）

步伐：

1-2 拍左脚向左前 45 度迈步。

3 拍右脚向前迈步，左脚吸腿跳。

4 拍左脚向右前迈步成交叉。

Da 拍右脚向右方迈一小步。

5 拍左脚向左侧迈步。

6-10 拍的动作与 1-5 拍的动作相同。

手臂：

1-2 拍右臂由侧向下甩巾，左臂由侧向上甩巾。

3-4 拍右臂向上甩巾，左臂右上向下甩巾。

Da-5 拍双臂在腹部小幅度交替甩巾。

图示：(5-2-17-1 至 5-2-17-4)

图 5-2-17-1

图 5-2-17-2

图 5-2-17-3

图 5-2-17-4

注意：动作节奏的微妙变化。

(6) 第六个动作（5 拍）

步伐：

1-2 拍右脚向前迈步。

3-4 拍右脚向后迈步，同时右后转身。

5 拍下蹲一次。

手臂：

1-2 拍右臂由侧向下甩，左臂由侧向上甩。

3 拍双臂点肩。

4 拍双臂向前上方甩巾。

5 拍双臂先向下再向斜上方甩巾。

图示：(5-2-18-1 至 5-2-18-3)

图 5-2-18-1

图 5-2-18-2

图 5-2-18-3

注意：动作节奏与音乐要协调一致，整体动作身体向左倾。

(7) 第七个动作（5 拍）

步伐：

1-2 拍右脚向前迈步，身体向右倾斜。

3-4 拍右脚向后迈步，同时右后转身。

5 拍下蹲一次。

手臂：

1-2 拍双臂微屈，左臂向上抬至胸前，右臂向上抬至侧方。

3 拍保持 1-2 拍的动作微微向下摆。

4-5 拍双臂由前划立圆向后甩，摆至侧上方。

图示：(5-2-19-1 至 5-2-19-5)

图 5-2-19-1

图 5-2-19-2

图 5-2-19-3

图 5-2-19-4

图 5-2-19-5

注意：音乐节奏与甩巾动作协调配合。

(8) 第八个动作（3 个 8 拍）

步伐：

1-8 拍左脚起向前跑八步

2-1-8 拍右脚在前成交叉，膝关节屈 ，身体左右摆动

3-1-8 拍动作与 2-1-8 拍动作相同

手臂：

1-8 拍手臂动作左右甩动。

2-8 拍双臂抬起至侧上方，掌心向前，屈肘前伸甩巾，一拍一动。

3-1-8 拍双臂交叉向上端肩，交叉向下摆动，两拍一动。

图示：(5-2-20-1 至 5-2-20-8)

图 5-2-20-1

图 5-2-20-2

图 5-2-20-3

图 5-2-20-4

图 5-2-20-5

图 5-2-20-6

图 5-2-20-7

图 5-2-20-8

注意：2-1-8 拍动作与 3-1-8 拍动作都在原地。

(9) 第九个动作（1 个 8 拍）

步伐：

1-2 拍左脚向前迈步，右脚原地踏步。

3-4 拍左脚向后迈步，右脚原地踏步。

5-8 拍动作与 1-4 拍动作相同。

手臂：双臂交叉向上端肩，交叉向斜下摆动，两拍一动。

图示：(5-2-21-1 至 5-2-21-2)

图 5-2-21-1

图 5-2-21-2

注意：身体与节奏的律动。

(10) 第十个动作（1 个 8 拍）

步伐：

1-2 拍左脚向前迈步，右腿吸腿跳。

3-4 拍右脚向前迈步，左腿吸腿跳。

5-8 拍左脚起，向左后转身跑四步。

2-1-8 拍动作与 1-8 拍相同，方向相反。

手臂：

1-2 拍右臂在左前胯向外甩至体后，左臂在体后向外甩至右胯前。

3-4 拍左臂在右胯前向外甩至体后，右臂在体后向外甩至左胯前。

5-8 拍甩巾。

2-1-8 拍动作与 1-8 拍相同，方向相反。

图示：(5-2-22-1 至 5-2-22-4)

图 5-2-22-1

图 5-2-22-2

图 5-2-22-3

图 5-2-22-4

注意：`动作路线先向左转，再向右转。

(11) 第十一个动作 (2 个 8 拍)

步伐：

1-2 拍右脚向前迈步。

3-4 拍左脚向前迈步。

5-8 拍的动作与 1-4 拍的动作相同。

2-1-8 拍交叉下蹲。

手臂：

1-8 拍双臂自然左右摆动。

2-1-8 拍双手叉腰抖肩。

图示：(5-2-23-1 至 5-2-23-3)

图 5-2-23-1

图 5-2-23-2

图 5-2-23-3

第六章 打跳歌舞健身操与达体歌舞健身操编排与教学

第一节 打跳歌舞健身操

“打跳”故称“踏歌”，其渊源可追溯到三千年前的宗教祭祀仪式，是盛行于云南丽江地区的一种自娱自乐性歌舞健身操。其歌舞健身操和谐优美、虚实多变；动作古朴典雅、舒展大方。原有的72种，可惜只流传下了21种。常用笛子逐走，曲调丰富，节奏多样。教学动作主要以一些当地步伐为主，并结合相关视频进行适当的改编，以适合教学。

一、打跳歌舞健身操基本动作

（一）基本姿态

1. 自然站位：双脚脚尖外开自然站立。

2. 丁字步站立：右脚或左脚在另一只脚弓处。

3. 大八字站位：两腿自然分开，与肩同宽，脚尖向外。

（二）常用手臂

1. 摆动：手拉手双臂伸直，自然向上向下摆动。

2. 叉腰：双手叉腰，同时伴有身体扭动。

（三）常用步伐

1. 跺脚：抬起脚，用力向下跺脚。常见跺脚一次或两次。

2. 踢腿：屈腿向前踢，膝关节自然弯曲，不要太直，可以做单腿踢一次或多次，也可以交换腿踢腿。

3. 摆腿：腿向外或向内摆动，伴有跳跃性的动作。

4. 踮步：一脚在前脚跟点地过渡到全脚掌着地跳起，一脚在后脚尖点地同时一腿向前摆。

5. 吸腿：抬腿到约90度，一般男生跳起吸腿，女生原地抬膝吸腿。

（四）打跳歌舞健身操常见的队形变化

1. 圆圈：手拉手围一个圆圈，男女交错或同一性别的都可以。

2. 圆中圆：一般是以性别分成两个圆，少数性别的在内围成圆，多数在外围成圆。

3. 圆中线：一般是以性别分成线与圆，少数人在内成一条线或两条，多数人在外围成圆。

二、打跳歌舞健身操练习组合

（一）动作组合一（男女生动作相同）

1. 动作说明

本组合共由 4 个基本动作组成，音乐 3/4，组合共 30 拍，音乐节奏慢，运动强度小，围圈行进过程中没有队形变化，简单易学，适宜初学者学习。

2. 教学任务

(1) 学习傈僳族打跳基础步伐，了解其大概的动作特征。

(2) 学习傈僳族打跳弹踢、吸腿跳等动作与节奏配合的规律。

3. 教学要求

(1) 掌握傈僳族打跳的基本动作，体会其动作风格，建立打跳歌舞健身操的节奏意识。

(2) 正确掌握傈僳族打跳的技术特点，在自然体态下，自如地进入歌舞健身操状态。

4. 教学组织

男女各一半围成一个圆，逆时针向右行进做动作。

5. 动作介绍与做法

(1) 第一个动作（6 拍）

动作描述：跑三步踢两次（向右行进，6 拍完成）。

步伐：

1 拍右脚向前跑一步。

2 拍左脚向前跑一步。

3 拍右脚向前跑一步。

4-6 拍左脚踢腿一次，右脚向前踢一次（同时右脚离地抬起）。

手臂：手拉手向前向后一拍一次用力甩。

(2) 第二个动作（6 拍）

步伐：

1-2 拍右脚起向前跑两步。

3 拍左脚吸腿跳。

4-5 拍左脚起向前跑两步。

6 拍右脚吸腿跳。

手臂：手拉手向前向后一拍一次用力甩。

(3) 第三个动作（6 拍）

步伐：

1 拍右脚向前迈步跑。

2 拍左脚向前迈步跑。

3-6 拍右脚吸腿跳两次。

手臂：手拉手向前向后一拍一次用力甩。

(4) 第四个动作（12 拍）

步伐：

1-2 拍右脚向前跑两步。

3-4 拍右脚吸腿跳。

5-6 拍左脚吸腿跳。

2-1-2 拍右脚向后跑两步。

2-3-4 拍右脚踢腿跳。

2-5-6 拍左脚踢腿跳。

手臂：手拉手向前向后一拍一次用力甩。

6. 注意事项

（1）注意上下肢的协调配合，节奏的准确性。

（2）身体位置的准确性，向右跑动，向圆心踢腿。

（3）男生动作与女生相比要求幅度更大，踢腿高度要高。

（4）第四个动作先向圆心运动，再逆向圆心运动。

（二）动作组合二（男女生动作相同）

1. 动作说明

本组合共由 2 个基本动作组成，音乐 3/4，共 24 个拍，音乐节奏较欢快，动作以上体左右摆，踢腿动作为主，运动强度较小，围圈行进过程中有一次队形变化，简单易学，适宜初学者学习。

2. 教学任务

（1）学习傈僳族打跳基础步伐，了解其大概的动作特征。

（2）学习傈僳族打跳跺脚与弹踢动作与节奏配合的规律。

3. 教学要求

（1）掌握傈僳族打跳的基本动作，体会其动作风格，建立打跳歌舞健身操的节奏意识。

（2）正确掌握傈僳族打跳的技术特点，在自然体态下，自如地进入歌舞健身操状态。

4. 教学组织

女生围成一个圆，男生成两列（纵向）站在圈内，女生逆时针向右行进做动作，左边男生向右做动作，右边男生向左做动作。

5. 动作介绍与做法

女生：

（1）第一个动作

动作描述：原地拉手左右摆动，踢腿两次（向右行进，6 拍完成）。

步伐：

1-3 拍上体先向右，再向左，再向右摆动 3 次。

4 拍左脚向右踢一次。

5 拍左脚踏步落地。

6 拍右脚向左踢一次。

第 2-1-6 拍动作与上相同。

手臂：手拉手向前向后一拍一次用力甩。

（2）第二个动作

动作描述：原地双手叉腰左右摆动，踢腿两次（向右行进，6 拍完成）。

步伐：

1-3 拍上体先向右，再向左，再向右摆动 3 次。
4 拍左脚向右踢一次。
5 拍左脚踏步落地。
6 拍右脚向左踢一次。
手臂：双手叉腰。
男生：
（1）第一个动作
动作描述：跑三步踢两次（交换腿踢）（分别从左向右/右向左行进，6 拍完成）。
步伐：
1 拍右脚向前跑一步。
2 拍左脚向前跑一步。
3 拍右脚向前跑一步。
4 拍左脚向前踢腿。
5 拍左脚落地。
6 拍右脚向前踢一次（同时右脚离地抬起）。
第 2-24 拍动作相同。
手臂：手拉手向前向后一拍一次用力甩。
（2）第二个动作
动作描述：跑三步踢两次（一腿连续踢 2 次）（分别从左向右/右向左行进，6 拍完成）
步伐：
1 拍右脚向前跑一步。
2 拍左脚向前跑一步。
3 拍右脚向前跑一步。
4 拍左脚踢腿一次。
5 拍左脚落地。
6 拍左脚再向前踢一次（同时左脚离地抬起）。
第 2-24 拍动作相同。
手臂：手拉手向前向后一拍一次用力甩。
6. 注意事项
（1）注意上下肢的协调配合，节奏的准确性
（2）身体位置的准确性，女生向右，男生在圆心内左右交换变换队形。
（3）女生动作要含蓄优美，男生要生龙活虎。

（三）动作组合三（男女）

1. 组合说明

本组合共由 4 个基本动作组成，音乐 2/4 拍，共 32 拍，音乐节奏较慢，运动强度较小，围圈行进过程中有一次队形变化，动作以两步两踏、交叉走踏两次两个动作为主，动作简单易学，适宜初学者学习。

2. 教学任务

（1）学习傈僳族打跳基础步伐两步两踏、交叉走踏，了解打跳基本动作特点。

（2）学习傈僳族打跳踏脚动作与节奏配合的规律。

3. 教学要求

（1）掌握傈僳族打跳的基本动作，体会其动作风格，建立打跳歌舞健身操的节奏意识。

（2）正确掌握傈僳族打跳的技术特点，在自然体态下，自如地进入歌舞健身操状态。

4. 教学组织

男女手拉手围成一圈，向右行进。

5. 动作介绍与做法（男女生动作相同）

（1）第一个动作

动作描述：两步两踏（向右行进，8拍完成）。

步伐：

1-4拍右脚向前走两步，右脚向下踏两次。

5-8拍动作与1-4相同。

手臂：手拉手向前向后一拍一次用力甩。

（2）第二个动作

动作描述：交叉向前走四步，踏两次（向圆心内走，10拍完成）。

步伐：

1-4拍右脚开始向前交叉迈步走四步。

5-8拍右脚向后退四步。

9-10拍右脚原地踏两次。

手臂：手拉手向前向后一拍一次用力甩。

（3）第三个动作（8拍）

步伐：

1-2拍右脚向右迈步，左脚并上。

3-4拍右脚再向右迈步，左脚并上。

5-6左脚向左迈步，右脚并上脚尖点地。

7-8拍右脚向右迈步，左脚并上。

手臂：手拉手向前向后一拍一次用力甩。

（4）第四个动作（10拍）

步伐：

1-4拍右脚起向前跑四步（向圆心）。

5-8拍右脚起向后撤四步（逆向圆心）。

9-10拍双脚并上跳两次。

手臂：手拉手向前向后一拍一次用力甩。

6. 注意事项

(1) 注意上下肢的协调配合，节奏的准确性。

(2) 身体位置的准确性，向圆心交叉迈步。

(四) 动作组合四 (男女)

1. 组合说明

本组合共由 4 个基本动作组成，音乐 4/4 拍，共 32 拍，音乐节奏较快，运动强度较大，有队形变化，动作以踢腿、十字交叉步为主。该组动作较难，适宜有一定基础的学生学习。

2. 教学任务

(1) 学习傈僳族打跳基础步伐踢腿、十字交叉步，了解其动作特征。

(2) 学习傈僳族打跳脚下动作与节奏配合的规律。

3. 教学要求

(1) 掌握傈僳族打跳的基本动作，体会其动作风格，建立打跳歌舞健身操的变化节奏意识。

(2) 正确掌握傈僳族打跳的技术特点，在自然体态下，自如地进入歌舞健身操状态。

4. 教学组织

女生手拉手围成一大圈向右行进，男生站在圈内手拉手围一个小圈，向左行进。

5. 动作介绍与做法 (男女生动作相同)

(1) 第一个动作

动作描述：向内踢腿四次 (向右行进，8 拍完成)。

步伐：

1-2 拍右脚向右迈步，左腿并上点地。

3-4 拍左脚向左迈步，右腿并上点地。

5-6 拍右脚向右迈步，左脚向右踢腿一次。

7-8 拍左脚向左迈步，右脚向左踢腿一次。

手臂：手拉手向前向后一拍一次用力甩。

(2) 第二个动作

动作描述：十字步 (向右行进，8 拍完成)。

步伐：

1 拍右脚向右迈步。

2 拍左脚向右迈步交叉。

3 拍右脚向右后方迈步。

4 拍左脚向左后方迈步。

5-8 拍动作与 1-4 拍相同。

第 3-16 个 8 拍同上。

手臂：手拉手向前向后一拍一次用力甩。

(3) 第三个动作 (8 拍)

步伐：

1-2 拍右脚前踢腿。

3-4 拍左脚前踢腿。

5-8 拍右脚起向前跑四步。

手臂：手拉手向前向后一拍一次用力甩。

（4）第四个动作（8 拍）

步伐：

1-2 拍右腿吸腿跳。

3-4 拍左脚吸腿跳。

5-6 拍双腿分开蹲跳两次。

7-8 拍双腿并上跳两次。

手臂：手拉手向前向后一拍一次用力甩。

6. 注意事项

（1）注意上下肢的协调配合，节奏的准确性。

（2）身体位置的准确性，男女生向不同方向行进。

（3）男生动作与女生相比要求幅度更大，踢腿高度要高。

（五）动作组合五（男女）

1. 组合说明

本组合共由 4 个基本动作组成，音乐 2/4，共 16 拍，音乐节奏较慢，但时间较长，运动强度较大，队形变化 4 次，适宜提高学生团队协作时的练习。

2. 教学任务

（1）学习傈僳族打跳队形变化，了解其大概的变化规律。

（2）学习傈僳族打跳踢脚动作与节奏的配合。

3. 教学要求

（1）掌握傈僳族打跳歌舞健身操队形变化的多样性，建立打跳歌舞健身操的团队意识。

（2）正确掌握傈僳族打跳踢腿动作的技术特点，在自然体态下，自如地进入歌舞健身操状态，并表现出生产劳动时的饱满精神。

4. 教学组织

（1）准备队形：女生分两组手拉手围成两个半圆大圈，分别站在东西两边，男生手拉手成一排在女生后。

（2）队形变化一：女生从东西两侧同时向右行进，遇到一起时，同时向前排成两纵列；男生在女生后原地做动作。

（3）队形变化二：当两列女生尾部同学成对时，女生排头分别向东向西（不交错），返回起始位置并形成半圆；当男生看到女生从列变成半圆时，男生中间分裂成对等两部分，向前背靠背做动作。

（4）队形变化三：当女生再次遇到一起时排头手拉手形成一排；男生则从两列变成两个半圆背向起始位置行进。

5. 动作介绍与做法（男女生动作相同）

(1) 第一个动作

动作描述：向前向后踢腿四次（向右行进，8拍）。

步伐：

1拍右脚踏地。

2拍左脚向前踢。

3拍左脚踏地。

4拍右腿向前踢。

5-8拍重复1-4拍的动作。

手臂：手拉手向前向后一拍一次用力甩。

(2) 第二个动作（8拍）

步伐：

1-2拍右脚向前迈步，身体前倾，左脚后屈腿抬起跳两次。

3-4拍左脚在后落地，右腿吸腿跳两次。

5-8拍重复1-4拍的动作。

手臂：手拉手向前向后一拍一次用力甩。

(3) 第三个动作（8拍）

步伐：

1拍右脚向右迈步。

2拍左脚向右后迈步，交叉。

3拍右脚向右迈步。

4拍左脚与右脚并上。

5拍右脚向右迈步。

6拍左脚向右前迈步。

7拍右脚向右迈步。

8拍左脚并上右脚。

手臂：手拉手向前向后一拍一次用力甩。

(4) 第四个动作（8拍）

步伐：

1拍右脚向右迈步。

2拍左脚吸腿跳。

3-4拍左脚原地跺脚两次。

5拍左脚向左迈步。

6拍右腿吸腿跳。

7-8拍右脚跺脚两次。

手臂：手拉手向前向后一拍一次用力甩。

6. 注意事项

(1) 注意队形变化，团队合作的准确性。

（2）身体位置的准确性，向不同方向行进。

（3）男生动作与女生相比要求幅度更大，踢腿高度要高。

三、打跳歌舞健身操成套动作

（一）打跳歌舞健身操初级成套动作

1. 动作说明

本组合共由 9 个基本动作组成，步伐中没有跳跃性动作，音乐 3/4，72 个 6 拍，音乐节奏较慢，时间较长，运动强度适中，队形变化 4 次，总体适宜初学者练习。

2. 教学任务

（1）学习傈僳族打跳成套组合变化，了解其大概的变化规律。

（2）学习傈僳族打跳成套 9 个基本动作，并与音乐节奏完美配合。

（3）学习成套队形变化，与同队其他队员之间的协调配合。

3. 教学要求

（1）掌握傈僳族打跳歌舞健身操队形变化的多样性，建立打跳歌舞健身操的团队意识。

（2）正确掌握傈僳族打跳 9 个动作的技术特点，并与音乐准确配合。

（3）做动作时，注意姿态和表现力。在自然体态下，表现自如的歌舞健身操状态和生产劳动时的饱满精神。

4. 教学组织

（1）入场队形：女生、男生分两组手拉手围成两排，分别站在东西两边，男生在女生后。

（2）队形变化一：女生手拉手成一排从东侧向西行进，男生从西手拉手成一排向东行进，遇到一起时，男生在内围成一圆，女生在外围成一个圆，8-1-6 拍完成。

（3）队形变化二：17-1-6 拍—25-1-6 拍，男生半圆分成两排，女生手松开，仍然保持原队形一直到动作 32-1-6 的完成。

（4）队形变化三：33-1-6 拍—41-1-6 拍，当女生再次手拉手，成两个半圆，男生队形不变，右侧半圆动作向右，左侧半圆向左，两列女生与男生平行成为 4 列。动作到 48-1-6 拍结束。

（5）队形变化五：49-1-6 拍—57-1-6 拍动作，男生在内围成一个圆，女生在外围成一个圆。保持队形到 64-1-6 拍。

（6）退场队形：65-1-6—72-1-6 拍，男女生分别成两半圆向左、向右退出。

5. 动作介绍与做法

入场：8-1-6 拍，右脚跑四步点两次，男生左脚跑四步点两次。

（1）第一个动作 9-1-6 拍（男女生动作相同，方向相反）。

动作描述：双交叉（前交叉）走＋点地（6 拍完次）。

步伐：

1 拍右脚向右迈一步。

2 拍左脚向右前交叉迈一步。

3 拍右脚再向右迈一步。

4 拍左脚向右前交叉迈一步。

5-6 拍右脚原地点地两次。

（2）第二个动作 10-1-6 拍

名称：向前走四步点两次（6 拍完成）。

步伐：

1-4 拍右脚开始向前走四步。

5-6 拍右脚原地点地两次。

（3）第三个动作 11-1-6 拍

动作描述：向后退四步点两次（6 拍完成）。

步伐：

1-4 拍右脚开始向后走四步。

5-6 拍右脚原地点地两次。

12-1-6 拍与第一个动作动作相同方向相反。

13-1-6 至 17-1-6 拍重复以上动作一次。

18-1-6 至 26-1-6 拍跑四步点两次变换队形。

（4）第四个动作 27-1-6 拍

动作描述：并步（6 拍完成）。

步伐：

1 拍右脚向右迈一步。

2 拍左脚向右迈步并向右脚。

3-4 拍同 1-2 拍。

5 拍左脚向左迈一步。

6 拍右脚向左迈步并向左脚。

（5）第五个动作 28-1-6

动作描述：交叉步＋点跳（6 拍完成）。

步伐：

1 拍右脚向右迈一步。

2 拍左脚向右前交叉迈一步。

3 拍右脚再向右迈一步。

4 拍左脚并上右脚。

5 拍右脚向右点跳（左脚离地）一次。

6 拍左脚向左点跳（右脚离地）一次。

29-1-6 拍重复第四个动作一次。

30-1-6 拍重复第五个动作一次。

31-1-6 拍至 35-1-6 拍重复以上动作一次。

36-1-6 拍至 42-1-6 拍跑四步点两次变换队形。

（6）第六个动作 43-1-6 拍（两列女生动作相同，方向相反；男生两列相对动作方

向都相同）

动作描述：并步＋点跳。

步伐：

1 拍右脚向前（圆心内）迈 ·步。

2 拍左脚向前（圆心内）迈一步同时并上右脚。

3 拍右脚向后（圆心外）迈一步。

4 拍左脚向后（圆心外）迈一步同时并上右脚。

5 拍右脚向右点跳（左脚离地）一次。

6 拍左脚向左点跳（右脚离地）一次。

（7）第七个动作 44-1-6 拍

动作描述：双交叉（后交叉）走＋踢腿（6 拍完成）。

步伐：

1 拍右脚向右迈一步。

2 拍左脚向右后交叉迈一步。

3 拍右脚再向右迈一步。

4 拍左脚向右后交叉迈一步。

5 拍右脚向前踢腿一次。

6 拍右腿屈腿收回离地

45-1-6 拍重复第六个动作一次。

46-1-6 拍重复第七个动作一次。

47-1-6 拍至 51-1-6 拍重复以上动作一次。

52-1-6 拍至 56-1-6 拍变化队形。

（8）第八个动作 57-1-6 拍

动作描述：十字步＋并步（6 拍完成）。

步伐：

1 拍右脚向左迈一步。

2 拍左脚向右迈一步。

3 拍右脚向右后迈一步。

4 拍左脚向左后迈一步。

5 拍右脚向右迈一步。

6 拍左脚向右迈一步并上右脚。

（9）第九个动作 58-1-6 拍

动作描述：前后点地＋侧点地（6 拍完成）。

步伐：

1 拍右脚向前（圆心内）点地。

2 拍左脚原地点地。

3 拍右脚向后（圆心外）点地。

4 拍左脚原地点地。

5-6 拍右脚向右侧点地两次。

59-1-6 拍重复第八个动作一次。

60-1-6 拍重复第九个动作一次。

61-1-6 拍至 68-1-8 拍重复以上动作一次。

退场：69-1-6 拍直到 72-1-6 拍，右脚跑四步点两次，男生左脚跑四步点两次退场。

6. 注意事项

（1）注意队形变化较为复杂，需要学生之间相互配合，并与音乐动作完美结合。

（2）需要特别注意男女生动作方向之间的转换。

（3）注意成套动作流畅衔接，一气呵成。

（4）动作虽然相同，但女生动作表现要较为含蓄，男生动作则要幅度大、豪爽一些。

（二）打跳歌舞健身操高级成套动作

1. 组合说明

本组合共由 8 个基本动作组成，步伐中有跳跃性动作，有转体类动作，音乐 4/4，40 个 8 拍，音乐节奏较欢快，时间较短，运动强度较大，队形变化 6 次，总体适宜有一定基础的练习者学习。

2. 教学任务

（1）学习傈僳族打跳成套组合变化，了解其大概的变化规律。

（2）学习傈僳族打跳成套 8 个基本动作，并与音乐节奏完美配合。

（3）学习成套队形变化，与同队其他队员之间的协调配合。

3. 教学要求

（1）掌握傈僳族打跳歌舞健身操队形变化的多样性，建立打跳歌舞健身操的团队意识。

（2）正确掌握傈僳族打跳动作的技术特点，重点提高跳跃性动作与转体性动作，并要与音乐准确配合。

（3）做动作时，注意姿态和表现力。在自然体态下，表现自如的歌舞健身操状态和生产劳动时的饱满精神。

4. 教学组织

（1）准备队形：女生、男生分两组，一男一女手拉手。

（2）队形变化一：从两排变成一个圆形。

（3）队形变化二：从一个圆，分成两个圆。

（4）队形变化三：再次分裂，两个圆变成三个。女生动作队形不变，男生从原有的两个圆中撤出，男生要自成一个圆。

（5）队形变化四：女生开始变成一个圆，男生保持原有队形不变。

（6）队形变化五：女生与男生两个圆，逐步相交。

（7）队形变化六：由中间相交的同学从圆中分离，一对向左一对向右，向两边退场。

5. 动作介绍与做法

入场：8-1-6 拍，男生女生分两组，一男一女手拉手，跑四步踢两次，逆时针跑成一个圆（男生女生间隔）。

（1）第一个动作 9 1 8（男女生动作相同）

动作描述：左右摆＋踢腿三次（1 个 8 拍完成）。

步伐：

1 拍上体向右摆一次。

2 拍上体向左摆一次。

3 拍左脚向右踢腿一次。

4 拍左脚收回点地。

5 拍左脚向后踢腿一次。

6 拍左脚收回原地点地。

7 拍左脚向左前踢腿一次。

8 拍左脚收回落地。

手臂：

摆动时手臂用力左右甩，配合节奏一拍一动与身体协调配合。

10-1-8 拍动作与第一个动作动作相同方向相反。

11-1-8 拍重复第一个动作一次。

12-1-8 拍重复 10-1-8 拍动作一次。

13-1-8 拍至 16-1-8 拍跑四步踢腿两次，变换队形成两个圆。

（2）第二个动作 17-1-8

动作描述：走＋吸腿跳（1 个 8 拍完成）。

步伐：

1 拍右脚向前迈一步。

2 拍左脚向前迈一步。

3-4 拍重复 1-2 拍动作。

5 拍右脚抬膝跳一次（膝关节保持大约 90 度）。

6 拍右腿向前伸，脚尖点地。

7 拍右脚抬膝跳一次。

8 拍右脚落地。

手臂：

1-4 拍双臂配合节奏用力上下甩。

5-8 拍双臂自然屈肘摆动。

（3）第三个动作 18-1-8 拍

动作描述：十字步＋踢腿（1 个 8 拍完成）。

动作：

1 拍左脚向右迈一步。

2 拍右脚向左迈一步。

3 拍左脚向左后方迈一步。

4 拍右脚向右后方迈一步。

5-6 拍左脚跳 2 次。

7 拍右脚向前踢腿一次。

8 拍右脚落地。

手臂：双臂配合节奏用力上下甩。

19-1-8 拍与 17-1-8 拍动作相同方向相反（左脚开始向后退）。

20-1-8 拍与 18-1-8 拍动作相同方向相反（右脚开始做十字步）。

（4）第四个动作 21-1-8

动作描述：转身＋踢腿（1 个 8 拍完成）。

步伐：

1-4 拍右脚向前走，转身。

5 拍右脚向前踢腿。

6 拍右脚向内踢腿。

7 拍右脚再向前踢腿。

8 拍右脚落地。

手臂：双臂叉腰。

22-1-8 拍动作相同方向相反。

23-1-8 拍至 24-1-8 拍右脚跑四步踢两次，男生变换队形自成一个圆，女生队形不变动作相同。

（5）第五个动作 25-1-8 拍。

动作描述：前踢腿（1 个 8 拍完成）

步伐：

1 拍右脚原地踏步。

2 拍左脚向前踢腿跳一次。

3 拍左脚踏步。

4 拍右脚向前踢腿跳一次。

5-8 重复以上动作一次。

手臂：双臂配合节奏用力上下甩。

（6）第六个动作 26-1-8 拍

动作描述：左右摆＋弓步跳（1 个 8 拍完成）

动作：

1 拍上体向右摆动一次。

2 拍上体向左摆动一次。

3 拍右脚向后成弓步跳一次。

4 拍右脚跳回，双脚落地。

5-8 拍与 1-4 拍动作相同方向相反。

手臂：

1-2 拍与 5-6 拍双臂协调左右摆动。

3-4 拍与 7-8 拍双臂用力上下摆动。

27-1-8 拍重复 25-1-8 拍动作一次。

28-1-8 拍重复 26 1 8 拍动作 ·次。

29-1-8 拍至 32-1-8 拍，男生队形不变，女生变成一个圆。

（7）第七个动作：33-1-8 拍。

动作描述：迈步踢腿＋跳踢（1 个 8 拍完成）

步伐：

1 拍右脚向前迈一步。

2 拍左脚向前踢腿一次。

3 拍左脚踏步落地。

4 拍右脚向后点地（腿伸直）。

5-6 拍右脚开始跑步 2 次。

7-8 右脚向前踢落地。

手臂：双臂左右协调用力摆动。

34-1-8 拍动作与 33-1-8 动作相同方向相反。

（8）第八个动作 35-1-8 拍

动作描述：跑步转体＋抬腿（1 个 8 拍）

步伐：

1-4 拍右脚向前方跑 4 步同时转体 360 度（向圆心内跑）。

5-6 拍右腿向前抬腿伸直原地跳 2 次（右腿前抬 25 度）。

7-8 拍左脚向后抬腿伸直原地跳 2 次（左脚向后抬 25 度）。

手臂：双臂叉腰。

36-1-8 拍动作与上相同方向相反（向圆心外跑）。

退场：37-1-8 拍至 38-1-8 拍，女生与男生两个圆逐步相交；39-1-8 至 40-1-8 拍由中间相交的同学从圆中分离，一对向左一对向右，向两边退场。

6. 注意事项

（1）注意队形变化较为复杂，需要学生之间相互配合，并与音乐动作完美结合，队形要求男女生人数相同。

（2）需要特别注意动作强度大（成套动作大多是跳跃性动作），要求学生具有一定的体力；转体类动作，要求学生转体方向与度数准确，以免影响整体的队形。

（3）注意成套动作流畅衔接，一气呵成。

（4）动作虽然相同，但女生动作表现要较含蓄，男生动作则要幅度大、豪爽一些。

第二节　达体歌舞健身操

“达体”意为“踏地而歌舞”。其音乐融彝族传统音乐和现代音乐为一体，悠扬流畅，优美动听，飘逸潇洒；其歌舞健身操程式简练明快，热情奔放，深沉优美；其形式集参与性、自娱性、互动性为一体，易学易跳，男女老幼皆宜，适合不同的场地和空间，少则数人，多则上万人同歌同舞、同乐。本节主要介绍彝族达体歌舞健身操的基本动作，以及由基本动作构成的组合动作。练习组合主要结合《凉山彝族达体歌舞健身操第一套》、《凉山彝族达体歌舞健身操第二套》动作组成；在此基础上结合科学健身原则编排达体歌舞健身操以供教学参考与应用。

一、达体歌舞健身操基本动作

（一）基本步伐

1. 跺脚：分为单脚跺、双脚跺，跺脚时应用力，并配合节奏进行。

2. 拐腿：腿自然弯曲，动作要配合身体扭动。

3. 抬腿：腿自然弯曲向上抬起，不要超过 90 度。

4. 撩腿：大腿带动下腿向上抬起，勾脚。

5. 双脚跳：单脚起跳双脚并拢跳起落地，动作幅度不宜过大。一般落地瞬间伴有喊声，提升气氛。

（二）手臂动作

1. 划圈：手拉手与肩齐，由外向内划小圈，配合节奏进行。

2. 前后摆：手拉手向前摆动，向后摆动，双臂伸直。

3. 击掌：用于对拍动作。

二、达体歌舞健身操练习组合

（一）动作组合一（男女生动作相同）

1. 动作说明

本组合由 2 个基本动作组成，音乐 4/4，组合共 24 拍，音乐节奏慢，运动强度小，围圈行进过程中没有队形变化，简单易学，适宜初学者学习。

2. 教学任务

（1）学习彝族达体歌舞健身操基础步伐，了解其大概的动作特征。

（2）学习彝族达体歌舞健身操跺脚动作与节奏配合的规律。

3. 教学要求

（1）掌握彝族达体歌舞健身操的基本动作，体会其动作风格，建立达体歌舞健身操的节奏意识。

（2）正确掌握跺脚的技术特点，在自然体态下，表现自如的歌舞健身操状态。

4. 教学组织

男女间隔围成一个圆，逆时针向右行进做动作。

5. 动作介绍与做法

(1) 第一个动作 (2 个 8 拍)

动作描述：向右交叉走，右脚跺脚两次。

步伐：

1 拍右脚起向右迈一步。

2 拍左脚向右迈一步成交叉步。

3-4 拍右脚向右跺脚两次。

5-8 拍重复 1-4 拍的动作。

2-1-8 拍重复第一个 8 拍。

手臂：手拉手双手至体侧向前划小立圆一拍一动。

注意：跺脚要用力，节奏要鲜明。

(2) 第二个动作 (2 个 8 拍)

动作描述：四个方向并步跺脚。

步伐：

1 拍右脚向右迈一步。

2 拍左脚并步跺脚。

3 拍左脚向左迈一步。

4 拍右脚并步跺脚。

5-8 拍重复 1-4 拍的动作。

2-1-1 拍右脚向后迈一步。

2-2 拍左脚向后并步跺脚。

2-3 拍左脚向前迈一步。

2-4 拍右脚向前并步跺脚。

2-5-8 拍重复 2-1-4 拍的动作一次。

手臂：手拉手双手至体侧向前划小立圆一拍一动。

注意：跺脚要用力，节奏要鲜明；注意先向后再向前。

(二) 动作组合二 (男女生动作相同)

1. 动作说明

本组合由 2 个基本动作组成，音乐 4/4，组合共 24 拍，音乐节奏慢，运动强度小，围圈行进过程中没有队形变化，简单易学，适宜初学者学习。

2. 教学任务

(1) 学习彝族达体歌舞健身操基础步伐，了解其大概的动作特征。

(2) 学习彝族达体歌舞健身操撩步动作与节奏配合的规律。

3. 教学要求

(1) 掌握彝族达体歌舞健身操的基本动作，体会其动作风格，建立达体歌舞健身操的节奏意识。

（2）正确掌握撩腿的技术特点，在自然体态下，自如地进入歌舞健身操状态。

4. 教学组织

男女间隔围成一个圆，逆时针向右行进做动作。

5. 动作介绍与做法

（1）第一个动作（2 个 8 拍）

动作描述：交叉走，撩腿

步伐：

1 拍右脚向右迈一步。

2 拍左脚向右迈一步，成交叉步。

3 拍右脚向右迈一步。

4 拍左腿向右撩腿一次。

5-8 拍与 1-4 拍动作相同，方向相反。

2-1-4 拍右腿向后退四步（逆向圆心）。

2-5-7 拍右脚向前走三步（向圆心）。

2-8 拍左脚并上右脚半蹲跳跺地。

手臂：手拉手双手至体侧向前划小立圆一拍一动。

注意：撩腿时大腿带动小腿向上抬起；注意方向先向右再向左，向后再向前。

（三）动作组合三（男女生动作相同）

1. 动作说明

本组合由 2 个基本动作组成，音乐 4/4，组合共 24 拍，音乐节奏慢，运动强度小，围圈行进过程中没有队形变化，简单易学，适宜初学者学习。

2. 教学任务

（1）学习彝族达体歌舞健身操基础步伐，了解其大概的动作特征。

（2）学习彝族达体歌舞健身操平步与跺脚动作与节奏配合的规律。

3. 教学要求

（1）掌握彝族达体歌舞健身操的基本动作，体会其动作风格，建立达体歌舞健身操的节奏意识。

（2）正确掌握平步、跺脚的技术特点，在自然体态下，自如地进入歌舞健身操状态。

4. 教学组织

男女间隔围成一个圆，逆时针向右行进做动作。

5. 动作介绍与做法

（1）第一个动作（2 个 8 拍）

动作描述：交叉平步走。

1 拍右脚向右迈一步。

2 拍左脚向右迈一步成交叉。

3-8 拍同 1-2 拍的动作（重复三次）。

2-1-2 拍右脚向后退一步，左脚并步跺脚。

2-3-4 拍左脚向前迈一步，右脚并步跺脚。

2-5-8 拍与 2-1-4 拍动作相同。

手臂：手拉手收于肩两侧。

注意：做动作时身体向右侧身，向后埋头，向前抬头。

（四）动作组合四（男女生动作相同）

1. 动作说明

本组合由 2 个基本动作组成，音乐 4/4，组合共 24 拍，音乐节奏慢，运动强度小，围圈行进过程中没有队形变化，简单易学，适宜初学者学习。

2. 教学任务

（1）学习彝族达体歌舞健身操基础步伐，了解其大概的动作特征。

（2）学习彝族达体歌舞健身操踮步动作、跺脚动作与节奏配合的规律。

3. 教学要求

（1）掌握彝族达体歌舞健身操的基本动作，体会其动作风格，建立达体歌舞健身操的节奏意识。

（2）正确掌握踮脚、跺脚的技术特点，在自然体态下，自如地进入歌舞健身操状态。

4. 教学组织

男女间隔围成一个圆，逆时针向右行进做动作。

5. 动作介绍与做法

（1）第一个动作（1 个 8 拍）

动作描述：踮步。

步伐：

1-2 拍踮右脚抬左脚。

3-4 拍落左脚右脚向后自然上摆。

5-8 拍重复 1-2 拍动作。

手臂：双手向上屈臂上甩，向下甩直。两拍一动。

（2）第二个动作（1 个 8 拍）

动作描述：双脚跺脚。

步伐：

1 拍向圆心上右脚。

2 拍左脚并步双脚并上跺脚，双腿屈蹲。

3-4 拍与 1-2 拍动作相同方向相反。

5-8 拍与上述动作相同。

手臂：双手向上与肩齐下摆，双手向下摆伸直手臂两拍一动。

注意：跺脚要有力度和节奏，上下肢配合要协调。

（五）动作组合五（男女生动作相同）

1. 动作说明

本组合只由 1 个基本动作组成，音乐 4/4，组合共 24 拍，音乐节奏慢，运动强度小，围圈行进过程中没有队形变化，简单易学，适宜初学者学习。

2. 教学任务

（1）学习彝族达体歌舞健身操基础步伐，了解其大概的动作特征。

（2）学习彝族达体歌舞健身操对拍动作与节奏配合的规律。

3. 教学要求

（1）掌握彝族达体歌舞健身操的基本动作，体会其动作风格，建立达体歌舞健身操的节奏意识。

（2）正确掌握对拍的技术特点，在自然体态下，自如地进入歌舞健身操状态。

4. 教学组织

男女间隔围成一个圆，逆时针向右行进做动作。

5. 动作介绍与做法

动作描述：左右转身对拍，跺脚。

步伐：

1 拍右脚跳一步

2 拍左脚跳一步

3-4 拍左脚重心，右腿跺脚两次，向右转身。

5-8 拍动作与 1-3 拍动作相同，向左转身。

手臂：

1-2 拍双手握拳放松向下甩。

3-4 拍双手上摆左手在下右手在上拍掌两次。

5-8 动作与 1-4 拍相同。

注意：相邻同学的动作相同方向相反，面对拍掌。

（六）动作组合六（男女生动作相同）

1. 动作说明

本组合由 3 个基本动作组成，音乐 4/4，组合共 24 拍，音乐节奏慢，运动强度小，围圈行进过程中有四次队形变化，简单易学，适宜初学者学习。

2. 教学任务

（1）学习彝族达体歌舞健身操基础步伐，了解其大概的动作特征。

（2）学习彝族达体歌舞健身操对拍动作与节奏配合的规律。

3. 教学要求

（1）掌握彝族达体歌舞健身操的基本动作，体会其动作风格，建立达体歌舞健身操的节奏意识。

（2）正确掌握对拍的技术特点，在自然体态下，自如地进入歌舞健身操状态。

4. 教学组织

队形一：男女间隔围成一个圆，逆时针向右行进做动作（第一个动作）。

队形二：向圆心运动（第二个动作）。

队形三：逆向圆心运动（第三个动作）。

队形四：转体（第四个动作）。

5. 动作介绍与做法

(1) 第一个动作（3 个 8 拍）

动作描述：左右走，跺脚，抬腿。

1 2 拍原地右左脚拐腿两次。

3-8 拍右脚向左走六步。

2-1-2 拍右脚向左抬腿一次。

2-3-4 拍右脚再跺脚向左抬腿一次。

3-1-2 拍原地左右脚拐腿两次。

3-8 拍右脚左脚向右走六步。

4-1-2 拍左脚向右抬腿一次。

4-3-4 拍左脚再跺脚向右抬腿一次。

手臂：手拉手双臂向前向后用力甩，一拍一动。

注意：上下肢的协调用力，音乐节奏变化规律。

(2) 第二个动作

动作描述：踏步跺脚（12 拍）。

步伐：

1-2 拍左右原地拐腿两次。

2-1-8 拍右脚起向前走八步。

3-1-2 拍右脚向前走一步，左脚并上蹲跺脚，上体直立。

手臂：双臂前后摆动，跺脚时双臂置于胸前下摆。

注意：向前走时身体前倾，跺脚跳结束后身体直立。

(3) 第三个动作

动作描述：前后步（12 拍）。

步伐：

1 拍左向后迈步。

2 拍右脚向右后迈步。

3 拍左脚向前迈步。

4 拍右脚向右迈步。

5-8 拍同上。

2-1-4 拍同上。

手臂：手拉手前后推动。

注意：手臂的变化。

(4) 第四个动作（10 拍）

动作描述：撩腿转体。

步伐：

1-2 拍右脚撩腿，右转 90 度落地。

3-4 拍左脚撩腿，右转 90 度落地。

5-8 拍动作与 1-4 拍相同。

2-1-2 拍原地击掌两次。

手臂：向后划立圆击掌两拍一动。

注意：转体的准确性。

(七) 动作组合七 (男女生动作相同)

1. 动作说明

本组合由 2 个基本动作组成，音乐 4/4，组合共 24 拍，音乐节奏慢，运动强度小，围圈行进过程中没有队形变化，简单易学，适宜初学者学习。

2. 教学任务

(1) 学习彝族达体歌舞健身操基础步伐，了解其大概的动作特征。

(2) 学习彝族达体歌舞健身操对拍动作与节奏配合的规律。

3. 教学要求

(1) 掌握彝族达体歌舞健身操的基本动作，体会其动作风格，建立达体歌舞健身操的节奏意识。

(2) 正确掌握对拍的技术特点，在自然体态下，自如地进入歌舞健身操状态。

4. 教学组织

男女间隔围成一个圆，逆时针向右行进做动作。

5. 动作介绍与做法

(1) 第一个动作 (1 个 8 拍)

动作描述：迈步交叉走。

步伐：

1 拍右脚向右迈步。

2 拍左脚向右迈步成交叉。

3-8 拍动作同上。

手臂：手拉手，齐肩举，胸前划小圆一拍一动。

注意：上下肢的协调配合。

(2) 第二个动作 (1 个 8 拍)。

动作描述：抬腿，并步，跺脚。

步伐：

1 拍右脚踏步落地，左脚腿伸直前抬腿。

2 拍左脚向右落地。

3 拍右脚向右迈步。

4 拍左脚并步跺脚。

5-6 拍左脚向左迈步，右脚并步跺脚。

7-8 拍右脚向右迈步，左脚并步跺脚。

手臂：1-2 拍双臂向下摆直，3-8 拍双臂齐肩举，胸前划小圆一拍一动。

提示：重复第一第二个动作到音乐结束。

(八) 动作组合八 (男女生动作相同)

1. 动作说明

本组合由 1 个基本动作组成，音乐 4/4，组合共 24 拍，音乐节奏慢，运动强度小，围圈行进过程中有两次队形变化，简单易学，适宜初学者学习。

2. 教学任务

（1）学习彝族达体歌舞健身操基础步伐，了解其大概的动作特征。

（2）学习彝族达体歌舞健身操跺脚动作与节奏配合的规律。

3. 教学要求

（1）掌握彝族达体歌舞健身操的基本动作，体会其动作风格，建立达体歌舞健身操的节奏意识。

（2）正确掌握跺脚的技术特点，在自然体态下，自如地进入歌舞健身操状态。

4. 教学组织

男女间隔围成一个圆，逆时针向右行进做动作。

5. 动作介绍与做法

（1）第一个动作（2 个 8 拍）

动作描述：走步跺脚。

步伐：

1-3 拍右脚向右走三步。

4 拍左脚并步跺脚。

5-8 拍动作同上方向相反。

2-1-3 拍右脚起向前走三步。

2-4 拍左脚并步跺脚。

2-5-7 拍左脚向后退三步。

2-8 拍右脚并步跺脚。

手臂：手拉手双臂伸直前后摆一拍一动。

注意：跺脚用力有节奏。

提示：重复以上动作到音乐结束。

（九）动作组合九（男女生动作相同）

1. 动作说明

本组合由 2 个基本动作组成，音乐 3/4，组合共 24 拍，音乐节奏慢，运动强度小，围圈行进过程中有两次队形变化，简单易学，适宜初学者学习。

2. 教学任务

（1）学习彝族达体歌舞健身操基础步伐，了解其大概的动作特征。

（2）学习彝族达体歌舞健身操撩脚动作与节奏配合的规律。

3. 教学要求

（1）掌握彝族达体歌舞健身操的基本动作，体会其动作风格，建立达体歌舞健身操的节奏意识。

（2）正确掌握撩脚的技术特点，在自然体态下，自如地进入歌舞健身操状态。

4. 教学组织

男女间隔围成一个圆，逆时针向右行进做动作。

5. 动作介绍与做法

(1) 第一个动作（2 个 6 拍）

动作描述：交叉步跺脚。

步伐：

1 拍右脚向右迈步。

2 拍左脚交叉迈步。

3 拍右脚并步跺脚。

4-6 拍动作与 1-3 相同。

2-1-6 拍同上。

手臂：双手屈臂由内向外“划船状”摆动，两拍一动。

注意：上下肢的协调配合。

(2) 第二个动作（2 个 6 拍）

动作描述：小拖步，撩腿。

步伐：

1 拍右脚向右迈步。

2 拍左脚小拖步。

3 拍右脚勾脚尖撩腿。

4-6 拍动作与 1-3 相同。

2-1-6 拍同上。

手臂：双臂侧下举保持不变。

注意：撩腿时勾脚尖，注意音乐节奏的变化。

提示：重复第一第二个动作到音乐结束。

三、达体歌舞健身操成套动作

1. 动作说明

本组合由 7 个基本动作组成，音乐 4/4，组合共 24 拍，音乐节奏慢，运动强度小，围圈行进过程中没有队形变化，简单易学，适宜初学者学习。

2. 教学任务

(1) 学习彝族达体歌舞健身操基础步伐，了解其大概的动作特征。

(2) 学习彝族达体歌舞健身操跳转跺脚击掌动作与节奏配合的规律。

3. 教学要求

(1) 掌握彝族达体歌舞健身操的基本动作，体会其动作风格，建立达体歌舞健身操的节奏意识。

(2) 正确掌握跳转的技术特点，在自然体态下，自如地进入歌舞健身操状态。

4. 教学组织

男女间隔围成一个圆，逆时针向右行进做动作。

5. 动作介绍与做法

（1）第一个动作（1 个 8 拍）

动作描述：跳转步跺脚

步伐：

1 拍右脚向右迈步。

2 拍右脚落地跳起。

3-4 拍左脚跺脚两次。

5 拍左脚向前迈步。

6 拍左脚落地跳起，向左转体 180 度。

7-8 拍右脚跺脚两次。

手臂：

1-2 拍左臂由后向前划圆，右臂伸直前举。

3-4 拍双手直臂拍手两次。

5-8 拍动作与 1-4 拍相同方向相反。

注意：转体动作要快要稳。

（2）第二个动作（1 个 8 拍）

动作描述：并步跺脚。

步伐：

1 拍右脚向右迈步。

2 拍左脚并步跺脚。

3 拍左脚向左迈步。

4 拍右脚并步跺脚。

5-8 拍与 1-4 拍动作相同。

注意：跺脚要用力，节奏要鲜明。

（3）第三个动作（1 个 6 拍）。

动作描述：向前向后迈步。

步伐：

1 拍右脚向前迈步。

2 拍左脚并步。

3 拍右脚踏步。

4-6 拍左脚向后退动作同上。

手臂：手拉手上下自然摆动。

注意：动作节奏要鲜明。

（4）第四个动作（1 个 6 拍）

动作描述：向侧迈步。

步伐：

1 拍右脚向左迈步。

2 拍左脚原地自然抬起。

3 拍右脚收回踏步。
4 左脚向右迈步。
5 拍右脚原地抬起。
6 拍左脚收回踏步。
手臂：手拉手双臂向侧下方保持不动。
提示：重复第一第二动作直到音乐结束。
(5) 第五个动作（2 个 8 拍）
动作描述：跑三步，抬腿勾脚跳。
步伐：
1-3 拍右脚起向前跑三步（逆时针）。
4 拍右腿抬腿勾脚跳。
5-7 拍右腿再向前跑三步。
8 拍右腿抬腿勾脚跳。
2-1-3 拍右脚起向前迈步，收回原地交替踏步 2 次（向圆心）。
2-4 拍左退抬腿勾脚跳。
2-5-7 拍左脚起向前迈步，收回原地交替踏步 2 次（向圆心）。
2-8 拍右脚勾脚跳。
手臂：手拉手保持不变。
注意：抬腿不要高于 90 度。
(6) 第六个动作（1 个 8 拍）
动作描述：跑步，踢腿跳。
步伐：
1 拍左脚右跑一步。
2 拍右脚原地跑。
3-4 左腿踢腿跳两次。
5-8 拍与 1-4 动作相同方向相反。
手臂：
1-4 拍双臂依次自然向前伸直摆动击掌两次。
5-8 拍手臂依次自然向前伸直摆动击掌两次。
(7) 第七个动作（1 个 8 拍）
动作描述：跑步，转体，踢腿跳。
步伐：
1-2 拍右脚起向前跑两步（向圆心）。
3-4 拍右脚向前踢腿跳两次。
5-6 拍右腿跑右转 360 度。
7-8 拍右腿向前踢腿跳两次。
手臂：
1-4 拍双臂依次自然向前伸直摆动击掌两次。

5-6 拍手臂顺势摆。

7-8 拍击掌两次。

注意：转体动作要快，要稳。

提示：重复以上动作直到音乐结束。